轻松读懂《道德经》

陈静 著

浙江古籍出版社

一路上的风景

（代序）

Dear Angela：

　　每个周末，我们都奔波于市府与老家之间，来回刚好二百公里，不多不少。

　　这条路的中点，就是我当年上学的地方。家园、学校、稻粱谋，很标准的三点一线。

　　多年之前，就有朋友和我说，这条路上沿溪的风景，其实是很不错的。急匆匆地来来往往，哪里还顾得上花谢花开。开车与坐车同样无聊，你我读背了每一个转弯、每一条隧道。无聊到了极致，就想：既然路都能背下来，何不背一点古文呢？

　　如此一路下来，初高中教材中的文言文，你基本都有所了解；有时你提出的问题，已经让我几年语文老师的经历不够应付了。于是就想着应该用什么样的方法，让你能够系统性地学习一下文言知识。正好有个学中医的朋友，被师傅要求背《道德经》，又不愿意生吞活剥，就让我帮忙注解一下。翻了一下百度，准备弄个现成的交差，才发现，似乎没有能让人真正满意的，要么玄而又玄，要么纠缠不清，总之是云里雾里，脑子里呈现的是盗版电影的场景：场面宏大，但字幕是用翻译软件对付的。

　　自己动手注解了几章之后，发现初高中课堂上讲的那点文言常识基本都已经用到了；就想如果能让你完整地学完《道德经》，应付高考应该没有问题。恰好微信里又在传，教育部要求高中生通读《道德经》，反应迅速的学校已经开始动手了。

不知道教育部是否真的有这个意向，微信向来只可"微"信，不可全信，但我希望是真的。各种级别的"兴趣班"把几本蒙书当成"国学"贩卖已经很久了，是时候让孩子们正经地坐下来，"辛苦遭逢起一经"，把某一本经典认真给"通读"了。

但是，《道德经》虽然只有五千字，"通读"也并不是一件容易的事。且不说用哪一个版本、哪一家的注解，这中间的差距实在是有点大；只说弄懂这五千字的意思，那也是很庞大的工程。况且"通读"不应该是什么正经的目标，如果"通读"只是指"看一遍"，那也容易；如果是指"读通"，那要求就很高了。按我有限的教学经验，在如此繁重的课业压力之下，高中三年要"读通"《道德经》，正经的语文课也用不上了。

那就趁着现在有闲，陪你先把《道德经》给读了吧，不管教育部有没有要求。我希望能通过这个举动，让你熟练地掌握中学文言常识，完美地解决文言文阅读问题。另外，如今的语文考试，和我当老师那会儿，可是大不一样了，很讲究考查一个人的视野、文化底蕴和思维的深度，多点积累也是好事。

我的解读，以清楚明白为目标，并尽量朝生动有趣的方向努力，让你能比较轻松地"通读"并"读懂"。但是我承认，《道德经》毕竟博大精深，且年代久远，有些比较麻烦的章节，讲清楚字词的意思就很累人了，限于篇幅，已经很难有趣得起来。不过学习本来就是一件辛苦的事，有哪一门功课不需要认真地投入呢？相信我，我的解读，相比于其他云里来雾里去的注解，已经很轻松了；让你感觉累的地方，就是一些字词的含义和语法常识，但是它们恰恰是学习文言文的基础，而这些又是必须掌握的。我答应你，接下来，我会给你写一本关于《庄子》的解读，那里面不再涉及字词和语法，因为你已经有了这本书作为基础。那将会是一本纯粹有趣的书。

陪你通读《道德经》，还有一个目标：像你我这样的普通人，可以没有完整的哲学思想体系，但是基本的哲学思维还是应该有的。它会让你的人生更加精彩，至少也能让你少走一些弯路。当然，我最希望的，还是你在读这本书的时候，能有自己的见解，并形成自己的人生观和价值观。

我们已经在路上奔波一些时候了。既然是奔波，就难免错过许多风景，但愿我写的这本书，会让我俩更在意今后一路上的风景。

写这本书的初衷，只是为了让你能轻松读懂《道德经》，考虑到你即将步入中学阶段，因此尽量与初高中的语文教材联系起来，加入了许多课文中的事例和语法，于是就有许多当年的同事认为，这本书其实也适合中学生，可以作为校本教材使用。又有一些身边的朋友认为，这本书介于学术专著与通俗读物之间，适合一般人没有心理负担地了解《道德经》，并从中有所感悟，那就付梓出版吧。

如此，你的人生，因为这本书，与许多人有了联系。

爱你的老爸
2016 年 7 月

说　明

　　本来想写一个《绪论》的，因为一本"专业"的书，没有"绪论"，感觉好像不完整；写完了之后，感觉不像"绪论"，还是叫"说明"吧。

　　这部分我想说明三个问题。

　　第一个问题，《道德经》是一本什么样的书？

　　大多数人只知道《道德经》是老子的代表作，仅此而已。学中医的同事读《道德经》，据说是教授的要求：每天诵读《道德经》，可以在看病时抵御"病气"的侵袭。个人认为，如果要"抵御"病气的侵袭，怎么着也得读个《黄帝内经》什么的，至少还能扯得上边。

　　其实《道德经》是一本"准哲学著作"。

　　什么是哲学呢？标准答案是这样的：哲学作为一门学问，是同人们的世界观联系在一起的，是人们世界观的理论表现形态。因此，哲学是理论化、系统化了的世界观；或者说，是人们的世界观的理论体系。当年老师就是要求我们这么背下来的，至于意思嘛，绕来绕去的，始终没有说清楚。其实大可简单一点说，哲学就是关于我们如何为人处世的理论，知道这么多就够了。所以，从《道德经》中，只能看到老子教我们如何为人处世，特别是如何做人，想修炼出什么上乘的武功或者想发现未知世界、算计自己的人生和命运都是不可能的。

那为什么说是"准"哲学著作呢？这是相比较于现代哲学著作的完整体系来说的。老子当年写《道德经》的时候，脑子里还没有"哲学"这个概念，至少肯定没有想到要在正文之前先弄个"绪论"，更不用说要花心思去构建一个完整的"道家理论大厦"；况且当时诸子百家都没有像现代的思想家们这么能写，动不动就是厚厚几大本的"全集"，更多是片断式的语录：可是并不比"全集"们单薄。

片断式、语录体，如果按照现在的标准，《道德经》更像是"鸡汤"。许多人也是这么看的，我实在不想用"鸡汤"这个词，还是说它是很生活、很有趣的哲理吧。

第二个问题，《道德经》能读懂吗？

一般都认为道家的理论很高深，凡人看不懂。其实不然，《道德经》是很写实的，并且很有趣，运用了许多修辞和说理方法。只不过后人的解读，要么就是一知半解，要么就是故弄玄虚。

读懂《道德经》的方法也很简单：弄清楚每一个字的意思。

因此在注解过程中，我尽量以"直译"为标准，落实每一个字词。文言文惜墨如金，每一个字词都是有用的，如果某一个字词没有讲到，肯定会影响到语义的理解。同时只有"直译"，才能最贴近原意，而且直译也是可以有的，只有没有真正理解，才会用意译去偷懒、糊弄。

第三个问题，解读要以哪一个版本为依据？

传世的《道德经》版本有许多，据说清代的时候就已经有103种，著名的如王弼本、河上公本。这些版本的不同之处，大多是在流传的过程中，各家各派个人意见的发挥，本质上都是对原本的改动，所以一般都根据其传世的特点，通称为"通行本"或"传世本"。

与"通行本""传世本"相对的是"出土本"，主要有郭店出土的楚简本、马王堆出土的帛书甲本和乙本。从三者的内容来看，帛书年代早于楚简年代，而帛书甲本又早于乙本。所以，目前通行的做法是以帛书甲本为底本，甲本缺失的，以帛书乙本补足；乙本又缺失的，以通行本补足。

我在解读过程中采用的是高明先生的《帛书老子校注》，除极少数确实是通行本比帛书更明确的表述之外，基本以帛书甲本为依据。至于有人认为帛书本《德经》在先、《道经》在后，建议将《道德经》正名为《德道经》，好像过于苛求，也没有这个必要。按照我个人的意见，似乎还是《道经》在先比较符合"从理论到实践"的习惯，不过为了尊重原著，我还是将《德经》放在前头。

还有帛书上是不分章的，为了方便阅读，还是按照通行本的习惯分一下章吧。至于章名，大家都是自己加的，那也就加一个吧，不过我这个好像不能称之为"章名"，那就叫"标题"好了。

在解读的过程中，身边的同事和朋友们给了许多意见和建议，在这里一并致谢。

目 录
CONTENTS

道经篇

基础名词解释

开读之前，有必要先做几个名词解释。一来是不把这些名词弄清楚，根本搞不懂人家在说什么；二来是可以避免行文上的纠缠不清。

需要解释的名词有许多，有些可以在翻译的过程中慢慢讲，有些则要先弄清楚，所以我称之为"基础名词解释"。

（1）道

"道"到底是指什么？向来是一笔糊涂账。要是看一下各门各派的解释，好像什么都能称之为"道"，又好像什么都没说出来。我的看法是，"道"就是"客观规律＋基本人性"。

"道"，又分"天之道"和"人之道"。所谓的"天之道"，就是"自然规律＋部分的社会规律"；所谓的"人之道"，就是"人性＋另一部分的社会规律"，所以，"道＝自然规律＋社会规律＋人性"。

自然规律，《道德经》中一般称之为"常"。

如果用现代的哲学名词来称呼"道"，应该就是"真理"。那么，什么是"真理"呢？真理是一种正确的认识，是对客观事物和客观规律的正确认识。所以，凡是正确的认识，都可以称为"道"。

但是，我还认为，"道"的范围比"真理"要大，大在什么地方呢？真理是正确的认识，而"道"除了正确的"认识"以外，还包括"人性"。当然，这里的"人性"是指基本的人性。

（2）德

"德"同样也麻烦，有时候好像是"个人品德"的意思，但更多时候又好像不限于个人品德。到底是什么呢？

韩非子在《解老》中说，"德"有内外之分，"德者，内也。得者，外也"。文言中"德"和"得"是相通的，内心的思想品德，当然是"德"；外现的行事处世的方式方法，也叫"德"，或者也可以叫"得"。

经常与"德"联系在一起的还有"行"，"德行，内外之称，在心为德，外现则为行"。

所以"德"其实有两层意思：一是个人的思想品德和行为规范，也就是"德"；二是按照客观规律即"道"的要求去行事处世，也就是"得"。

也就是说，"德"既指"人们共同生活及行为的准则和规范"，也指"顺应自然、社会和人类客观需要去做事。不违背客观规律，去发展自然，发展社会，发展自己的事业"。

"道"与"德"的关系是："德"是人们的行为规范，"道"是"德"的理论基础。

（3）名

《道德经》中的"名"，有四个意思：

一是"名声"，和今天的意思差不多，容易理解。

二是"占有"，相当于"一文不名"的"名"，意思是"以私人的名义占有"。

第三个意思是指"名称和概念"。区分世间万物，首先要"取名"。万事万物总得有个名称，才能和别的事物区分开来。给具体事物取的名，可以叫"名称"；给抽象的理论、摸不着的情感什么的取个名，就叫"概念"，比如说快乐、痛苦，又比如进步、落后。概念，也就是这个"名"，是干什么用的呢？是用来表达思想的。仔细想一想，说话的时候，嘴里蹦出来的一个一个的词语，可不都是一个一个的概念，一个一个的"名"？

由于语言的发展演变，"正名"，简单地说就是我现在正在做的名词解释，是很重要的一件事。往大里说，所有的学说，很多时候都是在"释名"或在"正名"：你说应该这样理解，我说应该那样理解。从荀子的《正名》开始，争论一直在持续。春秋时的"正名"专业户，叫作"名家"。名家在历史上的"名声"却很不好，主要是因为名家玩的是"辩"，即辩论，而在辩论的时候，采用的主要方法是"名辩"，即在名称和概念上做文章，根据自己的需要，调整某个概念的内涵和外延，是为诡辩。"白马非马论"就是典型的例子，让人恨得牙痒痒又找不到反驳的方法，招人恨也就很正常了。

其实，关于"名"的这个意思，我觉得只要回忆一下《武林外传》中吕秀才说死姬无命、获封关中大侠的情节，就能理解了。为了方便阅读，我把台词抄在下面：

吕秀才：慢着……杀我也行，但先得说明白，我是死在谁手上。

姬无命：废话，我呀！

吕秀才："我"是谁？

姬无命：我哪知道你是谁啊……哎，你到底什么意思啊？

吕秀才：这就得从人和宇宙的关系讲起。就拿你来说吧，长久以来，一直有一个问题困扰着你。

姬无命：什么问题？

吕秀才："我"是谁？

姬无命：这我已经知道了呀。

吕秀才：不，你不知道。你是谁？姬无命吗？这只是一个名字，一个代号。你可以叫姬无命，我也可以叫，他们都可以。但，把这个代号拿掉之后呢？你，是谁？

姬无命：我……我不知道。我也不用知道。

吕秀才：那好，你再回答我一个问题，我是谁？

姬无命：这个问题已经问过了。

吕秀才：不，刚才问的是本我，现在问的是自我。

姬无命：有什么区别吗？

吕秀才：当我用"我"这个代号进行对话时，你的代号也是"我"，这是不是意味着你是我，而我也是你呢？

姬无命：这这……这种问题没有意义。

吕秀才：那就问几个有意义的。我生从何来？死往何处？我为何要存在这个世界上？对这个世界来说，我的出现，意味着什么？是我选择了世界，还是世界选择了我？

姬无命：（捂耳朵）够了！

吕秀才：（提高音量）我和宇宙之间有必然的联系吗？宇宙有没有尽头？时间有没有长短？过去的时间从哪里消失？未来的时间在哪里停止？我在这一刻提的问题，还是你刚才听到的问题吗……

姬无命：（扬手）我杀了你！

吕秀才：（吼）是谁杀了我，而我又杀了谁！！

姬无命：（愣）是我，杀了我？

吕秀才：回答正确，动手吧！

姬反手击打天灵盖，倒地。

吕秀才：他不会再爬起来了吧？

白展堂：（探鼻息）永远不会了。

郭芙蓉：这算什么说法啊？

吕秀才：呵呵……知识就是力量。

吕秀才问的几个问题，号称是哲学最基本的问题。这个情节当然是搞笑，但也说明，"名"真的很不稳定、很不靠谱，会害死人的。

第四个意思是从第三个意思中派生出来的，其实是一种特殊的语法，称之为"词类活用"，本来是名词，用作了动词。"名"作动词，就是"取名、命名"的意思。

（4）一

关于这个"一"，真的是一个被人"想多了"的字。很多人对"一"作出过许多专门且专业的解释。有认为是"世界的本源"的，有认为是"客观规律"的，还有认为就是"道"的：这些都是想多了。

在《道德经》中，"一"就三个意思：

一是数量词。如"道生一"，就是指"道"催生了一个事物，不是生出别的什么莫名其妙的东西。

二是指"专一"。与课文《劝学》中的"用心一也"相同。所谓的"抱一、执一"都是指"坚持专一"。

三是指看不见摸不着的小玩意儿，用现在的话来说，就叫作微观世界。这个在《道经》第十四章中有明确的说明。

（5）仁

也是一笔糊涂账，好像无所不包，但也同样感觉看不见摸不着。许许多多的品德都能称之为"仁"，所以"仁是中国古代一种含义极广的道德范畴"。孔子以"仁"为核心的伦理思想，居然包括了孝、弟（悌）、忠、恕、礼、知、勇、恭、宽、信、敏、惠等内容，还有什么没有遗漏的吗？实在是太庞大了，正因为其庞大，才让人无所适从。其实，对于"仁"，只要记住，就是指人与人之间的相互亲爱就够了。

作为法家代表人物的韩非子，对"仁"的解释，却很是到位，看来"仁"似乎也不是儒家的专利。同样出自《解老》："仁者，谓其中心欣然爱人也；其喜人之有福，而恶人之有祸也；生心之所不能已也，非求其报也。"仁，就是发自内心并且不能自已的、不求回报的、欣欣然的"爱"，当别人幸福的时候就开心，当别人罹祸时就难过。

（6）义

同样无所不包，也是"中国古代一种含义极广的道德范畴"。最常见的组词是"义气"。韩非子同样有解释："义者，君臣、上下之事，父子、贵贱之差也，知交朋友之接也，亲疏内外之分也。臣事君宜，下怀上宜，子事父宜，众敬贵宜，知交友朋之相助也宜，亲者内而疏者外宜。义者，谓其'宜'也。"指出君臣、父子、上下级、贵贱等级、内外亲疏之间都是有"秩序"的，"适宜"这个"秩序"的要求就是"义"。

（7）礼

韩非子《解老》："礼者，所以情貌也，群义之文章也，君臣父子之交也，贵贱贤不肖之所以别也。中心怀而不谕，故疾趋卑拜而明之；实心爱而不知，故好言繁辞以信之。礼者，外节之所以谕内也。"这一段话的意思是，"礼"相当于表情和相貌，是"义"的纹饰（文章），是不同等级的人相处时的行为规范，是区别贵贱贤愚的试金石。当你心中对某人怀有不变（不谕）的忠义时，就会通过行动上的尊重来表达，当你对某人怀着关爱而这人又不懂的时候，就会通过言辞上的恳切来表示。所以"礼"在字面上的意思是基于道德观念和风俗习惯而形成的仪节，内核则就是"义"。

上面这一堆内容，看不大懂也没关系，因为这只是冠冕堂皇的说法。"礼"事实上就是指"规矩"，上下级的尊卑关系，各阶层间不可逾越的鸿沟。所谓"礼崩乐坏"，就是下一个等级的人干了上一个等级的活，挑战了正常的社会秩序。

"礼"经常和"法"连在一起，称之为"礼法"。"礼"和"法"的区别本该是，"法"由国家强制力保证实施，"礼"由道德约束力保证实现。但是，作为等级制度的"礼"，同样是由国家强制力来保障的，比如你要是穿个龙袍，肯定得杀头，这时候的"礼"，其实就是"法"，只不过披着"礼"的外衣罢了。

（8）玄

道家的代名词。看到这个字就让人头晕，脑子里一片空白。其实，这个字没什么"玄乎"的，本意是"黑色"，如"玄龟"；从黑色再引申出"深厚"的意思，如"临沅湘之玄渊兮，遂自忍而沈流"，水潭因水深而呈黑色；从"深厚"再引申到"高深"，如"玄机"，指高深莫测的机变、机窍。所以"玄"其实就是"深奥"的意思。

要注意的是，为什么道家的理论会显得很深奥呢？因为道家认为，真理（道）也是发展变化的，在不同的情形下会有不同的表现，而且这种变化会很大，有时候甚至会截然相反。那么，一般的人就会感觉一会儿左一会儿右，难以捉摸，于是就"玄之又玄"。

（9）妙

这个字含义也很多，组一下词，意思就出来了，如美妙、精妙、妙旨、妙言要道、妙绪、妙思、妙演（精妙的阐述）、妙说（意旨精微的言论）。和"玄"字一样，这个"妙"佛道两界都很喜欢，因此"妙"字还有一个写法就是"玅"，那么理解"妙"字，也要带着变化的态度。我理解，"妙"字就是基于不断的变化而呈现的美感、美妙，又或者就像女孩一样，女大十八变，越变越好看，就称之为"妙"？

（10）数

《道德经》中共出现了三次，两次是指命运、命数（shù）、气数（shù）；还有一次是动词"数（shǔ）"，"善数者不以筹策"（《道经》第二十七章），就是善于数（shǔ）数（shù）的人用不着小木棍。

（11）天地

今天叫世界。单独一个"天"字，唯物主义者叫大自然，唯心主义者叫作"上帝"。

（12）父和母

当然不是指父母，但都是从"生身父母"引申出"开始""本源"的意思，不过侧重点有所不同。举个例子，比方你扔下一粒花籽，就会发出一颗幼芽，那么这颗种子就是"父"，而促使种子发芽的土壤、气候、水分等外部条件则是"母"，这是具体的事物；如果是一件事，那么引发这件事情的看得见、摸得着的直接原因就是"父"，而看不见摸不着，但又确实发挥影响作用的间接原因就是"母"。

这样说来，就有点类似于现代哲学的"内因"与"外因"，但与内因、外因又不完全一致。前面说过了，《道德经》还不是完善的哲学思想，如果道家思想也能发展成为严格意义上的现代哲学，也许"父与母"也能成为严格意义上的"内因"与"外因"。但是在《道德经》中，这两个概念还是有点模糊的，它们有几层意思：

一是指"开始、开端"。

二是指"本性"。

三是指"本源、成因"。这时候"父"指内因，"母"指外因。又因为外因多指客观规律，所以"母"很多时候就是指"客观规律"，属于"道"的一个组成部分，因而也有人说，"母"就是"道"。这种说法虽然也有道理，因为把"本性"与"外因"合起来，也就基本上等同于"道"了，但是关键要看用在什么地方，上下文是什么样的语境，不能一概用"道"来代替。

这样说来是不是感觉有点摸不着头脑？不要紧，在具体的章节中，会有详细的说明。

（13）生和死

"生"和"死"相对。要注意的是，"生"既指"出生"，也指"生存"。"出生"是一个事件，"生存"则是一种状态。同样，"死"也有"死亡"和

"消失"两种意思，"死亡"是一个事件，而"消失"则是一种持续的状态。同时，"生"可以由"出生"延伸出"出现"的意思，"死"可以由"死亡、消失"延伸出"尽头"的意思。

（14）有和无

"有"和"无"相对时，指客观上是否存在，属于存现动词。客观上存在的，叫作"有"；客观上不存在的，叫作"无"，也就是"没有"。如果这样就简单了，和现在的"有无"没什么区别啊。问题在于《道德经》中的"无"还有一个意思，和"欲"相对，指主观上是否愿意，属于能愿动词。主观上愿意，叫作"欲"，也就是"要"的意思；主观上不愿意，叫作"无"，也就是"不"。所以，有时也会让人一头雾水。

（15）阴和阳

说完了"生死""有无"，就可以说"阴阳"了。这两字被"妖魔化"了，提起"阴阳"首先想到的是太极图，接下去就会想到装神弄鬼。其实"阴阳"是很正规的哲学概念，是指事物互相对立、矛盾的两个方面，这两个对立的方面，又存在于同一个事物中。如一张纸不管怎么薄，都有正反两面；再如生和死、有和无、好和坏，都可以称为阴和阳。阴阳理论最核心的问题是互相转换，阴和阳这两个方面，很多时候都会发生转换，就像一张纸翻个面一样容易。

阴阳理论也就是矛盾两个方面的对立统一和互相转换理论。

需要说明的有两个问题：

一是在《道德经》成书的时候，阴阳理论还没有正式成形，在整本《道德经》中，"阴阳"两字只出现了一次。所谓的阴阳相对，其实是通过许多具体的事物和比较直观的概念来表示的，如：牡牝、雌雄、虚实、盈亏、有无、生死、存亡、正奇、动静、善恶、美丑、进退乃至山水、营卫等等。这说明当时"阴阳"还不是一个正经的、抽象的概念。

二是道家和中医都强调"阴阳平衡"，但不是"阴阳平等"。道家在强调互生互长的同时，还认为阴阳两者之中"阴"是占据主导地位的，《道德经》中的许多论述，都是建立在这个基础之上的。

（16）无为和无欲

作为道家的思想核心，这两个词历来引起众多非议，都被当作道家消极避世的主要证据。

"无为"字面上的意思，就是"没有作为"，或者是"不作为"。其实，"无为"完整的表述是"无以生为"，也就是不要硬生生地搞点事情来做，不要做无所谓的努力，不要做无用功，违背客观规律的事不要干。用目前流行的话来说，就是"不折腾"。

对"无欲"的误解，主要是对"欲"的理解出现了偏差。将"欲"理解为"欲望"，是不准确的。因为今天所谓的"欲望"包含了"占有欲（欲）"和"进取心（望）"，而道家的"欲"基本上就是指"占有欲"，历来的解释都有点扩大化了。道家是很强调控制"占有欲"的，并且认为"无欲"是"道"的基础：只有消除了占有欲，才不会去干涉他人和事物，让人和物按照客观规律的要求去处事、发展，这也就是"德"和"道"。

至于躲在"无为"和"无欲"之后的"进取心"，道家并不反对，只是"有限的支持"，这个限度就是"自知之明"。立足于自身现实的进取，道家不仅支持，而且强调要持之以恒；至于不切实际的进取，当然要要不得的。

（17）气和象

据说"气"有几种意思，一是组成事物的基本元素，并且这种元素像气体一样可以流动，但是又不是氧气，反正是说不清楚；二是人类与一切生物具备的生命能量或动力，相当于《星球大战》中的"原力"，或者相当于好多科幻片中坏人拼命要抢的、好人死活要保护的、关系到地球存亡的那个小玩意儿。"象"据说也有好多意思，并且也有人说其中一个意思也就是"道"。不知道为什么，有人总是动不动就把不能理解的字说成"就是道"。

其实这两个字也不用想多了。"气"出现了三次，两次是指"气息、呼吸"，还有一次是指"气象、景象"。"象"出现了五次，有一次也是指"气象、景象"，还一次是通"像"，剩下的三次是指"现象"，即事物在发展、变化中所表现出来的外部形态。

（18）圣人

注意，《道德经》中的"圣人"和孔子所谓的"圣人"是不大一样的。道家所谓的"圣人"，基本上都是指"优秀治国者"，偶尔才和儒家一样，指"品德高尚的人"；至于在和儒家吵架的时候，"圣人"就要加引号，用来嘲讽儒家那些"品德高尚的人"了。

德经篇

第一章

华丽的预见能力，却是愚昧的根源

上德不德，是以有德；下德不失德，是以无德。上德无为，而无以为也。上仁为之，而无以为也。上义为之，而有以为也。上礼为之而莫之应也，则攘臂而扔之。故失道而后德，失德而后仁，失仁而后义，失义而后礼。夫礼者，忠信之薄也，而乱之首也。前识者，道之华（huā）也，而愚之首也。是以大丈夫居其厚而不居其薄，居其实而不居其华，故去彼取此。

上德不德，是以有德；下德不失德，是以无德。
　　最上乘的"德"，是自然而然产生的，是发自内心的，自然到自己都没有意识到这是一种"德"，这样才是真

上：上等，等级高或品质良好。如《孙子·谋攻》：凡用兵之法，全国为上，破国次之。

正的"有德"。下等的"德"，是需要努力的，需要不断提醒自己不要"失德"，因为它靠的是约束或自律，所以从更高的要求来说，还是属于"无德"。

上德无为，而无以为也。

最上乘的"德"是"无为"。"而无以为"（第四十章有补充），是指"无以生为"，即不要"生生"地搞点事情出来做。

上仁为之，而无以为也。

儒家不是"尚仁"吗？"尚仁"讲究有所作为，但其实没有多少事情是真的"可为"的。因为违背客观规律的事，虽然主观愿望很迫切，但终究还是做不到。

上义为之，而有以为也。

儒家还"尚义"，"尚义"也讲究有作为，讲究该出手时就出手。那么，就有很多需要做的事情，所以迟早会累趴下。

上礼为之而莫之应也，则攘臂而扔之。

"尚礼"同样要求有所作为，但是没有人响应它，于是懊恼的儒家们就气势汹汹地将这些反对的人"扔"到这些规矩里去。

故失道而后德，失德而后仁，失仁而后义，失义而后礼。

所以，我们都把"道"给丢了，丢了"道"，下一步丢的就是"德"。儒家丢了"道"和"德"，却把希望寄托在"仁"上；"仁"不管用，又去找"义"；"义"不行，又找"礼"。

是：代词。此，这。如：是可忍，孰不可忍。
以：介词。因为，由于，表示行为产生的原因。如《岳阳楼记》：不以物喜，不以己悲。

上：动词。通"尚"，崇尚，提倡。

莫：代词。没有谁，没有什么（指处所或事物）。
应：动词。应和，响应。

夫礼者，忠信之薄也，而乱之首也。

也不看看这个"礼"，作为一种严格的礼教等级制度，根本就和儒家所谓的"忠""信"不是同一个路子，又能有多少"忠信"可言？反而是各种祸乱的根源。

前识者，道之华也，而愚之首也。

"前识"是指在事物发生之前就知道了，相当于"预见"。（许多人都认为，学"道"之后可以预知未来。而事实上，依据"道"或者说"客观规律"确实可以预见事物的发展。）但是这种预见只是"道"开出的一朵花，是"道"的表象，代表了趋势和可能，并不一定都成为客观现实，如果把未来都押在"前识"之上，并将之作为行事的依据，那实在是愚昧的根源。

是以大丈夫居其厚而不居其薄，居其实而不居其华，故去彼取此。

所以大丈夫治国处世，要立足于那厚实的"道"和"德"，不能立足于浅薄的"仁、义、礼"；要立足于实用，不能满足于表面上的精彩，所以舍弃哪一个、选取哪一个，是很清楚的事。

薄：微小，少。
乱：动乱，不安定。如《桃花源记》：避秦时乱。
首：开端，开头，前端。

华：通"花"，花朵。

居：处在，处于。
其：指示代词。指代根据情况所指的、提到的或认为的那个（人、物、意思或时间）的。注意有个"的"字，所有格。如《孔雀东南飞》：其日牛马嘶，新妇入青庐。
厚：深厚。如《信陵君窃符救赵》：然公子遇臣厚。
实：坚实。

上德不德……是以无德。从这第一句开始，《道德经》就是一副不好对付的样子。这两句和《道经》第一章的"道，可道也，非恒道也。名，可名也，非恒名也"简直是异曲同工的绕口令，并且让人舌头打结、绕不出来，所以不管是从《德经》还是从《道经》起手，都会让人对《道德经》望而生畏。

有人解释为"最厉害的德不是

德""能说出来的道不是道"，总之各种解释都有。韩非子在《解老》中认为，"上德"是一种纯粹的个人内心修炼，不能拿出来使用，也不能用来指导日常的行为，内心"有德"，又不外现，这才叫真正的"有德"。至于什么叫"下德不失德，是以无德"，他没有说明。注意，韩非子不是道家，而是法家，而且他的《解老》似乎也是虎头蛇尾，四分之一的篇幅用来注解第一章，接下来可能也就不耐烦了，只挑几句自己喜欢的解解，所以后人似乎也不怎么把他的《解老》当回事，许多人都自己另搞一套。

林语堂是这样解释的："上德的人，对人有德而不自以为德，所以才有德；下德的人，对人一有德就自居其德，所以反而无德了。"这种解释，前半句说得通，但后半句好像也没说清楚，特别是什么叫"不失德"没有说明。

至于我给出的解释，可以自己判断是不是有道理。我要提醒的是，这一句话，不管什么样的解释，有一点是共同的：上德是很不容易做到的，或者干脆地说，是做不到的。还有我要说的是，不要在这一句上纠结，甚至于不懂也行，因为和下文的内容其实没多大的关系。

无为。《基础名词解释》里说过了，"无为"不是"不为"，是指不要作无谓的努力，不要强出头，不要做无用功，要顺应规律，坚决不搞"人定胜天"那一套。

仁、义。这里的"仁"，不单单是相互亲爱的意思，而是指儒家的根本治国方略。道家认为"上仁"或者说"尚仁"并不是治国之道，因为依靠人与人之间的相互关爱、互相帮忙，实现全社会的共同发展，这基本就是共产主义理想，至少在老子的那个时代，是不可能实现的，所以说"而无以为"。

"义"，和今天的"义"也有点不一样。按照韩非子《解老》中的说法，"适宜于"君臣、父子、上下、贵贱等级、内外亲疏之间各种秩序要求的，都属于"义"。要维护这么多的秩序，要做的事太多了，根本忙不过来，因此也不靠谱。

上礼为之而莫之应也，则攘臂而扔之。儒家一直在感叹"礼崩乐坏"，但为什么一直没人响应"尚礼"呢？《基础名词解释》里说过了，"礼"其实就是各种等级制度和规矩。但是"王侯将相，宁有种乎"？自然是响应的

詹子辨牛

少、反对的多。对于反对的人，怎么处理呢？"则攘臂而扔之"，于是就挽起袖子、露出臂膀，凶巴巴地将这些反对的人"扔"到这些规矩里去。"扔之"还是好的，你当年要是敢穿个龙袍，那是要灭九族的。

前识者，道之华也，而愚之首也。 韩非子在《解老》中举了一个很有趣的例子，将所谓的"预见"贬得一文不值。说詹子和弟子一起坐在院子里，听到门外有牛叫，弟子猜是头黑牛，白蹄子；詹子说，是黑牛没错，但不是蹄子白，而是牛角白。牛角怎么可能会是白的呢？出门一看，果然是黑牛，角上缠着白布。韩非子说，这种"预见"的能力果然是很"华丽"啊。但是，有意义吗？我派个五岁的笨小孩出门去看一眼，不也知道这牛长啥样了？至于这么劳心伤神地去"预见"吗？很让人脑洞大开。

是以大丈夫居其厚而不居其薄，居其实而不居其华。"华"是"花"的古字，引申为"华丽"，与"实"相对；"厚"与"薄"相对。"道"是"实"，"预见"是"花"；"道"是"厚"，"礼"是"薄"，所以大丈夫治国处世，要立足于那厚实的"道"，不能立足于浅薄的"礼"，即使要预测事物的

发展，也要立足于实用，不能满足于表面上的精彩。也就是说，预见事物的能力，不是拿来表演、拿来唬人的。

评述

啃《道德经》，首先要有心理准备：不怕被绕晕。

"上德不德，是以有德；下德不失德，是以无德。"这种句式是《道德经》的特色，明明说"什么不是什么"，立刻又说，正因为"什么不是什么"，"什么又是什么"，很容易让人产生逻辑错误和常识被颠覆的感觉。有了这样的心理准备，等到终于绕出来，眼前就会豁然开朗。

这一章，充分说明儒、道从来就是势不两立。《道德经》开篇就拿儒家的"仁义"开涮，接下去我们还会看到许多讥讽儒家"仁义"的句子。原因是道家认为儒家鼓吹的都是肥皂泡，"仁义"和"礼"看上去很美，实际上却不怎么管用，真正解决问题的，是"人性"和"道"，这个我们在这里不展开。

正如许多人以为学了心理学，就能看穿一个人，许多人希望学了《道

德经》之后，能够具备预见未来的能力。韩非子通过一个很好玩的例子告诉我们，所谓的"前识"，也就是预见的能力，许多都是装神弄鬼。你想，好端端的谁会在牛角上系个白布，又不是去参加化装舞会；徒弟、牵牛的人还有那条牛，明摆着都是"托儿"，明眼人一看就知道，这就是一个故弄玄虚的局。韩非子的高明之处在于没有去讨论这是不是一个局，而是说，即使你真的能够透视，除了吓唬一下人，还有什么意义？所以许多看上去华丽的预见能力，其实并没有什么实际的用处，反而是愚昧的根源。

那么，真正高明的，或者说有实用价值的先见之明是什么呢？接下去我们就会知道，是在明"道"的基础上，按照"道"的要求行事处世，也就是"德"。

语法链接

1. "是以"短语

很多人总是把它搞成了"所以"。这也不奇怪，其实，它就相当于今天的"所以"。

"是"是代词，这；"以"是介词，因为；"是以"就是"以是"的倒装，意为"因为这样"，接下来当然就是"所以"了，表示前后句子是一个因果关系。

"是以"在《道德经》中很常见，正如我们现在说话"所以"也用得很多，接下来就不再解释了。

2. "而"作连词的用法

"而"作连词有不同的意思，有时表示顺接，如"失道矣而后德"；有的是表示转折，如"道之华而乱之首也"。

第二章

思想纯粹、行事专注，做一个纯简的人

昔之得一者，天得一以清，地得一以宁，神得一以灵，谷得一以盈，侯王得一而以为天下正。其至之也，谓天毋已清将恐裂，谓地毋已宁将恐发（fèi），谓神毋已灵将恐歇，谓谷毋已盈将恐竭，谓侯王毋已贵以高将恐蹶。故必贵而以贱为本，必高矣而以下为基。夫是以侯王自谓孤、寡、不谷，此其贱之本与？非也。故致数（shù）与无与。是故不欲禄禄若玉，硌（luò）硌若石。

昔：与"今"相对。指从前，过去。
得：同"德"。如《盐铁论》：地广而不得者国危。

昔之得一者，天得一以清，地得一以宁，神得一以灵，谷得一以盈，侯王得一而以为天下正。

从前那些"德行端一"的，天地"得一"，就天清地宁；

神仙"得一"，不搞小动作就灵验；河谷"得一"，不到处乱窜就水流充盈。同样，诸侯王公们也只有"得一"，才能成为天下的正统。

其至之也，谓天毋已清将恐裂，谓地毋已宁将恐发，谓神毋已灵将恐歇，谓谷毋已盈将恐竭，谓侯王毋已贵以高将恐蹶。

假如到了那个时候，说天空不再清澈而且恐怕将要裂开，说大地不再安宁恐怕将要崩溃，说神灵们不再灵验恐怕就要"歇菜"，说河谷里不再水流充盈恐怕就要枯竭，说王侯们的人格不再高贵，恐怕就要下台。那是因为大家的思虑不再忠纯，行事不再专一。

故必贵而以贱为本，必高矣而以下为基。

所以牢不可破的崇高地位一定是建立在专注于贫贱事业这个基础之上的，希望房子盖得高呢，一定要尽量往下打基础，否则迟早变成"楼脆脆""楼倒倒"。这个基础是什么呢？自然是"得一"。

夫是以侯王自谓孤、寡、不谷，此其贱之本与？非也。

那么是因为这样，诸侯王公们才自称孤独的家伙、寡德之人、吃不了几天饭的倒霉蛋。这样低调的谦称一下，难道就能够体现自己已经守住"安于贫贱"这个根本了吗？不是的。

故致数与无与。

所以诸侯王公们在国家败亡的时候，很少从自身找原因，往往会把责任推到运气上，推到老天爷给不给国运上。

一：专一。如《荀子·劝学》：用心一也。

盈：与"竭"相对。满。如《曹刿论战》：彼竭我盈。

正：由"正当、正确、合适"引申出的"正统"。如《论语·子路》：名不正则言不顺。

毋：已然不再。毋，不；已，已然。

发：通"废"，崩坏，停止。

歇：停止，中止活动。

竭：干涸，枯竭。

以：和，而，表示并列关系。如《游褒禅山记》：夷以近。

蹶：倒下，跌倒。

本：事物的根基或主体。

其：表示诘问，通"岂"，难道。如《师说》：其可怪也欤。

与：助词。通"欤"，多用于轻微的疑问，相当于"吗"。

致：这里指把责任归结为。

数：气数，命运。如《六国论》：胜负之数，存亡之理，当与秦相较，或未易量。

与：赐予，施予，给予。

禄：福气、福运。
硌：大石头。

是故不欲禄禄若玉，硌硌若石。

这样看来，治国做人最要紧的是不要想着像美玉一样成为吉祥物，而宁可像石头一样质朴、原始，坚守品行的端一。

昔之得一者。许多人都把"得"解释为"得到"，把"一"解释为"根本"。但这个"根本"具体指什么，含糊其词的居多，也有解释为"风、火、水"等各种稀奇古怪的"元素"的。

《基础名词解释》中提到了，文言中"得"与"德"是相通的，准确地说，"得"是"德"外现的那部分，指"行事处世"，最恰当的翻译应该是"德行、品行"。至于"一"，与课文《劝学》中的"蚓无爪牙之利，筋骨之强，上食埃土，下饮黄泉，用心一也"的"一"同义，指专注、专一。所以这个"得一"不是"得到（动词）一（名词）"，而是"品行（名词）端一（形容词）"。

这个"之"，是句中语气助词，作用是补全音节，念起来上口一些，也和下面的五字句保持字数、句式上的工整，注意不是代词，就像讲话时经常会不自觉的加个口头禅"那么"，其实不一定有具体指代的东西。

神得一以灵。按现在的句式是"神以得一灵"，"以"是介词"因为"；"神"可以认为是"神灵"，也可以作"精神"解，意为"人们的精神因为品行端一而轻灵"。"侯王得一而以为天下正"，则是"侯王以得一而为天下正"的意思。

其至之也。"其"是句首副词，表示揣测、反诘，如"其奈我何"。"至"，到了；"之"，代词，代指下文说的天崩地裂等各种情况。

谓。"谓"这个字，很好玩。据说最早的本意是"问候你的胃"，就是最具中国特色的"饭吃了没"，是打招呼用的，相当于"喂"，所以它是招呼语、开谈语，没什么实际意义。不过我最讨厌有的语文老师注解说"这个字没有实际意义，可不译"。惜墨如金的文言文，每一个字都是有用处的。这"谓"字也可以译成"说"，表示开始陈述。

故必贵而以贱为本。"必"，可以译成"果真"，我们在课文《廉颇蔺相如列传》中会碰到"王必无人，臣愿奉璧往使"；还可以译成"一定要"，课文中也出现过，如"齐宣王使人吹竽，必三百人"。但我觉得最合适的，还是译成"绝对、牢不可破"。

不谷。和"孤家""寡人"一样，也是诸侯、王公常用的谦称，意思是吃不了几天饭了。"不谷"这个称呼好像用在晋景公身上最恰当。

景公生病做了一个恶梦，醒来后召桑田巫占卜，巫师认为他吃不到新麦子了（不食新）。麦收后，景公令人献上新麦，让桑田巫看到新麦做的饭，然后气鼓鼓地将桑田巫杀掉。正准备吃饭时感到腹胀，便去上厕所，不料却掉到粪坑中淹死了——还是没能吃上新麦子。

故致数与无与。很多皇帝把国家搞坏了以后，很少从自身找原因，都认为自己的人品和能力都是 OK 的，主要是老天爷不给运气。如崇祯皇帝临死时说"每抚心自揣，朕非亡国之君"，亡国的原因除了"诸臣丧心误我"之外，更因为"上干天咎"。不过要说崇祯皇帝倒还真的可以说这样的话，他真的是干得很认真，实在是前面的历任皇帝太混，整个国家已经被整得差不多了。

不欲禄禄若玉，硌硌若石。晶莹剔透的"玉"，几乎没有什么使用价值，也就是个吉祥物。"禄"的本义是福气，这里的意思应该是"给人带来福气"。"硌"则是质朴、原始的意思。两句看上去意思是并列的，但是按照并列关系理解起来比较麻烦，左右都感觉牵强，我认为是中间省略了能愿动词，应该是"不欲禄禄若玉，宁欲硌硌若石"，这样就于上文的意思对得上了，这个比喻也才有意义。

通行本中是"珞珞若石"，"珞"也就是美玉，可能是认为"即使是美玉，也要把自己当作石头"，意思也差不多。但这样的话，与上一句连起来"不欲禄禄若玉，珞珞若石"，中间就非用"宁欲"这个转折不可了。

评述

这一章，最要紧的还是"得一"。把"得一"解释为"守住根本"，又说不清楚这个"根本"究竟指的是什么，于是乎乱象丛生。

　　按照我的理解，这一章论述的是思想纯粹、行事专注的重要性。老子认为，国家乃至个人的发展，最终都是由行事处世是否纯粹、专注决定的，即由是否"得一"决定的；不要总把失败归结为"命数"，归结为运气不好，而要反思是否专注于打下坚实的基础。最后得出结论，想要做到纯粹专注，就要始终记住，即使是一块美玉，也永远不要忘了，本质上只是一块石头，不要被眩目的光彩晃昏了头脑，而要安心做一个纯简的人。

第三章

高洁的品行，有时候需要以屈辱的形式来证明

上士闻道，勤能行之。中士闻道，若存若亡。下士闻道，大笑之。弗笑，不足以为道。是以建言有之曰：明道如费，进道如退，夷道如类。上德如谷，大白如辱，广德如不足，建德如偷，质真如渝，大方无隅，大器晚成，大音希声，大象无形。道褒无名，夫唯道，善始且善成。

上士闻道，勤能行之。中士闻道，若存若亡。下士闻道，大笑之。

"上士"知晓"道"后，能够尽力去践行。"中士"则是按照自己的需要，选择一点留下，挑选一些扔掉。"下士"闻道后，认为不可思议，怎么可能这样呢，于是"大笑之"。

闻：听说，知道。
勤：意为尽力多做，不断地做。
行：做，办，从事。
若：选择。《说文》：若，择菜也。从艸、右。右，手也。
亡：丢失，丧失。

弗笑，不足以为道。

老子认为"上、中、下"三类"士"对"道"的不同反应是正常的。因为如果"道"不被人嘲笑，是不足以成为"道"的。也就是说，老子也认同"真理往往掌握在少数人手里"。

是以建言有之曰：明道如费，进道如退，夷道如类。

所以《建言》这本书里有这样的说法：指引人寻找光明的"道"，都像是絮絮叨叨的废话；指引人奋进的"道"，却像是教人停步不前；指引人走上康庄大道的"道"，却像是充满了坎坷。

上德如谷，大白如辱，广德如不足。

优秀的品德要求人"虚怀若谷"；高洁的品行有时候会以忍受耻辱的形式来表现；致力于拓展、提升自己品德的人，在旁人看来，好像有许多缺点。

建德如偷，质真如渝。

树立个人的品德，要怀着对德的渴望，千方百计让本不属于我的品德变成为自己的品德，所以可以用"偷"来形容；率真的品质，有时候会让人误解为背叛。

大方无隅，大器晚成，大音希声，大象无形。

高尚方正的品行没有阴暗的角落，广阔的胸怀像天空一样宽广；璞玉要成为真正的艺术品，需要花费好多的时间去琢磨；博大的音乐，要由许多细微的声音来组成；真正博大、复杂的事物，也不会有固定的形态或者形状，肯定是不断变化的。

明：与"昧"相对。光明。
费：形容词。指语句多余，言辞烦琐。
夷：平坦。如《核舟记》：船背稍夷。
类（纇）：绞在一起的杂丝团。

白：高洁、纯洁，代表清流贤正。
辱：屈辱，耻辱。
广：扩大。如《唐雎不辱使命》：今吾以十倍之地，请广于君。

建：建立、创设。
真：真诚，诚实，情感真切。
渝：改变。如：忠贞不渝。

方：方正（人行为、品性正直无邪），正直。
隅：角，角落。
希：小到听不见的声音。如《子路曾皙冉有公西华侍坐》：鼓瑟希。

道褒无名，夫唯道，善始且善成。

"道"是至高无上的，不会被任何人占有，也不会因为任何人而改变。那么也只有"道"，才是促使事物产生、发展、变化，最终成就某一个事物的根本原因，王侯们都可以一边玩去。

褒：高大、广大，嘉奖、表扬。

唯：只有，只是。

善：善于，擅长，有做好或处理好某事的才能或技巧。

成：完成，成就。

辨析

士。"士"是中国古代一个很特殊的社会阶层，有文士、武士、战士、勇士、谋士，还有方士，与其相对的是"民"，即一般的老百姓。"士"和一般老百姓的区别在于"士"有知识、有文化、有才能、有使命，用今天的话来说，相当于"精英"。"上士"就是"精英中的精英"，"中士"是"普通的精英"，"下士"则是"滥竽充数的、所谓的精英"。

勤能行之。"勤"是尽心尽力的意思，用来修饰"行"，这里被提前了，按现在的语序是"能勤行之"。

若存若亡。看一下《说文》对"若"的解释："若，择菜也。从艸、右。右，手也。"原来"若"的本义竟然是"择菜"，那就清楚了，这里应该引申为"选择"。《晋语》秦穆公曰："夫晋国之乱，吾谁使先若夫二公子而立之，以为朝夕之急。"段玉裁《说文解字注》是这样说的："此谓使谁先择二公子而立之，'若'正训'择'，择菜引申之义也。"

大笑之。"之"是句末的语气助词，用来延长语气并描绘大笑时的样子。

建言。据说"建言"是本书，不过谁也没见过。至于"建言"到底是不是一本书，其实并不重要，因为"建言"也有"提出建议、立言"的意思，这样也是解释得通的。

明道如费。甲本残毁，乙本是"如费"，通行本中是"如昧"，应该是参照下文找了个反义词顶着。"费"可以作形容词，意思是"语句多余，言辞烦琐"，所以应该还是"费"比较恰当、有趣。

大白如辱。争论最多的就是这个"辱"字，一般都认为应该是形容词"黑"或者是动词"染黑"。"大白如黑"，就是"最白的白色看上去像是黑色的"，或者是"最白的白布不要怕被染黑"。

但是，正所谓黑白分明，白到了极点反而变成黑了，有点说不过去。

上述说法基于两点：一是认为"白"是"帛""白布"或者是"白色"。二是认为这句话属于"起兴"手法，先言他物，以引起所咏之物，即先说白色、白布，再引出"上德"。

首先我认为这里不是"起兴"手法。"起兴"手法用得最多的是《诗经》，如《关雎》第一句"关关雎鸠，在河之洲，窈窕淑女，君子好逑"，用来"起"的这只"雎鸠"是排在"淑女""君子"的前面的。这里"大白"排在"上德"之后，没有先"起"后"兴"的逻辑关系。

其次如果不是"起兴"手法的话，这个"大白"就应该有实指，而且也与品德有关，至少不是指白布、白色。"白"，从丿、从日，本意是"天亮了"，引申义有"清楚、明白、洁白"。"大白"，则可以理解为"高洁"，最高尚的品德。

那么，最高洁的品行，为什么会像是一种屈辱呢？是不是有点难以理解？

让我们回到课文《廉颇蔺相如列传》中，蔺相如见到醋意大发、怒气冲冲的廉将军，立刻躲了起来，而且还一躲再躲，手下人都认为：这是莫大的屈辱！于是有些人就叫嚷着要跟廉老贼拼了，还有一些人认为蔺当家的没什么出息，不声不响地溜了。而最终的结局是，蔺相如所受的屈辱，恰恰证明了他人格的高尚、品行的高洁。

再想一想，"胯下之辱"中的韩信，是不是也有点这个意思？

同理，"广德如不足"，随时随地想着要拓展、提升自己品德的人，他们不会刻意隐瞒自己的缺点，而是立志于发现一个问题解决一个问题，这样看上去就好像比其他人有更多的不足之处。这里的"广"，属于"使动用法"。

建德如偷，质真如渝。 这个"偷"字也麻烦，树立自己的品德，怎么要像"偷"呢？我的理解，是要怀着对德的渴望，千方百计地让本不属于自己的品德变成为自己的品德，是为"偷"。其实是想表达，只有怀着对"德"的渴望，如饥似渴，才有"建德"的可能。至于"质真如渝"，也好理解，有些时候，按照内心的真实想法，甚至是按照法律和道德的要求办事，有些所谓的朋友就会认为你这是在"背叛"。

大方无隅。 有人将"方"字解释为"地域"，认为是"好大好大的地域没有边界"，也很是牵强。首先这几个大字，都不是简单的大小之"大"，而是"优、美、高尚"的意思，更接近于今天的"高大上"。"方"字也不是指地域，应该是指一种"品德"，"品行方正"。"隅"也不是"边界"，而是"角落"的意思。所以这句和我们现在所说的"大爱无疆"还是有点不一样的，应该是"高尚方正的品行应该没有阴暗的角落"，或者就说"广阔的胸怀像天空一样宽广"也行。

大音希声。在古代，"声、音、乐"三字的含义是不同的。"声"就是指平常自然界中的各种声音，"音"则是指音乐，"乐"则是指对音乐的感受。所以《乐记》中说："知声而不知音者，禽兽是也；知音而不知乐者，众庶是也。"意思是：只懂得声音不懂得音乐的是禽兽；只懂得音乐而不懂得音乐表达的情感的，是普通人。音乐的本质是情感，也就是这个意思。所以优美的音乐，肯定是由许多细微的声音（希，小到听不见的声音，见《道经》第十四章）组成，这样才能表达细腻的情感。

大象无形。真正博大、复杂的事物，不会有固定的表面特征、形态或者形状，肯定是不断变化的。这样说可能抽象了一点，只要想一想，"盲人摸象"的故事中，大象太大了，哪个盲人都没有摸到全部，所以他们形容的大象的特征都是不完整的，也就不是"大象"了。

无名。"名"，即为"一文不名"的"名"，意为"以私人的名义占有"，"无名"就是没有人能够占有。详见《道经》第三十二章辨析。

评述

这一章，先给我们提了个醒，"道（真理）"和我们的愿望是有差距的，真正的真理，看上去反而会让人感觉不可思议，因而难以接受。不仅是"道"，真正高尚的"德"，有时候同样让人不能接受。

如果明明已经一忍再忍、一让再让，还是被廉颇追了几条街的蔺相如，以及被街头小混混纠缠不清的韩信，都"怒发上冲冠"，怕是中国的历史都要改写了。

其实，不是"道"看上去不可思议，大家心里也都明白这是对的，只是希望最好是拿来约束别人，一旦落到自己的身上，那就不好玩了。所以真正能够理解和践行真理的，都是有着了不起的见地和自律的人，真正是"精英中的精英"。

使动用法

本段中"明道如费,进道如退,夷道如类"中的"明""进""夷"以及"广德如不足"中的"广"都是形容词的使动用法。

使动用法是指谓语动词具有"使之怎么样"的意思,此时谓语动词表示的动作不是主语发出的,而是由宾语发出的。实际上,它是以动宾的结构方式表达了兼语式的内容。这样说可能太抽象,听不明白,举几个例子就清楚了。

《五蠹》:行仁义而怀西戎,遂王天下。怀:使……归顺。

《〈黄花冈七十二烈士事略〉序》:直可惊天地,泣鬼神。惊:使……震惊。泣:使……悲泣。

《愚公移山》:河曲智叟笑而止之曰。止:使……停止。

《赤壁之战》:操军方连船舰,首尾相接,可烧而走也。走:使……逃跑。

《陋室铭》:无丝竹之乱耳,无案牍之劳形。乱:使……扰乱。劳:使……劳累。

《五柳先生传》:衔觞赋诗,以乐其志。乐:使……快乐。

使动用法中的谓语动词,是由名词、形容词活用来的。由于原来的词类不同,活用作动词之后,它们所表示的语法意义也不完全相同。

(1)名词的使动用法

是指这个名词带了宾语,并且使宾语所代表的人或事物变成这个名词所代表的人或事物。翻译时要采用兼语式的形式。如:

《毛遂自荐》:文王以百里之壤而臣诸侯。臣:使……称臣。

名词"臣"带了宾语"诸侯","称臣"这个动作是由宾语"诸侯"发出的,"诸侯"既是"文王……"的宾语,又是"称臣"的主语,所以叫"兼语"。

(2)形容词的使动用法

形容词带上宾语以后,如果使宾语具有了这个形容词的性质和状态,那么这个形容词活用为使动词。如:

《季氏将伐颛臾》:既来之,则安之。安:使……安。

《廉颇蔺相如列传》:大王必欲急臣,臣头今与璧俱碎于柱矣!急:使……急。

《小石潭记》:凄神寒骨,悄怆幽邃。凄:使……凄凉。寒:使……寒冷。

第四章

物极必反，尽管大多都是姗姗来迟

反也者，道之动也；弱也者，道之用也。天下之物生于有，有生于无。

反也者，道之动也；弱也者，道之用也。

回到对立面、得出完全相反的结果，这恰恰是"道"运动和发挥作用的表现；"道"发挥它的作用，很少是很强烈的，更多是"弱弱的"。

天下之物生于有，有生于无。

世界上的万事万物之所以生存在这个世界上，是因为它们都有具体的、能够被人们感知到的特征和特性，因为它们都是一种客观存在，而这些客观存在的事物，不是凭空出现的、天上掉下来的，都是根据"道"或者

反：与"正"相对。相反的，对立的。

之：取消句子独立性。详见语法链接部分。

动：行动、运动。

弱：与"强"相对。指小、少、弱、缓慢。

用：功用，功能。

说是根据客观规律产生的，都经历了一个从"没有"到"有"的过程。

有一部新加坡的电视剧叫《雾锁南洋》，其中有这么一个情节：一个经常出老千的古惑仔想去街头的赌博摊上赢点钱，又怕被人认出来，就让边上的一个弱智替他去，并且告诉弱智"押大小"如何赢钱的"真理"："大"的那边钱少，就押"大"；"小"的那边钱少，就押"小"，因为庄家就是靠小动作吃多赔少来赢钱的。弱智按照这个规律赢了几把，最后当他把赢来的钱全部押到看上去少一点的那一堆时，那一堆立刻变成了"钱多多"，结果可想而知。

反也者，道之动也。听了前面这个故事，应该知道这句话是什么意思了吧？再从语文课的角度解释一下。这一句的正常语序应该是"道之动者，反也"。"……者……也"是文言文中最常见的一个判断句式，一般来说，老师都会举这个例子："陈涉者，阳城人也"。这种判断句是说明"……具有……的属性"。

有时候为了强调这种属性，就会采用倒装的形式，把属性部分提到前面来，"者"还在原来的位置，属性部分带着"也"提前，就成了"也者"。主语部分放到后面，重新带上了"也"字，这样就成了"……也者……也"。"反也者，道之动也"，就是这么来的。

语序倒回来，可能更容易理解：按照"道"运作下来，经常会得到一个完全相反的结果。我前面讲的那个故事，弱智按照赢钱的"真理"一成不变地操作下来，结果变成了输钱。其实也可以用一个成语来概括，那就是"物极必反"。所以聪明与弱智的区别在于知道什么时候会"反"，什么时候就该变。

弱也者，道之用也。句式一样，直接把语序调整回来："道"的发挥作用经常是"弱弱的"。"弱"指不强烈，是慢慢的、持续的，也就是说有一个从量变到质变的过程。

天下之物生于有，有生于无。这句话也有许多解释，参见前面的名词解释。我认为这两个"生"字意思是有区别的，前者是指"生存"，是一种状态；后者则是指"产生"，是一个事件。万物在世界上的"存在感"都是靠"刷"出来的，就是要有具体的形态，要有醒目的特征，最好还有吸引眼球的事件，这些都叫作"有"；而用来"刷存在感"，表示事物真实存在的"有"，都不是凭空出现的、天上掉下来的，而是按照客观规律或者说"道"产生的，都经历了一个"从无到有"的过程。"有生于无"和成语"无中生有"不一样，"无中生有"，基本是指把没有的说成有的，凭空造谣；"有生于无"，则是指万物都是按照客观规律逐步形成的。

早会发生作用，尽管大多时候和我们所期待的成功一样，都是姗姗来迟。

所以要记住，任何成就都不是从天上掉下来的，而是个人按照客观规律不断努力的结果。

语法链接

1．"者也"判断句式

"……者……也"是一个标准的判断句式。"者"表示提顿，"也"表示判断。如：

《醉翁亭记》：有亭翼然临于泉上者，醉翁亭也。

《史记·陈涉世家》：陈涉者，阳城人也。

《师说》：师者，传道授业解惑也。

判断句式会出现三种变型，其实就是"者"和"也"的省略：

（1）常见的是省略"者"，只用"也"表判断。如：

《资治通鉴》：操虽托名汉相，其实汉贼也。

（2）省略"也"，只在主语后用"者"表示提顿，这种情况不常见。如：

《游褒禅山记》：四人者，庐陵萧君圭君玉，长乐王回深父，余弟安国

评述

这一章字数比较少，内容也好理解，记住"物极必反"就行了。

明代有五本著名的传奇短篇小说集和拟话本集，合称为"三言二拍"，里面的故事都很离奇。尽管离奇，但每一个故事都在强调结局的必然性。当然，这套书的目的是劝人向善，不能做坏事，否则迟早会遭报应。但我们也可以将之理解为，规律和真理迟

平父，安上纯父。

《鸿门宴》：不者，若属皆且为所虏。

（3）"者""也"一并省略，看上去没有判断标志。如：

《崂山道士》：邑有王生，行七，故家子。

除三种变型之外，还有两种句式：

一是在句末连用"者也"，表示加强肯定语气，这时"者"不表示提顿，只起称代作用。这种判断句比较常见。如：

《邹忌讽齐王纳谏》：城北徐公，齐国之美丽者也。

二是"……（属性部分提前）也者……（主语部分置后）也"，属性部分倒装强调的判断句。如文中的"反也者，道之动也；弱也者，道之用也"。又如：

《论语·学而》：孝弟也者，其为仁之本与！

《中庸》：中也者，天下之大本也，和也者，天下之达道也。

2. "之"字的特殊用法：取消句子独立性

所谓句子的独立性，是指当一个主语后面跟了一个谓语以后，就能够表达一个完整的意思，也就可以成为一个独立的句子。取消句子的独立性，就是让这个主语和谓语不再成为一个独立的句子，而是变成一个词组，从而成为一个句子成分，再和前后别的词组、语段一起组成一个句子。这时候"之"字就是"取消句子独立性"的标志。

主要有以下几种情况：

（1）取消独立性后作主语

《师说》：师道之不传也久矣。

如果没有句中的"之"字，"师道不传"可以是一个主谓句，加上"之"以后，作句子的资格就没了，成了大句子的主语。

（2）取消独立性后作谓语

《烛之武退秦师》：焉用亡郑以陪邻，邻之厚，君之薄也。

上句中的两个"之"分别取消了两个句子的独立性，让前者作主语，后者作谓语。

（3）取消独立性后作宾语

《寡人之于国也》：王如知此，则无望民之多于邻国也。

"民多于邻国"这个句子，加了"之"以后，降格作了宾语。

（4）取消独立性后作状语

《烛之武退秦师》：若舍郑以为东道主，行李之往来，供其乏困。

"行李往来"这个句子,加了"之"后,变成了"当秦国使者往来于东方的时候,我们郑国可以供给他缺乏的物资",作了状语。

(5)取消独立性后作插入语(独立成分)

《廉颇蔺相如列传》:公之视廉将军孰与秦王?

"公视"的独立性被取消后,在句子中做插入语。插入语是一种独立成分,不与句子的六大成分(主、谓、宾、定、状、补)发生结构关系。在这里,"公视(你们看)"只起说话人引起对方注意的作用。

(6)句子独立性被取消,成了一个复句的分句

构成复句的单句,语法上叫作分句。这时,它只能和它的另一半相互依存成为一个大句子。否则,它只能成为半句话。如:

《触龙说赵太后》:父母之爱子,则为之计深远。

《逍遥游》:且夫水之积也不厚,则其负大舟也无力。……风之积也不厚,则其负大翼也无力。

以上例子中,前一个句子独立性被取消后,都作假设复句的一个分句。

(7)不能作为取消独立性的情况

下面的"之"的作用不能视为"取消句子独立性":

《寡人之于国也》:寡人之于国也,尽心焉而已矣。

"之"用在主语"寡人"和介宾短语"于国"(状语)之间,只是一个调整音节的助词。

《师说》:道之所存,师之所存也。

"之"用在主语和"所"字结构之间,也只起调整音节的作用。

第五章

可以一路向西去大理，但留在原地也未尝不可

> 道生一，一生二，二生三，三生万物。万物负阴而抱阳，中气以为和。天下之所恶（wù），唯孤、寡、不谷，而王公以自名也。物或损之而益，益之而损。故人之所教，亦议而教人。故强（qiǎng）梁者不得死，我将以为学父。

三：三、六、九、十二均为文言文中的虚数，表示多数或多次。如《茅屋为秋风所破歌》：卷我屋上三重茅。

道生一，一生二，二生三，三生万物。

"道"催生了一个事物，而每一个事物都有互相对立的"阴阳"两个方面，如正反、好坏、上下、左右、开关。这就是辩证法。"三"是虚数，意思是很多，是指互相对立的两个方面相互转变，变过来又变过去，就会产生无数的可能，于是万物就形成了。

万物负阴而抱阳，中气以为和。

万事万物都存在着对立统一的两个方面，这两个方面以呈现平衡的景象为最和谐的状态。

天下之所恶，唯孤、寡、不谷，而王公以自名也。

天下人最讨厌的，就是孤、寡、不谷，而王公贵族们还要拿来当作自己的称呼。

物或损之而益，益之而损。

天下万物有时某一方面减少了，但是另一方面却增加了；有时某一方面增加了，但另一方面却减少了。

故人之所教，亦议而教人。

所以人家教给我的，我也可以在批判的基础上，再转教给他人。

故强梁者不得死，我将以为学父。

所以事物的某一方面不符合规律地勉强增长、壮大是无法持续到尽头的，我将以这作为教与学的开始、出发点。意思也是说，谁都不可能只教不学，也不能只学不教，教与学是相长的。

负：持有、具有。
抱：与"负"同义，抱有、具有。如《祭妹文》：然则抱此无涯之憾。
中：不偏不倚，端正。
气：气象、景象。
和：和谐，协调。
恶：讨厌，憎恶。
名：动词。意为称呼。自名就是称呼自己。

或：间或，有时。
损：与"益"相对。减少。如《愚公移山》：以君之力，曾不能损魁父之丘，如太行王屋何？
益：增加。如《出师表》：有所广益。
议：评议是非。

强：勉强。如《触龙说赵太后》：乃自强步。
梁：高起、充盈的意思。
死：穷，尽，尽头。

辨析

道生一……三生万物。这句话的解释五花八门，最有趣的是把"三"解释为人，估计是从"三才者，天地人"中化出来的。我认为，除了前面说的唯物辩证法，还可以从几个方面去理解这句话：

一是"世界是建立在数学法则之上的"。数学绝不只是到小菜场买菜时用得上，整个世界都是建立在数学法则基础之上的，想一想是不是这样？大到航天，小到考试，哪一个、哪一天不需要计算？

数学，先要有数字，数字是怎么产生的呢？我以前看过一部科教片，大意是说，一个椰子掉在头上，被砸疼了的原始人认识了"一"，椰子继续砸在头上，于是原始人很快又认识了二，当然这个时候的"二"还不是现在数学意义上的"二"，只是出于类比的需要，意思是"凡椰子砸头上，都是要疼的"，是"一个又一个"的意思。认识了"二"，不是马上就出来"三"，又过了很久很久，而且据说是非常久，被砸到头晕的原始人，终于认识了"三"，而这个"三"的出现，意义非同小可——数学法则出现了，于是"四五六七八"很快就被创造出来了，从此世界万物都可以被计算、被认识、被操控了。

二是"世界是三维的"。这要从后面的"阴阳"开始说起。《基础名词解释》中提到过了，阴阳学说并不神秘，就是指事物对立统一的两个方面。就像一张纸，肯定会有正反两个面。不管纸多薄，它都得有厚度，这就成了"三"，意思是物质世界是三维的。三维世界里存在着万物，或者说万物的存在形式是三维的。

不管是"世界是建立在数学法则基础上的"，还是"世界是三维的"，都比"道生太极、太极生两仪、两仪生三才"这样"专业"的说法，更容易让人接受，是吧？

万物负阴而抱阳，中气以为和。据说中医认为"阴"是人的肉体，是看得见摸得着的；"阳"则是维持人体运行的、看不见摸不着的"精气神"，所以要立足于人体的本身来养护"精气神"，大致是这个意思。这种解释，和其他的一些解释，都有一个共同的问题，就是多多少少都把"负"和"抱"当成对立的两面。从字面上看，"负"是背负，抱是"拥抱"，好像是有点区别，一个是正面的动作，一个是背面的动作。但需要注意的是，文言文中有一种修辞手法叫作"互文"。

"互文"，也叫"互辞"，是一种常见的修辞方法。古文中对它的解释是："参互成文，含而见文。"具体地说，就是上下两句或一句话中的两个部分，看似各说两件事，实则互相呼应、互相阐发、互相补充，说的是同一件事。举个课文中的例子，《木兰辞》中有这么几句："东市买骏马，西市买鞍鞯，南市买辔头，北市买长鞭。"当然不是真的在哪一个市场买哪一样东西，而是"去东西南北各个市场，买了马、鞍、长鞭等很多东西"。再如"将军百战死，壮士十年归"，也不是指"将军都战死了，壮士都回来了"，将军、壮士，战死、归来，都应该互相补充着来解释。

所以，"万物负阴而抱阳"，应理解为"万物既抱负着阴、也抱负着阳"，直到今天，"抱"和"负"在词义上还有相同的地方，都可以是"有"或"存在"的意思，如"抱怨"和"负恨"；还有一个词干脆就叫作"抱负"。"而"在这里是顺接连词，更多是补全音节和语气，不是转折连词。所以"万物负阴而抱阳"，是指"万事万物都存在着对立统一的两个方面"。

"中气以为和"是一个倒装句，正常的语序应该是"以中气为和"，"中气"提前表示强调。这句话常被人用来指导养生和修炼，主要是将"中气"两字联在一起解释，当成了呼吸、气息。其实，古汉语和现代汉语的区别之一是，现代汉语以双音节"词"为主，而古汉语则以单音节词为主，所以古汉语中像"万物"这样的双音节词是很少的，这里"中气"两字，也应该分别求解。

先说"中"，不是简单的"中间"，而是从"中间"引申出来的"不偏不倚、端正、平衡"；"气"，可以参见前面的《基础名词解释》，意为"气象、景象"（现代汉语中"气"也有"景象"的义项，如：和气、气氛、气韵）。至于"和"字，查一下字典，共有三个义项：一是连词，意思是"与"；二是动词，意思是"应和或搅和"；三是形容词，是指不同事物或方面的相互关系是令人满意的，大家都皆大欢喜的一种状态，例如"和谐"。这里显然是形容词。"以中气为和"，即指不偏左也不偏右，呈现"阴阳平衡"景象为最令人满意的状态。

有人问我，通行本中是"万物负阴而抱阳，冲气以为和"，"中"为什么变成了"冲"，这两点是怎么多出来的？我想，应该是后人认为"中"在这里不是简单的"中间"（名词）、"中正"（形容词），而是带有"使……平衡、均衡"（使动词）的意思，有可能是觉得"中"作"使动词"不是很直观，因而直接改成了动词"冲"？

综上所述，"万物负阴而抱阳，中气以为和"，完整的意思是"万事万物都存在着对立统一的两个方面，这两个方面以呈现平衡的景象为最和谐的状态"。

天下之所恶，唯孤、寡、不谷，而王公以自名也。这句就不详细解释了，如果认真看过前面的内容，应该能看懂了。要注意的是：一是"之"字的用法是"取消句子独立性"。二是"恶"字不是"凶恶"，而是"厌恶"的意思，属于典型的古今异义，经常在试卷中出现。三是要从这句话中看出《道德经》也不是干巴巴的说教，也是有幽默感的："你看看，你看看，天下人最讨厌的玩意儿，这些王公贵族们还要拿来当作自己的称呼，岂不是太那个了。"

物或损之而益，益之而损。"损"和"益"出自《易》的卦名。"损""益"相对，"损"本义是"亏钱"，引申义是"减少"；"益"则是"赚钱""增加"，所以"损"和"益"是"阴阳"的两个面。通行本中的表述是"物或损之而益，或益之而损"，天下万物有时某一方面减少了但是另一方面却增加了，有时某一方面增加了但是另一方面却减少了，阴阳两面总是此消彼长。

故人之所教……我将以为学父。这句话中，有几个地方很麻烦：

一是"强梁"是什么。有人认为是"强盗"，依据是《水浒传》中称呼强盗为"强梁"，但是《水浒传》基本算是白话文了，"强梁"至少算得上是"早期白话文"，不是春秋战国时期的语言。最有力的依据就是前面说过的，文言文很少有词，基本都是字，"强"和"梁"应该有各自的意思。我认为"梁"是和"谷"相对的一个概念，"山谷"是山中凹陷的地方，"山梁"则是山中凸起的地方，"谷"的引申义是低下、空旷，虚怀若谷，"梁"意思就可以是高起、充盈。"强"字作"勉强"解，"强梁"即是"不符合规律地持续高起、充盈、壮大"，是指阴阳两个方面中，其中某一方面（其实是指"阳"那一面）一直增长而不消退。关于"梁"和"谷"的解释，详见《道经》部分的第六章。

二是"死"到底是不是"死亡"的意思。把"强梁"当作强盗，很大程度上是受了这个"死"字的影响，认为是在咒强盗"不得好死"，问题是这里没有这个"好"字，"不得死"岂不成了长生不老，到底是在骂人呢还是在夸人呢？其实，"死"还有"穷、尽"的意思，如"战余落日黄，军败鼓声死"（常建《吊王将军墓》），又如"苍天已死，黄天当立，岁在甲子，天下大吉"，这两处地方，"死"都是穷、尽的意思，那么"不得死"就是"不能一直到尽头"。"故强梁者不得死"，是指事物的某一方面不符合规律地勉强增长、壮大是不可能持续到尽头的。

三是"教"和"学"的关系。"教"和"学"也是阴阳的两面，"教"中也有"学"、"学"中也有"教"，还可以互相转换。所以人家教给我的，我也可以在评议是非的基础上，再转教给他人。

四是"父"是什么意思。肯定不是父子的"父"，也不会是师父的"父"，通行本中"学父"作"教父"，这个"教父"当然也不是黑社会大佬。《基础名词解释》中说过了，这个"父"就是指"开始"，至于到底是"教"还是"学"，无所谓，都可以，本来就有两个意思在。"我将以为学父"，我将以这作为教与学的开始、出发点（"之"是承前省略）。这样看来，老子也是认同"教学相长"的，认为单纯的"学"或者"教"，都"不得死"，走不到尽头。只不过儒家的"教学相长"讲的是共同提高这个结果，道家则更加强调教与学的过程可以互相转换。

评述

这一章的信息量很大，争论也很

大，但最主要的内容还是和前面第二章一样：此消彼长、物极必反。这看上去很简单，但在实际生活中确实是很有用，如在股市一路高歌的时候，就要保持头脑清醒，"强梁者不得死"；处在人生的低谷时也要乐观，益之则损、损之则益，否极之后肯定是泰来，冬天来了，春天也就不远了。"对生活不太满意""不快乐又不喜欢这里"的时候，当然可以一路向西去大理，但事实上，留在原地也未尝不可，只需要耐心等待就行。

语法链接

互文

互文，也叫互辞，是古诗文中经常采用的一种修辞方法。古文中对它的解释是："参互成文，含而见文。"具体地说，它是这样一种互辞形式：上下两句或一句话中的两个部分，看似各说两件事，实则是互相呼应，互相阐发，互相补充，说的是同一件事。

互文有单句互文，如："烟笼寒水月笼沙""秦时明月汉时关""主人下马客在船"。

对句互文，如："开我东阁门，

坐我西阁床""当窗理云鬓，对镜帖花黄""将军百战死，壮士十年归""明月别枝惊鹊，清风半夜鸣蝉""将军角弓不得控，都护铁衣冷难着"。

隔句互文，如：王勃《滕王阁序》："十旬休假，胜友如云；千里逢迎，高朋满座。"这里的"十旬休假"和"千里逢迎"是隔句，"胜友如云"和"高朋满座"是互文。"胜友""高朋"，"如云""满座"相互交错，补充说明。应解释为："胜友如云，胜友满座；高朋满座，高朋如云。"

排句互文，是说这种互文的句子在两句以上，而且是互相渗透互相补充，来表达完整意思。如《木兰辞》中的"东市买骏马，西市买鞍鞯，南市买辔头，北市买长鞭"就是排句互文。

可以一路向西去大理，但留在原地也未尝不可

第六章

本不想进你的院子，篱笆扎得再紧又能怎样

天下之至柔，驰骋于天下之至坚。无有入于无间。吾是以知无为之有益也。不言之教，无为之益，天下希能及之矣。

天下之至柔，驰骋于天下之至坚。

天底下最柔弱的东西，自由自在地驰骋在天底下最坚硬的东西之上。

无有入于无间。

没有多余的欲望，哪怕是再狭小的生存空间，都可以游刃有余。

吾是以知无为之有益也。

我因此懂得了不要做无谓的努力、不要做无用功的好处。

至：极，最。

无有：指没有欲望。有，这里指主观上的欲望、希望。

间：指缝隙，空隙。如《指南录后序》：得间奔真州。

不言之教，无为之益，天下希能及之矣。

"不说教"这种教化手段（其实就是"身教"），天下很少有人能够做到，就像"无为"能够带给人的好处一样，也很少有人抓得住啊。

辨析

天下之至柔，驰骋于天下之至坚。 "驰骋"一般解释为"役使"，天底下最柔弱的，"役使"着天底下最坚强的。这种解释，其实是"驰骋"具有了动词的使动用法，"使天下之至坚驰骋"，役使着天下最坚强的东西跑来跑去、做牛做马。意思好像没错，但是如果仔细看一下，就会发现少了一个"于"字。"于"在这里是介词，与"天下之至坚"这个名词性词组结合起来，组成介宾结构，在句中充当状语，表示动作行为的处所。所以"于"字很明白地表示了"天下之至坚"是驰骋的场所，而不是驰骋这个动作的发出者，那么只好让"天下之至柔"来驰骋了，"驰骋"一词（好不容易看到一个词）也应该取它的本意——"自由自在地奔跑"。

无有入于无间。 这句感觉好像是庄子和惠施在辩论。惠施说，我的篱笆扎得很紧，看你怎么进来？庄子就会回答，我根本就没有要进来的欲望，所以，我已经进来了。呵呵，很好玩吧？想想也很对啊，不管你的篱笆里有什么，不管你的篱笆扎得多紧，我没有占有的欲望，大可以在你的篱笆里神游驰骋，篱笆再紧对我也没有意义啊！

不言之教……天下希能及之矣。 "言传"大多是喋喋不休、唠唠叨叨的，所以会引人反感，比如我，总是在Angela面前叽叽歪歪说个没完，听得她耳朵长茧。"身教"则是施教者通过自身的行动来教育和感化人。要知道"知易行难"，世上多得是语言上的巨人，行动上的矮子，"言传"之外，"身教"又谈何容易。

惠庄之辩

这一章重点是以柔克刚、无为而治。据说老子为了说明柔与刚的关系，还举了牙齿与舌头哪个先掉作为例子。

其实我们希望自己"坚强"，本质上还是因为担心"柔弱"容易吃亏。但老子说了，"至柔能够驰骋于至坚之上"，没必要担心许多。因为Angela的善良与柔弱，我很希望这是真理。

第七章

敢于"舍得",是取舍的最高原则

名与身孰亲？身与货孰多？得与亡孰病？甚爱必大费，多藏必厚亡。故知足不辱，知止不殆，可以长久。

名与身孰亲？身与货孰多？得与亡孰病？

"了却君王天下事，赢得生前身后名"，是很多人的理想，但是老子提出了疑问：生前身后的名声和生命到底哪一个更宝贵？生命和身外的财物哪一个更重要？得到和失去哪一个更不利？

甚爱必大费，多藏必厚亡。

过分吝惜，不舍得掏钱，最后付出的肯定更多。储积的财物越多，要是招来了小偷，丢失的东西一定也更多。

名：名声，名誉，名望。

身：生命，性命。

孰：谁，哪一个或哪些人。

亲：亲密的、可靠的。

货：财物。如《促织》：居为奇货。

多：与"轻"相对。重。

亡：丢失，丧失。

病：困难，不利。如《史记·商君列传》：利则东收齐，病则西侵秦。

爱：舍不得，吝惜。如《指南录后序》：国事至此，予不得爱身。

费：付出。
藏：储积，收藏。
厚：重，多。
辱：耻辱。
殆：危险。

故知足不辱，知止不殆，可以长久。

所以，懂得满足就不会招至屈辱，懂得什么时候该收手就不会将自己置于危险的境地；既知足又懂得见好就收，则能够安定长久。

辨析

甚爱必大费。许多人都认为"甚爱必大费"就是"谈感情伤钱"，其实不是的。这里的"爱"是吝惜的意思，如课文《齐桓晋文之事》中有一句"百姓皆以王为爱也"，老百姓都认为是大王您太小气了，不舍得拿头牛出来祭祀。"甚爱"是指过分吝惜，"大费"则是指付出得更多。

可以长久。注意这个"可以"和今天的"可以"是不一样的，它不是一个词。在《曹刿论战》这篇课文中也会遇到"可以一战"。"可"一个字就已经是"可以"的意思，"以"则是"凭借"的意思，中间还省略了一个代词"之"，完整的句子是"可以之长久"，可以凭借这个实现长治久安。

评述

马斯洛认为，人类的需求像阶梯一样从低到高分为五个层次：生存需要、安全需要、社交需要、尊重需要、自我实现需要。追求"名声"当然属于"尊重"或"自我实现"需要，而有些人、有些时候拼命追求"财物（利益）"，已经不是为了"生存"的需要，更多是出于"安全"的需要，那么按照马斯洛的需求层次理论，不管是"求名"还是"求利"，似乎都是比"生存"更高级的需要，也许这就是基本的人性？所以尽管有那么多的"圣人"唠唠叨叨地劝说大家不要计较名利，但真正看得开的又有几个？

既然绕不开"名利场"，那就要学会取舍，否则人生会很痛苦。

要勇于"舍得"，学会放弃。例如，有人跟我说，她在单位每个月的绩效工资考核中，从来不拿第一名，尽管有拿第一名的能力和水平。她说，少几块钱的同时，也少了许多潜在的麻烦。敢于"舍得"是一种大智慧，是取舍的最高原则。

第八章

心静自然凉，不只是内心强大，
更源于对未来的自信

> 大成若缺，其用不敝。大盈若盅，其用不穷。大直如诎（qū），大巧如拙，大赢如绌（chù）。躁胜寒，静胜炅（jiǒng），清静可以为天下正。

大成若缺，其用不敝。

最伟大的成就、最完美的成功也会有缺憾，但是它的功用不会受到影响和损害。

大盈若盅，其用不穷。

酿的酒很多，装满了大酒缸，如果用小酒盅来喝，好长时间都喝不完。

大：重要，重大。
成：成就，成功。
缺：缺漏而不完整，缺陷、遗憾。
用：功用，功能。
敝：损害。如《左传·僖公三十年》: 因人之力而敝之，不仁。
穷：穷尽、完结。

诎：通"屈"，弯曲。
巧：聪明。
拙：笨拙，不灵活。
赢：有余。
绌：不足。

躁：急疾，迅速。
炅：同"热"，通行本中即为"热"。
清：清洁，洁净，纯洁。
静：安静、宁静。
正：道理，规律。指"正道"。如《后汉书·张衡传》：尽璇机之正。

大直如诎，大巧如拙，大赢如绌。

这里的"大"不是简单的大小之"大"，至少也是"高大上"，还可以译成"最"；"如"则是"像、相似"的意思。直和诎、巧和拙、赢和绌都是互为反义词。三句话的意思是越极端的东西，看上去越像它的反面。

躁胜寒，静胜炅，清静可以为天下正。

急速的运动可以战胜天气的寒冷，同样，内心的安详也可以战胜天气的酷热。所以，可以把心性纯正恬静作为处理天下所有纷繁复杂事情的根本法则。

辨析

大成若缺……其用不穷。 先说"敝"字和"穷"字。"敝"的意思是"损害"，如"因人之力而敝之，不仁"（《左传·僖公三十年》）。至于"穷"字，课文中经常会碰到，它与今天的"贫穷"意思是不一样的。"贫穷"这个词，在古代就是用"贫"字来表达的，因为"宝贝都被分走了"；而古文中的"穷"字，大都是"尽头、完了"的意思，跟前面说过的"死"字差不多，如"穷途末路"。

接下来就是两个"若"字，一般都把它们解释为"如、像"，主要是受了下文"大直如诎、大巧如拙、大赢如绌"几个"如"字的影响。我认为"大成若缺"与"大盈若盅"这两个"若"字的意思是不一样的。"大成若缺"是"像"，意思是绝对完美的成功是没有的，成就越大，留下的缺憾可能也越大，因此看上去不像是"成功"，反而好像是个"缺陷"。而"大盈若盅"则应该是"如果"，大酒缸里的酒如果用小酒盅来喝，肯定够喝一阵子了。

心静自然凉，不只是内心强大，更源于对未来的自信心静自然凉是基于两个原因。一是不受外物的烦扰，不以物喜、不以己悲，热点就热点呗，保持良好的心态就行了。但更重要的是第二点：要懂得物极必反的道理。热到了顶点，自然就转凉，冷到了极点，当然离春天也就不远了。坚信阴阳相生、否极泰来，就会对不远的未来有着坚定的信念，如此，眼前的挫折与困难，便不至于变得不可逾越。

第九章

特定情形下拼命争取的，换个场景可能一文不值

> 天下有道，却走马以粪；天下无道，戎马生于郊；罪莫大于可欲，祸莫大于不知足，咎莫憯（cǎn）于欲得。故知足之足，恒足矣。

却：退还，拒绝，不受。如：盛情难却。
走：跑，效力。
郊：上古时代国都外百里以内的地区称郊。如《诗经·魏风·硕鼠》：适彼乐郊。

罪：过失，错误。如《史记·项羽本纪》：此天之亡我，非战之罪也。

天下有道，却走马以粪；天下无道，戎马生于郊。

在和谐社会中，我们会拒绝养一匹卖力干活的马，仅仅因为它会乱拉大便，让人心烦，就像我们今天养宠物，最后都在这事上没了耐心。而在战乱的年代，即使是在激烈的战场上，也要让怀孕的战马把小马生下来，因为马实在太缺了。

罪莫大于可欲，祸莫大于不知足，咎莫憯于欲得。

没有比放纵欲望更大的罪过，没有比不懂得满足更

大的祸害，没有比因为贪心引发的过失更让人惨痛了。

故知足之足，恒足矣。

所以懂得满足的基础上产生的满足感，才是真正的、永恒的满足啊。

可：尽，满。
咎：过失，罪过。如《出师表》：以彰其咎。
憯：悲痛，伤心。
恒：永久，永恒。

辨析

天下有道……戎马生于郊。天下"有道"与"无道"，这个没什么争议，是指世界是不是小康、和谐社会，但是这两匹马就比较麻烦了。

关于这匹"走马"，韩非子在《解老》中认为，是因为天下"有道"了，马不用去打仗，也不用跑运输，都用来犁田了，而犁田时"积力田畴，必且粪灌"，卖力犁田的同时，还要以粪肥田，所以叫"却走马以粪"。但他在《喻老》中又说，"走马"是跑运输的马，是因为"天下有道，无急患，则曰静，遽传不用。故曰：'却走马以粪'"。"遽传"是指驿车和传舍，但是关于"粪"就没有说法了。

关于"戎马"，大家都知道是战马，但"郊"有争议。韩非子在《解老》中认为"郊"是"近"的意思，说是因为战乱太久了，马匹很缺，"近卫"将军侍臣们平时用来摆谱的马都充作战马了，不仅皇家骑兵仪仗队的马匹要充作战马，侍臣们还得充作战士，所以叫"戎马生于郊"。到了《喻老》中，他又说，是因为"天下无道，攻击不休，相守数年不已，甲胄生虮虱，燕雀处帷幄，而兵不归。故曰：'戎马生于郊'"。那这个"郊"就不是"近"，而是战场的意思了。

解释文言文，一定要落实到每一个字，让我们一个字一个字来：

先说"却"字，共有4个义项：①退却，如"望而却步"；②退还、不接受，如"盛情难却"；③表示转折，如"却道，天凉好个秋"；④去掉、失却，如"了却君王天下事"。现代汉语中"却"最常见的是义项③，但我认为这里应该取义项②。

再看"走"字。现代汉语中"走"是"步行"，古汉语中则是"奔跑"，如"走马观花"。由"奔跑"再引申出"效力、役使"的意思，如"走狗"；从这个意思还引申出谦称"牛马走"，意为"我是您当牛做马的仆人"，如"太史公，牛马走"（司马迁《报任安书》）。所以"走马"应该不是"走（跑）马观花"那个"走马"，而是"卖力干活的马"，大致类似于《劝学篇》中"骐骥一跃，不能十步，驽马十驾，功在不舍"中的"驽马"。

再说一下"郊"字。"郊"的本义也就是今天通行的词义，是指"城乡结合部"。但《尔雅》中说："邑外谓之郊，郊外谓之牧，牧外谓之野，野外谓之林。"历史上著名的"牧野之战"，牧野原本不是专门的地名，而是以殷都朝歌城为中心，由内向外，分别称作城、郭、郊、牧、野、林，"牧野之战"是指发生在京城"四环"与"五环"之间的一场战斗。而"郊"由于特定的地理位置，很可能会沦为战争双方进攻与防守胶着之时的战场。

这样分析下来，我认为这句话的意思是：在和谐社会中，我们会拒绝养一匹卖力干活的马，仅仅因为它会乱拉大便，让人心烦。而在战乱的年代，即使是在激烈的战场上，也要让怀孕的战马把小马生下来，因为马实在太缺了。就像经历了楚汉战争，汉高祖

想找四匹一样的马驾车都做不到。

而这几句是被当作例子来使用的，举例说明什么呢？人在不同的情形下，欲望是不同的，战乱年代死命争取的，到了和平年代，反而没有什么意义。

罪莫大于可欲……咎莫憯于欲得。这几句当中，也有几个字需要明确。

一是"可"字。"可"字在这里不是"可以"的意思，而是"尽、满"的意思，如：可劲儿干。"可欲"，可以解释为"满满的欲望"，准确一点就是"放纵欲望"。

二是"咎"字，是"罪过、过失"的意思，如《出师表》中的"以彰其咎"。

三是"憯"字，就是今天的"惨"。

还有就是这几句是文言文中常见的宾语提前、强调结果的倒装句。按照我们今天的语序来，就是：没有比放纵欲望更大的罪过，没有比不懂得满足更大的祸害，没有比因为贪心引发的过失更让人惨痛了。韩非子《喻老》中曾举虞国国君贪图豪车美玉，不听宫之奇的劝阻，导致身死国灭的例子，用来说明不要贪心是"多么痛的领悟"。

故知足之足，恒足矣。注意三个"足"字的词性是不同的：所以在懂得

蹇叔哭师

满足（形容词）的基础上产生的满足感（名词），才是真正的、永恒的满足（动词）啊。

为了说明"罪莫大于可欲，祸莫大于不知足，咎莫憯于欲得"，韩非子在《喻老》中举了几个例子：徐偃王僭越"伯"位而称"王"，实质上即是与周王(天子)分庭抗礼，这是"治国者以名号为罪"，结局是逃亡，所以是"罪莫大于可欲"。智伯兼并范氏、中行氏后"攻赵不已"，同盟中的韩、魏反水，智伯兵败族灭，脑袋被赵氏漆成了便壶（一说是酒壶），这是"祸莫大于不知足"。还有就是著名的假道灭虢、唇亡齿寒，平庸无能的虞公还要贪图晋国的美玉，"故邦亡身死"，下场最惨，所以叫"咎莫憯于欲得"。最后得出结论："不以欲自害，则邦不亡，身不死，故曰知足之为足矣。"

评述

徐偃王与智伯都不是平庸之辈，称得上是英明神武、一方豪强，前期都经历了开疆拓土的鼎盛，最终以贪欲败亡。我在看这几个例子的时候，感触最深的还不是欲望的可怕，毕竟人都是有欲望的，像徐偃王与智伯那样雄才大略的人，怎么可能不想着得陇望蜀？要知道，一旦得了陇，又灭了蜀，那可是开启一代霸主的宏图伟业，有几个人能淡定得了？我觉得好玩的是，但凡是这些雄主们头脑发昏的时候，边上肯定站着一个清醒的人，只不过他们的先见之明（其实是自知之明，下文会说到）绝对不会被接受。最典型、最恶毒的就是《殽之战》中秦穆公骂蹇叔"中寿，尔墓之木拱（一抱粗）矣"。当一个人为自己的欲望所冲动的时候，所有的劝阻都是耳边风，悲哀的是，这些劝阻竟然都是对的。

如何才能"知足"呢？就是要明确一个道理：在不同的情形下，人的欲望是不一样的，在特定情形下死命争取的东西，换了一个场景，可能会一文不值，如战争年代的战马，到了和平年代，必定放归南山，免得浪费粮食。懂得这个道理，"知足之足"才有可能做得到。

第十章

天才们可以顿悟，我们还是得靠阅读和阅历

不出于户，以知天下；不窥于牖（yǒu），以知天道；其出也弥远，其知弥少。是以圣人不行而知，不见而明，弗为而成。

不出于户，以知天下；不窥于牖，以知天道。

有些人足不出户，而能够知道世界上发生的事；不用整天从窗户里看出去，而能够知道大自然运行的规律。

其出也弥远，其知弥少。

有些人，他们走的路越远，他们懂得的东西反而越少。

是以圣人不行而知，不见而明，弗为而成。

所以"圣人"不用亲身经历而懂得很多，不用亲眼

户：单扇的门。
以：和、而，表示并列关系。
窥：偷看，句中就是"看"的意思。如《邹忌讽齐王纳谏》：朝服衣冠，窥镜。
牖：窗。如《项脊轩志》：局牖而居。
也：语气词，用在句中，表示停顿。如《黄生借书说》：知幸与不幸，则其读书也必专。
弥：更加，越发。

看见具体的事物、亲身体验事物的发展过程，却能够明白许多道理，不会不切实际地胡乱作为，故而能够成功。

不出于户……以知天道。"户"是独扇的门，"門"看上去就知道得有两扇。古代"窗"专指屋顶上的天窗，墙壁上的窗叫"牖"。"窥"现在的意思是"偷看"，古代则是大大方方看，如《邹忌讽齐王纳谏》中的"朝服衣冠，窥镜"。"以"一般是介词，用来引入工具、手段、原因。前面说过，用得最多的是"因为"；这里是连词，表示并列（连接谓语），相当于"而"，如"是故治世之音安以乐，其政和；乱世之音怨以怒，其政乖；亡国之音哀以思，其民困"（《礼记·乐记》）。

其出也弥远，其知弥少。文言文中，"其"字很重要。常见的用法有三种：

第一种是副词，可以表示揣测，相当于"大概""或许"。如："王之好乐甚，则齐国其庶几乎？"（《庄暴见孟子》）可以表反诘，相当于"难道"。如："其孰能讥之乎？"（《游褒禅山

记》）可以表示祈使语气，表示请求或命令，相当于"还是""可要"。如："安陵君其许寡人！"（《唐雎不辱使命》）

第二种是代词，可以是第三人称"他（们）"或者"他（们）的"，如"各得其所""自圆其说"；也可以是指示代词"那"，如"不厌其烦"；也可以是虚指，如"忘其所以"。

第三种是用作词缀，如：极其、尤其、如其。

这里应该是第二种用法，第三人称代词。

"弥"的本意是"水满了"，引申意是"很、更加"。

是以圣人……弗为而成。通行本、帛书乙本中是"不见而名"，但帛书甲本是"不见而明"，有人说文言文中"名"和"明"是相通的，按上下文的意思来看，应该是"不见而明"。

再有就是这个"弗为而成"，也是招人诟病的，好像是让人等着从天上掉馅饼下来。要注意的是，这里用的是"弗"，与前面的"不"字是

天才们可以顿悟，我们还是得靠阅读和阅历

有区别的。我们也可以给出一个合理的解释：不是真的袖手不干，而是指不要"强为"，不要勉强、不要强迫，毕竟"逆袭"成功的是极少数。

这一章论述行与知的关系。儒家说"行万里路，读万卷书"，"行万里路"当然不是当当驴友、走走路那么简单，是指要增长阅历；"读万卷书"则是要广泛和大量的阅读。阅读和阅历（行）是增进知识和修养（知）的主要途径。《道德经》则强调独立的思考，并且还抠字眼，将儒家的"行万里路"定义为简单的"出门远行（出）"，然后说，你看，有些人虽然出了好远的门，但没见他们学到什么东西啊，还是面壁思考来得实在。不过道家自己底气也不足，所以在"不行而知"前加了"圣人"两字，天才们当然另当别论，像你我这样的凡人，还是得注重阅读和阅历。

第十一章

无谓的努力，只会带来必然的失败

为学者日益，闻道者日损。损之又损，以至于无为，无为而无不为。取天下也，恒无事，及其有事也，不足以取天下。

为学：做学问，治学。
日：副词。每日，每天。
如《论语·学而》：吾日三省吾身。
益：在某些方面增加（如体积、数量、程度等）。
闻：接受。
以：表目的或结果等。如《列子·汤问》：智叟无以应。另外，"损之又损"中的"之"是句中的语气助词；"又"表示连续和重复。

为学者日益，闻道者日损。

治学、做学问的人，知识每天增长，问"道"、求"道"的人，不必要的行为每天减少。

损之又损，以至于无为，无为而无不为。

不必要的行为减少了又减少，一直减少到凡是不顺应客观规律的无所谓的努力、无用功都不去做。不切实际的无用功都不去做，其实就是可以做成的事情没有不做的。

取天下也，恒无事，及其有事也，不足以取天下。 及：待，等到。

想要得到天下，最好是永远稳定。等到出现了许多麻烦事，也就是我们说的"多事之秋"，就不能够"取天下"了。

为学者日益，闻道者日损。"益"和"损"，前面说过了，是《易经》中的卦名，简单一点就是"增"和"减"的意思。这一句主要的问题在于许多人都将"为学"与"闻道"割裂开来，作为儒道之争的重要内容，认为儒家重"为学"，道家尚"闻道"，并且一定要在"为学"与"闻道"两者之间分出高下、损益。其实"为学"和"闻道"是一回事，一个是过程，一个是目的。"为学"要在"日复一日"中增长知识，"闻道"后则要懂得什么事是不能做的、没必要做的。课文《为学》，讲的也是"日积月累"这个道理。

无为而无不为。"不切实际的无用功都不去做，其实就是可以做成的事情没有不做的。"虽然有点拗口，但仔细想想也有道理，因为有许多不现实的事情，做了也不会成功，做与不做好像也没什么两样。但是将"无为而无不为"解释为"不做就等于什么都做"，似乎就有点"耍流氓"了。

很小时看过一部记不起名来的红色电影，有一阵子大家都学着电影里的打更老头，拖着嗓子喊着："太平无事——"现在想想，太平无事还真是和谐社会的标志啊。

这一章和上一章内容上有联系，也很相似，常见的解释都显得很颓废，好像是叫大家什么都不要做，所以我们在内心是拒绝的、不认同的。但是如果我们将之理解为顺势而为，不要做无谓的努力，认识到无谓的努力只有必然失败这一个后果，则可以称之为大智慧。

第十二章

望向婴孩的目光，满怀着慈悲

圣人恒无心，以百姓之心为心。善者善之，不善者亦善之，德善也。信者信之，不信者亦信之，德信也。圣人之在天下，歙（xī）歙焉，为（wéi）天下浑（hún）心。百姓皆属（zhǔ）耳目焉，圣人皆孩之。

心：思想。如果要细分一点，可以是精神，还可以是心绪、心情，也可以是思虑、谋划。

善：善良，好心，形容词。友好，亲善，动词。善事，名词。

德：通"得"，指按照客观规律的要求行事处世。详见《基础名词解释》。

圣人恒无心，以百姓之心为心。

品德高尚的人永远没有关于自己的欲望和谋划，简单一点说就是没有私心，而是把百姓的欲望和需求作为自己努力的方向。

善者善之，不善者亦善之，德善也。

善良的人要善待他，不怎么善良的人也要善待他，这才是真正"行善"。

信者信之，不信者亦信之，德信也。

对诚实守信的人固然要讲信用，对不讲信用的人，也讲信用，这才是真正"守信"。

圣人之在天下，歙歙焉，为天下浑心。

所以"圣人"在这个熙熙攘攘的大千世界上，都是非常收敛、小心的，做天下人淳朴的思想中认为该做的事。

百姓皆属耳目焉，圣人皆孩之。

老百姓可都瞪大眼睛看着、竖起耳朵听着呢。对于这些百姓，"圣人"都是把他们当成没有什么心计的孩童来看待的。

信：真心诚意，形容词。如《史记·屈原贾生列传》：信而见疑。相信，信任，动词。如《出师表》：亲之信之。信用，信义，名词。

歙：通"翕"，指收缩，敛息。
为：动词。做。
浑：质朴，朴实。

属：通"瞩"，关注。
孩：当作婴儿看待。名词意动用法。参见语法链接部分。

辨析

圣人恒无心，以百姓之心为心。 "心"字的意思比较多，可以指思想、精神，也可以指欲望和谋划。这里的三个"心"字意思一样，简单一点都可以理解为"欲望"。这一句要是译整齐一点，就是"毫不利己、专门利人"，或者也可以是"从不计较个人得失，一心只想百姓之所想，急百姓之所急"，又或者是"先天下之忧而忧"。至于有人认为老子的那个年代，只有贵族有姓，普通人只有名没有姓，所以这里的"百姓"的意思和今天的"百姓"涵义是不一样的，我认为这

一点没有讨论的必要。一来《道德经》恐怕还真的不是老子一个人在一个特定的时间内写的；二来如果都这样纠结下去，那真就走进了死胡同。

善者善之……德善也。 这句中"善"字有三种词性。"善者"，善良的人，"善"是形容词；"善之"，善待他，"善"是动词；"德善也"，"德"通"得"，是指按照"善"的要求去行事，亦即"行善"，这个"善"是名词，"善事"。关于"得"，还是再看一下《基础名词解释》。

信者信之……德信也。 "信"字也同样有三种词性，参见上一段。

圣人之在天下，歙歙焉。 "歙"，

原意是指呼吸，引申为收缩、收敛；"焉"，是"……的样子"。"歙歙焉"，则是小心谨慎的样子。类似的句子如《阿房宫赋》："盘盘焉、囷囷焉，蜂房水涡，矗不知其几千万落。""盘盘""囷囷"两字连用，再加上"焉"，描绘盘旋屈曲的样子。

为天下浑心。有人认为是"为(wèi)天下浑(hùn)心"，"浑(hùn)"即"混同"，意为"替天下人统一思想"。且不说"洗脑"这种技术含量很高的活，上文"歙歙焉"的圣人是不是干得了、是不是愿意干，至少也要知道《道德经》从来都是提倡顺应人性，提倡百花齐放的，"提高认识"是有的，"统一思想"则未必。

所以，我认为"浑"是"浑朴、浑厚"，"浑心"是"淳朴的思想"；"为(wéi)"是动词，"做"，做天下人淳朴的思想中认为该做的事；或者也可以说以"天下浑心"为行为的准则，这样一来，"歙歙焉"是肯定做到了，下文老百姓"皆属耳目"，瞪大眼睛、竖起耳朵，盯着你的一举一动，也就不怕了。

百姓皆属耳目焉，圣人皆孩之。"属"，通"瞩"，相当于今天的"注"。如《诗经·小雅·小宛》："君子无易

由言，耳属于垣。"成语"属垣有耳"意思就是有人靠着墙，很认真地偷听。

"皆孩之"，"孩"属于名词的意动用法，意为"以之为孩"，即"把……当作孩童"，"之"代"百姓"或"张大眼睛竖起耳朵的围观群众"，指圣人有宽容心，把所有翘首以待的百姓都当作没有心计的孩童。

博爱众生并给予快乐，称为慈；同感其苦，怜悯众生，并拔除其苦，称为悲：合称为慈悲。

所以佛家的"慈悲观"有明确的涵义：给予幸福、消除苦难。道家也有"慈"（《德经》第三十二章），但没有明确提出"悲"。可能是因为道家觉得，在每一个人都是自由独立的个体这个大前提下，幸福得自己去寻找，苦难也得自己去消除；旁人除了精神上的支持，其实还真的帮不上什么忙。

但是，并不是说道家就没有慈悲心，道家的慈悲，体现在当周围的百姓翘首盼望的时候，圣人的眼光如同看着初生的婴儿一样温柔。

望向婴孩的目光，就是慈悲。

罗大佑的《未来的主人翁》中就有这么几句歌词：

每一个今天来到世界的婴孩
张大了眼睛摸索着一个真心的关怀
每一个来到世界的生命在期待
……

1. 意动用法

意动用法是指某些词用作动词充当谓语时，其动作属于主观上的感觉、看待或评价。这种谓语与宾语的关系是：主语认为宾语所代表的人或事物有谓语自身所代表的性状，或者把宾语当作谓语所代表的人或事物去看待、评价。

这种概念表述很难理解，所以不用管他，直接看下面的话：

意动用法是古汉语中的重要语法现象，意动用法只限于形容词用如动词和名词用如动词，动词本身没有意动用法。一般可译为"认为……""以……为……""对……感到……"等。

（1）名词的意动用法

名词的意动用法是指把这个名词当作动词，然后把后面的宾语当作、看作这个名词。

邑人奇之，稍稍**宾客**其父。（《伤仲永》）

宾客：本为名词，这里活用为意动词。"宾客其父"是动宾结构，意为"以宾客之礼待其父"。

父**利**其然也。（《伤仲永》）

利：名词活用作意动词。"利其然"即"认为……有利可图"。

侣鱼虾而**友**麋鹿。（《前赤壁赋》）

侣、友：名词的意动用法，以……为侣、以……为友。

故人不独**亲**其亲，不独**子**其子。（《礼记·礼运》）

亲：以……为亲；子：以……为子（两者都指前者）。

（2）形容词的意动用法

形容词的意动用法是指把这个形容词当作动词，然后认为后面的宾语具有了这个形容词所代表的性质或状态。

渔人甚**异**之。（《桃花源记》）

异：原为形容词，这里用作意动词。"异之"，即"以之为异"（认为这件事很奇怪）。

邑人**奇**之，稍稍**宾客**其父。（《伤仲永》）

奇：原为形容词，这里用作意动词。"奇之"，即"以之为奇"（认为他才能非凡）。

且庸人尚羞之，况将相乎？（《廉颇蔺相如列传》）

羞：原为形容词，这里用作意动词。"羞之"，即"以之为羞"（觉得这件事让人感到羞耻）。

世果群怪聚骂。（《答韦中立论师道书》）

怪：原为形容词，这里用作意动词。"怪"后省略"韩愈"，即"以韩愈为怪"（认为韩愈这个人很怪异）。

2. 使动用法和意动用法的区别

使动用法指动词谓语表示主语使宾语"怎么样"的用法。有些名词和形容词活用为使动词，表示"使……"的意思。意动用法表示主语认为宾语怎么样，或主语把宾语当作什么。

使动用法与意动用法，都属于词类活用的范畴。构成使动用法的词，一般是动词以及活用为动词的名词、形容词和数词。构成意动用法的词，一般是活用为动词的形容词及名词。

使动用法是古汉语中一种简洁的表达方式，主、谓、宾三者之间存在着一种特殊的相互关联的关系。其语义结构是谓语的动作不由其前的主语发出，而是由谓语后的宾语发出，宾语有兼语的性质。也就是说，表动作的谓语在其前主语的客观作用下具有"使（让）宾语怎么样"的意思，译成现代汉语时，"使（让）宾语怎么样"就成为常用的表达方式。

意动用法也是古汉语中一种简洁的表达方式，主、谓、宾三者之间存在着一种特殊的相互关联的关系。其语义结构是主语主观上认为（以为）宾语具有谓语所表的属性。就是主语"认为（以为）宾语怎么样"或"把宾语当什么"的意思，译成现代汉语时，"认为（以为）宾语怎么样"或"把宾语当什么"就成为常用的表达方式。

上述表述实在是太麻烦，其实只要知道，所谓意动用法就是翻译为"以……为……""把……当作……"，使动用法就是翻译为"让……怎么样""使……怎么样"就行了。语言这玩意儿，有时候还是得靠语感，死记硬背是没有用的，理解之后，就很简单。

第十三章

你我皆凡人，真的需要参透生死吗

出生入死。生之徒十有三，死之徒十有三，而民生生，动皆之死地之十有三。夫何故也？以其生生也。盖闻善执生者，陵行不避兕（sì）虎，入军不被（pī）甲兵。兕无所投其角，虎无所措其爪，兵无所容其刃。夫何故也？以其无死地焉。

出生入死。

"生如出、死如入"，生命是一个很真实的过程，生和死都是必然要发生的事。

生之徒十有三，死之徒十有三，动皆之死地之十有三。

世上常见的有三类人，能够顺利、正常地生活下去的人，十个中有三个；基因不好、注定长命不了的人，

徒：徒党，同一类或同一派别的人。如《狱中杂记》：与其徒置酒酤歌。
十有三：十个中有三个。
生：动词。生存，活，与"死"相对。如《信陵君窃符救赵》：公子自度终不能得之于王，计不独生而令赵亡。名词。生命。如《孟子·告子上》：生，我所欲也，义，亦我所欲也。

动：副词。动不动，常常。
皆：都，全。
之：往，朝某方向走，到……去。

盖：发语词。
执：掌握，控制。如《信陵君窃符救赵》：公子执辔愈恭。
陵：大土山。
兕：雌性犀牛。
被：同"披"，穿着。如《陈涉世家》：将军身被坚执锐。
投：手拿兵器投掷。
措：放置，安放。
容：假借为"用"，意为"使用"。

也占十分之三；为了自己的人生更精彩，结果把自己置于绝境、自己把自己折腾死的也占十分之三。

夫何故也？以其生生也。

那么是什么缘故呢？因为他们太在意"生生不息"了。

盖闻善执生者，陵行不避兕虎，入军不被甲兵。兕无所投其角，虎无所措其爪，兵无所容其刃。

听说善于掌控生命和生活的人，在山里行走不躲着猛兽，进入军阵不用穿着盔甲攥着兵器，但是谁都找不到下手的地方。

夫何故也？以其无死地焉。

这又是为什么呢？因为他们身上没有"死穴"，已经到了看透生死的境界。

辨析

出生入死。显然不是今天那个冒着生命危险的意思。这中间还是省略了动词，应该是"生如出、死如入"，或者就说"生是出、死是入"，这样就清楚了。生命是一个很真实的过程，生和死都是必然要发生的事，没必要大惊小怪，也没必要看不开、想不明白。

生之徒十有三，死之徒十有三。"生之徒"，"之"是语气助词，补充音节；"徒"是"……的人"，如"赌徒"。"生之徒"是指基因比较好、行事也符合规律，因而能够顺利、正常地生活下去的人；"死之徒"，则是指基因不好、注定长命不了的人。

而民生生……以其生生也。第三类人这句话不大好理解。"而"，顺接连词，或者说转折连词也行，兼有两者的语义。"民生生"，前一个"生"是动词，可作"生存"解，或者作使动词，"使……生"；后一个"生"是名词，指生命、人生。而普天下很多人，为了使自己的生命和人生能够尽可能地生存、延续下去，都会采取各种手段和办法，结果是"动皆之死地"。

如果望文生义，"动"是"行动"；但其实这里的"动"是"常常"的意思，"皆"是"全部、都、总是"，"动皆"就相当于"动辄"，这两个字有点熟悉，是吧？但是是不是"动辄得咎"就是"动一动就犯错"的意思？不是的，"动"是"常常"，"辄"是"总是"的意思。"浅尝辄止"的"辄"，才是"就"的意思。"动辄得咎"，是"怎么做总是错"的意思。"之死地之十有三"，前一个"之"通"至"，如"吾欲之南海"；后一个"之"同"生之徒"的"之"，并且这里承前省略了"徒"。

为了自己的人生更精彩，结果把自己置于绝境、自己把自己折腾死的也占十分之三。"夫何故也？以其生生也。"那么是什么缘故呢？因为他们太在意"生生不息"了。所以第三类人，是指基因决定可以长寿，但因为过于追求生存的质量，过于追求"生生不息"，而把自己"折腾死"的人。

韩非子关于"生之徒十有三、死之徒十有三"的解释，我是绝对不能接受的。按照他的解释，"徒"就是"属"，就是"属性"；"十有三"就是"十又三"，"有"通"又"确实很常见，如《出师表》中的"尔来二十有一年矣"。但是他认为这个"十三"就是人的四肢加上了九窍，这十三样东西动个不停，是活人的属性；越动越损，最后这十三样都不动了，说明这个人就死了。除了好玩，我不知道该怎么评价这个解释。

盖闻善执生者……以其无死地焉。"盖"是发语词，相当于"夫"。"善"是"善于"，也可以作"擅长"解。"执"是掌控，如"执政、执教"，"执生"是指"掌控生命和生活"。"陵行"，在山里行走。"兕"是雌犀牛。"入军"，进入军阵。"被"，同"披"。如《史记·陈涉世家》："将军身被坚执锐。""投""措""容"，都指找地方下手。

"陵行"的陵，一般都解释为"山陵"，其实我认为"陵"通"凌"，因为"陵"是小山丘陵，小山里哪来的老虎呢？而古文中"陵"本来就通"凌"，"凌行"则是"凌波微步"，潇洒地走。

评述

"不念过往、不惧未来"，"不畏生、不惧死"，把生看作出门，把死当作回家，不具备相当的勇气，是达不到这个境界的。老子说了三个"十有三"，加起来是"十有九"，那么还有"十有一"的人是什么样的呢？应该是指看透了生死的"善执生者"吧？

如果有那么高的比例，可能我们终有一天也会达到这个境界？算了，你我皆凡人，生死这种大事参不透也罢，只要活在当下，认真过好每一天也就行了。

第十四章

学会放手，不仅需要智慧，更需要勇气

> 道生之而德畜之，物形之而器成之。是以万物尊道而贵德。道之尊，德之贵也，夫莫之爵，而恒自然也。道生之、畜之、长之、遂之、亭之、毒之、养之、覆之。生而弗有也，为而弗恃也，长而弗宰也。此之谓玄德。

道生之而德畜之，物形之而器成之。是以万物尊道而贵德。

万事万物在"道"的作用之下产生，按照"德"的要求行事处世才能发展壮大；万物具备一定的形态后才成为具体的事物。但是具备了形态后还不够，只有成为一定的"器具"后才具有实际的价值，才有存在的意义。正因为这样，世上的万物都要尊重"道"并且重视"德"。

畜：发展壮大。后作"蓄"。
形：形体、实体。如《岳阳楼记》：山岳潜形。
器：泛指用具。如《墨子·公输》：守圉之器。
成：完成，成就。

爵：动词。授予官爵。
恒：副词。经常，常常，
一定。

道之尊，德之贵也，夫莫之爵，而恒自然也。

"道"和"德"的尊贵地位，并没有人授予它，而肯定是自然形成的。

遂：顺利地完成，成功。
亭：养育。
毒：与"亭"同义。养育。
覆：保护，庇护。

道生之、畜之、长之、遂之、亭之、毒之、养之、覆之。

一句话，"道"生养了万物，护佑着万物。

有：取得，获得，占有。
如《隆中对》:若据而有之，
此帝王之资也。
恃：恃仗。如《为学》:
子何恃而往?
长：辈分大，居高位者。
宰：分割疆土，主宰。如
《过秦论》:因利乘便，宰
割天下。
玄：深奥。

生而弗有也，为而弗恃也，长而弗宰也。此之谓玄德。

我们要明白，是"道"和"德"生养护佑了天下万物，并不是哪一个人的功劳。所以即使你创造了某一个事物，也不能将之据为己有，做了某一件好事也不能恃功邀赏，成为一方官长也不能有分疆裂土的要求。这就叫作"最高深的德行"。

辨析

道生之……而贵德。 "畜"，兼有"养育"和"积聚"之义，所以最恰当的意思是"发展壮大"。"形"是指具备一定的物理形态，《庄子·天地》"物成生理谓之形"，是指生命应该有一定的物质基础。

《易·系辞》中说"形乃谓之器"，《周书·宝典》说"物周为器"，意思是说物体具备了一个完备（周）的形态之后才能成为一个有用的器具。有

一个词语，叫作"成器"，一般都用在恨铁不成钢的时候，埋怨小孩子"这么不成器"；反之，对于厉害的小鬼，则说"日后必成大器"。所以，这一句中的"成"，是指完成、成就，"器成之"是指一个事物在具备一定的形态之后，还要成为一定的"器物"，有了使用价值，才算有所"成就"。

其实"器"还是一个哲学概念。《易经》说："形而上者谓之道，形而下者谓之器。"这一句比较麻烦，我是这样理解的：能够站在跳出事物具体

学会放手，不仅需要智慧，更需要勇气

形态的高度去看待一个具体事物的，叫作"道"，这里的"道"相当于理论；纠结于某一个事物的具体形态和它的使用功能的，叫作"器"，这里的"器"就相当于"实用主义"。所以，孔子说"君子不器"，意思是，作为君子，不能满足于有一技之长，不能只求发财致富，也就是不能把自己仅仅看作是一个"器"，而应当"志于道"。

两个"而"都是顺接连词，四个"之"字，除了"物形之"的"之"是补充音节，其他三个"之"都是代词，指代的正是"物"。"尊道而贵德"则是"互文"。

道之尊……恒自然也。"道"和"德"的尊贵地位（"之"是取消句子独立性，也表示判断），并没有人授予他（之，代词，代"道"与"德"），而肯定是自然形成的。

至于这个"自然"，如果严谨一点，应该是"本来就是这个样子"，后面《道经》中会详细讲到，这里还是模糊一点，就当它是"自然"好了。详细的解释，见《道经》第二十五章。

道生之……覆之。"之"指代万物，"生""畜""长""养"都好理解；"遂"（通行本是"育"）前面也碰到过，指"既遂、成就"；"亭""毒"，其实也都是养育的意思，如王禹偁《吊税人场文》就有"虎之生兮，亦禀亭毒"，意为老虎也要养育孩子。"覆"则是张开翅膀护佑的意思。

生而弗有。与后面《道经》中出现过多次的"生而弗名"意思一样，都是指"创造了一个事物但不据为己有"。"生而弗名"的"名"与"一文不名"的"名"同义，指"占有"。"生而弗有、生而弗名"是《道德经》中一个很重要的思想：万物从它出现在世界上那一刻开始，就成为一个独立的个体，"始作俑者"也无法再左右它的成长，它只会按照客观规律的要求独立发展。《道经》花了许多笔墨来阐述这一点。

评述

孩子在娘胎里开始，父母就在设计他的人生。可是很多时候，孩子总是在不知不觉中偏离了预定的轨道。不管父母怎么"恼羞成怒"，他们还是自顾自地玩着、长大着。父母们总有一天会明白，作为一个独立的个体，孩子的人生又岂是父母能设计的。万物都有自己的发展规律，我们即使能够创造出一个新事物，但只要这个事物一出现，就会按照其注定的规律前行，不会再以创造者的意志为转移。学会放手，不仅需要智慧，更需要勇气，老子说，这才是最高深的德行。

语法链接

"此之谓"

"此之谓"是文言里常见的宾语前置，"此"，代词作宾语，"之"是宾语提前的标志，无实在意义，更多的是补充音节的需要。"此之谓玄德"正常语序是"谓此玄德"，意思是叫这个为玄德。

"此之谓"还经常补放在句末，作为对上文所说事情的总结。比如"于我心有戚戚焉，此之谓也"，正常语序也是"谓此也"，意思是说的就是这（些）啊。

第十五章

安于柔弱，才是真正的坚强

天下有始，以为天下母。既得其母，以知其子；（既知其子，）复守其母，没（mò）身不殆。塞其兑，闭其门，终身不勤。启其兑，济其事，终身不棘（jí）。见小曰明，守柔曰强。用其光，复归其明。毋遗（wèi）身殃，是谓袭常。

天下有始，以为天下母。

天下万物都有一个本源，天下万物都把"道"和"德"作为本源。

既得其母，以知其子；（既知其子，）复守其母，没身不殆。

已经得知那个本源是"道"，凭借"道"的理论，

既：已经。如《论语·季氏》：既来之，则安之。
得：得到，找到，得知。
以：依，按，凭，表示动作行为的凭借或前提。如《卖油翁》：以我酌油知之。

可以得知那些在"道"的作用下产生的事物会是什么样子、会怎么发展。已经知道那些事物是适应"道"的作用才产生的，又能够遵照"道"的要求来办事情、促发展，一辈子也不会有危险。

"既知其子"这一句，甲本中无，乙本中有，有没有意思都一样。

塞其兑，闭其门，终身不勤。启其兑，济其事，终身不棘。

关起门来，什么事都不干，你一辈子可能不用怎么辛苦。但是如果打开门，学习接受"道"，并用"道"来指导自己的行为，成就自己的事业；就可以做到一辈子做什么事都不艰难。

见小曰明，守柔曰强。

洞察细微之事，称之为英明睿智；敢于坚守柔弱的，才称得上是真正的坚强。

用其光，复归其明。

用物体本身发出来的光，返回去照亮那个事物。

毋遗身殃，是谓袭常。

不要给自身造成灾难、祸害，这就叫作遵循规律、科学发展。

天下有始，以为天下母。完整的句子应该是："天下万物有始，而以道、德为天下母。""万物"与"道德"都是承前一章省略。"始"与"母"的意思有联系但又有区别，"始"是"开始"，"母"是"本源"，与下文"子"相对，"母"指"道"、"德"、真理、规律（详见《基础名词解释》），"子"则是指按照真理和规律产生并发展的具体事物。

塞其兑……终身不棘。这一章的"其"字都是同一个意思，是指示代词，相当于"那些、那个"。"闭"和"塞"同义，"兑"则和"门"同义。《易·说卦》："兑为口。"有人认为"勤"通"瘽"，指"病痛"，这个通假有点多余，因为"勤"本身就有"劳倦、辛苦"的意思。"棘"则是指"艰难"。

见小曰明，守柔曰强。这一句的意思是明确的，我想说的是韩非子在《喻老》中举的三个例子。一个是箕子先生看见纣王用上了象牙做的筷子就怕得要死。为什么呢？因为用了象牙筷子后，为了配套一定会用上犀角杯，再吃上山珍海味，再住上高楼大厦。果然，五年后，纣王修建了酒池

肉林，纣遂以亡。天台有句民谚叫"捡根袜带败户人家"，说的也是同样的道理。箕子先生能够"见象箸以知天下之祸"，是为"见小曰明"。

至于另外两个"守柔曰强"的例子大家都很熟悉了："勾践入宦于吴，身执干戈为吴王洗马，故能杀夫差于姑苏。文王见訾（责骂）于王门，颜色不变，而武王擒纣于牧野。"

用其光……是谓袭常。这是一个隐晦的比喻句。成语"回光返照"本来是指太阳刚落山时，由于光线反射而发生的天空短时发亮的现象，后来才被用来形容人死前的精神突然兴奋。这里的"用其光，复归其明"，是指用物体本身发出来的光，返回去照亮那个事物。"遗"有两个读音，一念 yí，一念 wèi，"遗（yí）"指"遗留"，"遗（wèi）"指"给予"。如《出师表》："是以先帝简拔以遗（wèi）陛下。"不管是哪个读音、哪个意思，在这里都说得通，我的意见，还是要读"遗（wèi）"。

这两句的意思是，要善于从事物的表象入手，找出规律性的东西，以获得经验。判断标准则是：不要给自身造成灾难、祸害，这就叫作"遵循规律"。"袭"有"遵循"的意思，如

"沿袭、因袭"。注意这个"常"不是从"恒"避讳过来的（见《道经》第一章），本来就是"常"，意思是"规律"。如《荀子·天论》："天行有常，不为尧存，不为桀亡。"

有人认为这一章的意思是让老百姓欲望少一点，痛苦就少一点，幸福指数就高一点。而我认为这一章基本

可以颠覆对老子和道家思想家们消极怠工的一贯印象，相反，他们很认真地告诉我们，要敢于开门办事，只是前提是一定要头脑清醒，遵守规则和规律，既不消极，也不搞人定胜天那一套。

对于强弱的辩证关系，大家都很清楚，并且都希望完成"屌丝的逆袭"。而道家则认为，时刻想着"逆袭"就是一个错误，敢于坚守柔弱并且安于柔弱，才是真正的坚强。

第十六章

即使面对阳关大道，还是会"惟捷径以窘步"

> 使我絜（jié）有知，行于大道，唯施是畏。大道甚夷，民甚好（hào）径。朝（cháo）甚除，田甚芜，仓甚虚。服文采，带利剑，厌食而资财有余。是谓"盗竽"，非道也哉。

使我絜有知，行于大道，唯施是畏。

假如我为人清白廉洁，并且具备相当的知识水准，按照"大道"的要求行事处世，最担心的就是太招摇。

大道甚夷，民甚好径。

大路非常平整，但是大家都喜欢走捷径。意思是大家其实都知道要按规则来办事，但总想着要走捷径、开后门。

使：假如。

絜：同"潔（洁）"。干净。

行：按照道的要求行事处世。

施：旗帜飘动。《说文》：施，旗貌。

夷：平坦。

好：喜好，喜爱。

径：步行的小路，与大道相对。

除：拜授官位。如《指南录后序》：予除右丞相兼枢密使，都督诸路军马。

服：动词。穿着。如《邹忌讽齐王纳谏》：朝服衣冠，窥镜。

文采："文"就是纹，今字作"纹"。"采"同"彩"，多色的丝织品。

厌：满足。如《六国论》：秦之欲无厌。

盗竽：盗魁。

朝甚除，田甚芜，仓甚虚。

在朝廷里官做得很大，或者说朝廷上官员封得越多，田野里就越荒芜，粮仓里就越空虚。

服文采，带利剑，厌食而资财有余。

这些被朝廷封赏的官员穿着漂亮的衣服，佩带着锐利的宝剑，饱食终日并且家有余财。

是谓"盗竽"，非道也哉。

这叫作"盗中之首"，不符合"道"的要求啊。

辨析

唯施是畏。先说"施"。"施"是形声字，本指旗帜或旗帜飘动的样子。它在字形上和"旗""旅"有相似之处，"旅"是一堆人站在旗下，会意字。《说文》："施，旗貌。旖施，柔顺摇曳之貌。"这里指"扯大旗作虎皮"。天台方言中称之为"雄鸡毛抖抖动"，指像京剧舞台上插着两根雄鸡毛的角色那样张扬。现在还有词语叫作"施施然""施施而行"，明白是什么意思了吧？

再说"唯……是……"。这是一个固定的句式，如：唯命是从、唯才是举、唯利是图。这个句式中，正常语序是"唯从命""唯举才""唯图利""唯畏施"，为了强调，把"命、才、利"这些宾语提前了，"是"则是宾语提前的标志。

朝甚除……仓甚虚。"除"，拜授官位。《汉书·景帝纪》："初除之官。"注曰："凡言除者，除故官就新官也。"文天祥《指南录后序》："予除右丞相兼枢密使，都督诸路军马。"注意这里文天祥不是被免职了，而是新任右丞相兼枢密使。"朝甚除"，是指朝廷里新任命的官员甚多。"朝甚除，田甚芜，仓甚虚"看上去是并列关系，事实上应该是因果关系，因为朝廷封的官越多，不只是鸡犬都升天了，围着服侍的人更多了，最终造成田园荒芜、国库空虚。

服文采，带利剑。古代名人高士的标准配置。如屈原的《涉江》："余幼好此奇服兮，年既老而不衰。带长铗之陆离兮，冠切云之崔嵬。""服"，名词作动词，"穿着"；"文采"，就是"纹彩"，有花纹的丝织品，代指漂亮的衣服。如晁错《论贵粟疏》："衣必文采，食必粱肉。"

厌食而资财有余。"厌"很容易理解为"讨厌"，其实是"满足"的意思。课文中有很多，如《论语》："学而不厌，诲人不倦，何有于我哉？"苏洵《六国论》："秦之欲无厌。"苏轼《教战守策》："求之者无厌。""厌食"是指吃饱喝足。

盗竽。"竽"就是"滥竽充数"的那个竽，和今天的笙类似。古人奏乐，竽是主角，竽先起，钟鼓随后，所以"竽也者，五声之长者也"。所以，"盗竽（通行本为'盗夸'）"，就是"盗魁"。徐时栋《偷头记》："'盗竽'，其魁也，或谓之'偷长'。""盗"则是"窃据、篡夺"，用不正当的手段营私或谋取，如"盗恩"，是指冒取他人的功勋和奖赏；"盗篡"，特指臣子取代君位。"盗竽"，是指所有坏事中最不应该做的事情，所有不该获得的财物、地位中最不该得到的东西。

韩非子关于这一章的解释，我实在是看不懂。首先他认为"施"就是"邪道"，至于为什么"施"就是邪道，没有解释；其次他认为"径"是"佳丽"，而"佳丽也者，邪道之分也"，那么"施"和"径"是一个意思，都是指旁门左道，可是关"佳丽"什么事？不明白。再者，他认为"朝甚除"是指"狱讼繁也"，打官司的人太多，导致了田荒仓虚，这也好理解，问题是他把所有的责任都归到了打官司上：

狱讼繁则田荒，田荒则府仓虚，府仓虚则国贫，国贫而民俗淫侈，民俗淫侈则衣食之业绝，衣食之业绝则民不得无饰巧诈，饰巧诈则知采文，知采文之谓"服文采"。狱讼繁，仓廪虚，而有以淫侈为俗，则国之伤也若以利剑刺之。故曰："带利剑。"

韩非子的意思，"文采"不是指衣料漂亮，而是指"言语巧诈"，是指百姓在温饱问题无法解决的情况下，都会学得巧言令色，这样对国家的伤害"若以利剑刺之"。

老子告诫我们，穿名牌、戴名表这种看上去很普通的事，其实是"盗竽"，是一切不该占有的财物、地位及不能做的事情中，最不应该做的。按照这个说法，即使如屈原一般具备真才实学，只要穿奇服、带长铗、冠切云，就已经相当拉仇恨了，再加上爱写文章发牢骚，自然是死定了。所以为人还是要低调，过于显摆、晒富，"树大则风必摧之"。内心要沉静，经得起寂寞，不追求职位，不追求声色犬马，不能浮躁。还有一点就是，大路朝天，明摆着的事，总有人想着要走捷径、花小钱办大事，要知道洒脱如屈原，也在《离骚》中说"夫惟捷径以窘步"，很是危险啊。

第十七章

了却君王天下事，并不一定赢得身后的安宁

> 善建者不拔，善抱者不脱，子孙以祭祀不绝。修之身，其德乃真；修之家，其德有馀；修之乡，其德乃长（zhǎng）；修之国，其德乃丰；修之天下，其德乃博；以身观身，以家观家，以乡观乡，以邦观邦，以天下观天下。吾何以知天下之然哉？以此。

善建者不拔，善抱者不脱，子孙以祭祀不绝。

善于建功立业的人，不会让自己过于出类拔萃，真正有抱负、有胸怀的人不会放任自己，子孙也因此祭祀不绝，意思是不会遗祸给子孙。

建：建立，创设。
拔：超出，出类拔萃。如李白《梦游天姥吟留别》：势拔五岳掩赤城。
抱：抱负，胸怀。
脱：洒脱，放任。

修：学习、锻炼和培养。
乃：于是，就。
真：这里指纯朴、纯真。所以道家称存养本性或修真得道的人为"真人"。
馀：即"余"，富饶。

修之身，其德乃真；修之家，其德有馀。

从提升个人素质的角度出发培养品德，他的品行就纯真；从保全和提升家庭社会地位的角度出发培养品德，他的品行就能够使全家步入小康。这两项也就是儒家说的修身、齐家，接下去该治国、平天下了。

长：增加。如《世说新语·自新》：日日以长。
丰：盛，多，大，丰盛。
博：多，广，大，广博，渊博。

修之乡，其德乃长；修之国，其德乃丰；修之天下，其德乃博。

以治国、平天下作为修养品行的目标，他的品行就会不断地提升、丰富。

观：观察，审察。如《邹忌讽齐王纳谏》：由此观之，王之蔽甚矣。

以身观身，以家观家，以乡观乡，以邦观邦，以天下观天下。

培养品行的目的在于个人的，就会很认真地观察自身；目的在于家国、在于世界的，当然也会很认真地去观察和研究家庭、国家、世界的发展规律。

以：凭借，仗恃。
此：指以天下为己任。

吾何以知天下之然哉？以此。

我凭借什么知道世界的运行规律是这个样子的呢？就凭这。

辨析

善建者不拔……祭祀不绝。关于"建"字的意思有几种意见，有人认为是"建筑"，有人认为是"建言"。作"建筑"解，意思是善于搞建筑的，他建造房子不会轻易被拽倒；作"建言"解，则是真正的思想家，他提出的理论不会轻易被推翻。这两种意见在意义上其实是一致的，都是指要夯实基础。我认为"建"肯定不是"建筑"或"建言"那么单一，这两种意见都过于狭隘，应该广义一点，"建功立业"可能更恰当。还有就是"不拔"的主语是"善建者"，以上两种意见，"不拔"都是说人家不来拔或不能拔，与原意不符。

了却君王天下事，并不一定赢得身后的安宁

韩非子在《喻老》中关于"善建者不拔"的例子是孙叔敖在楚庄王给封地的时候，要的是"寝丘"这个贫瘠之地，因为这个地方鸟不拉屎，所以没人惦记，中央政府也没有按照惯例认真实行多少年土地使用权的规定，在孙叔敖本人死后没有将这块地收归国有，竟然让它在孙家流传了九代，所以叫"子孙以祭祀不绝"。韩非子的这个解释，也说明"不拔"是指"不能出类拔萃"，而不是指"人家不能拔"。

善抱者不脱，韩非子在《喻老》里没有解释。按字面解释是善于抱住物品的人不会轻易脱手，这种解释可能有点望文生义，而且无法与下文"子孙以祭祀不绝"联系起来。我倒是喜欢这里的"抱"作"抱负"或者"胸怀"解，而"脱"作"洒脱、放任"解，也就是说，真正有抱负、有胸怀的人是不会放任自己的。

修之身，其德乃真。"修"的意思是明确的，是指学问、品行方面的学习、锻炼和培养。"之"字的用法很难说，可以作取消独立性解，不过我倾向于这里还是有省略，应该是"修之于身"。"之"作代词，代指下文的"德"；"于"是介词，表示地点、方向，"之于"在古文中很常见，因为"之"

只有声母，"于"只有韵母，两个字联在一起念时，"于"字很容易被弱化，这可能就是这里"于"字被省略的原因。还有就是如果是"修之于身"，这一段就全部是四字句，在非常注重"诵"的时代，音节的排列是很讲究的，全部是四字句未免过于单调，用三字句来破一下局，很有必要，诵起来就有跳动感，有变化，更为上口，这可能是"于"被省略的又一个原因。但是"之于"和"之"在意义上显然还是不一样的，后来发现，"之于、之于、之于"，念得快了，就成了"诸"，于是就演变为一种固定的用法：用"诸"来代替"之于"，称之为兼词。如果《道德经》成书的时间晚一点，"修之身"很有可能就变成了"修诸身"，那样就很好理解，也更适合本意。

"以"的用法。"以"在文言中是一个比较复杂的字。这一段中，"以身观身，以家观家，以乡观乡，以邦观邦，以天下观天下"五个排比句中的"以"，意思是"目的在于"，如"以待时机""以儆效尤"。这五句的意思是目标决定了手段，培养品德的目标是"修身"的，就会认真观察自身，目标是"齐家"的，就会认真观察自己的家庭，依此类推。"吾何以知天下之然哉？以此。"这两个"以"的意思是"凭借"，我凭借什么知道世界的规律呢？凭借的是我胸怀天下，"以天下观天下"。

过三代。其实三代都是奢求，基本上都是身死之后，立刻族灭。

评述

看日本的战国史，会发现一个很奇怪的现象，日本人对于"家名"的看重，远胜于个人安危。所以有些"大名"看上了"小大名"的家财，又不想动刀动枪，就会采用这种办法：让自己的子弟"入继"到"小大名"家。而"被入继"的"小大名"，只要被允诺"家名不堕"，"姓名字号"仍然在世上存在，死了也好像很开心的样子。

再看《吴姐姐讲历史故事》，会发现许多名人在世的时候都很牛，但是一旦身死，都会祸及子孙，全家抄斩，如霍光、张居正。所以，"子孙以祭祀不绝"是很不容易的，名位越高，给后代造成的祸害很可能越大。"了却君王天下事，赢得生前身后名"，生前的名容易，身后的安宁就难了。"善建""善抱"者，都要站在邦国、天下的高度来修养品行，如果只看着个人、家庭，也就应了那句话：富不

语法链接

1. 兼词

兼词不是独立的一类词。是指在古代汉语中，有的单音节词代表了两个不同词性的词的结合。这种单音节词兼有互相结合的两个词的意义和用法，这样的单音节词便被称为兼词。常见的兼词有"诸""焉""叵""曷""盍""旃（zhān）"。这种单音节词的读音有的是它所代表的两个词的声音的拼合，如："旃（zhān）"是代词"之"和介词"焉"的合音，"诸"是代词"之"和介词"于"的合音，"叵"是否定副词"不"和动词"可"的合音。当然并不是所有的兼词都是合音词。

常见的兼词：

（1）"诸"用在句中是兼代词"之"和介词"于"两个词，而用在句尾时，则兼代词"之"和语气词"乎"两个词。如：

投诸渤海之尾，隐土之北。（《愚公移山》）

乃赏成，献诸抚军。（《促织》）

王尝语庄子以好乐，有诸？（《庄

暴见孟子》)

前两例子中，"诸"字是"之于"的合音，之(zhī)＋于(yú)＝诸(zhū)。此处"于"依古音韵体系属"鱼韵"，故其韵母为"u"。第三个例子中的"诸"字是"之乎"的合音，之(zhī)＋乎(hū)＝诸(zhū)。

(2)"焉"作兼词一般用在句尾，既可兼"于之""于此"或"于是"，又可兼"于彼"。如：

积土成山，风雨兴焉。(《劝学》)

率妻子邑人来此绝境，不复出焉。(《桃花源记》)

(3)"盍""曷"("曷"通"盍")两词都是兼疑问代词"何"和否定副词"不"两个词。如：

子曰："盍各言尔志。"(《论语·公冶长》)

时日曷丧予及汝偕之！(《尚书·汤誓》)

(4)"叵"兼否定副词"不"和能愿动词"可"两个词。如：

布目备曰："大耳儿最叵信。"(《后汉书·吕布传》)

居心叵测。

(5)"旃"这个兼词比较少用，兼代词"之"和语气词"焉"两个词。如：

舍旃舍旃，苟亦无然。(《诗经·采苓》)

2. "何"的特殊用法

古文中"何"作疑问代词时，常常会被提前，成为"宾语提前"的特殊句式。文中"何以知"按现代汉语的语序，应为"以何知"。"何"的特殊用法分两种情况：

(1)作动词宾语。译为"什么""哪里"等。如：

大王来何操？(《鸿门宴》)

"何操"即"操何"，译为"拿着什么"。

豫州今欲何至？(《赤壁之战》)

"何至""即"至何"，译为"到哪里"。

夫晋，何厌之有？(《烛之武退秦师》)

"何厌之有"即"有何厌"，译为"哪有满足的时候"。

之二虫又何知？(《逍遥游》)

"何知"即"知何"，译为"知道什么"。

(2)作介词宾语。译为"什么"等。如：

东野之书，耿兰之报，何为而在吾侧也？(《祭十二郎文》)

"何为"即"为何"，译为"为什么"。

一旦山陵崩，长安君何以自托于赵？(《触龙说赵太后》)

"何以"即"以何"，译为"凭什么"。

第十八章

终于明白，为什么每个人都会怀念童年

含德之厚者，比於赤子。蜂虿（chài）虺（huǐ）蛇弗螫（zhē），攫（jué）鸟猛兽弗搏。骨弱筋柔而握固，未知牝牡之会而朘（juān）怒，精之至也。终日号而不嗄（gǎ），和之至也。和日常，知常日明，益生日祥，心使气日强。物壮即老，谓之不道，不道蚤已。

含德之厚者，比於赤子。

怀有深厚品德的人，接近于刚出生的婴儿。

蜂虿虺蛇弗螫，攫鸟猛兽弗搏。

蜂蝎蛇虫不咬他，凶猛的鸟兽也不捕他。

虿、虺：都是古书上说的毒虫。
攫：抓取。
搏：捕捉。

骨弱筋柔而握固，未知牝牡之会而朘怒，精之至也。

筋骨柔弱但握拳有力，不懂得男女之事的时候，男孩子的生殖器也会勃起，是因为他们处于天然精力旺盛的时候。

终日号而不嘎，和之至也。

整天啼哭但是不嘶哑，之所以能这样，是因为他们处在平和、和谐的顶点。

嘎：声音嘶哑。
至：极，最。

和曰常，知常曰明，益生曰祥，心使气曰强。

让万事万物处于和谐状态的东西叫作"常（规律）"，懂得规律叫作睿智，使你的人生有益就叫作幸福。如果让你的心绪控制了你的精神状态、指挥着你的情绪，丧失了平和的心态，做出不合规律、破坏和谐的事情，这叫作固执、强戾。

祥：幸福。《说文》：从示，羊声，福也，一云善。
气：指精神状态，情绪。
强：强横。

物壮即老，谓之不道，不道蚤已。

如果一个事物正当强盛的时候就玩完了，这种现象叫作"不道"，不遵循"道"的要求，肯定会早早玩完。

老：变老，衰老，衰颓。如《金铜仙人醉汉歌》：天若有情天亦老。
蚤：通"早"。
已：止，罢了。

辨析

含德之厚者，比於赤子。意思是"厚含德者，比於赤子"。这里的"之"是宾语提前的标志，在第一章里已经提到过这种句式，详见下面的语法。

"於"，多作为介词，是古汉语中用得很多的虚词，"于"不是"於"的简体字。《简化字总表》《通用规范汉字表》都没有规定"於"简化为"于"，《新华字典》对"於(yú)"的解释是"同'于'"。大陆一般把"於"略写为"于"，但是"於"字读wū、yū两种读音时，仍作"於"，不能略写为"于"，如见于先秦文献的"於戏""於菟""樊於期"等。

知常曰明。甲本是"知和曰明"，乙本与通行本都是"知常曰明"，一个是"懂得如何获得和谐的结果叫作明智"，一个是"懂得适应规律叫作明智"。按照文中的意思，适应规律才能获得和谐的结果，其实是一码事。

评述

本章的主题是顺其自然，而且要顺到童年时的自然。道家十分推崇"婴儿般"的自然，这在后面的《道经》中讲得很多。

道家说：物壮即老，当一个事物呈现出强大的特征时，就已经走向衰老了。因为既然强大了，当然欲望也多了。欲望多了，快乐自然就少了。所以每一个成年人都会怀念童年。怀念童年，也就是怀念没有欲望时的无忧无虑。

语法链接

宾语提前

宾语提前在文言中也很常见。所谓宾语提前，就是把本应处在动词或介词后的宾语，放在了动词或介词之前。主要有这么几种：

1. 疑问句宾语提前

《愚公移山》：且焉置土石？

"焉"是动词宾语，提到了动词"置"的前面。译为"况且（那些）土和石块放在哪里"？

《鸿门宴》：大王来何操？

"何"是动词"操"的宾语，译为"大王来的时候拿着什么（礼物）"？

《岳阳楼记》：微斯人，吾谁与归？

"谁"是介词"与"的宾语，译为"我跟谁一道呢"？

《触龙说赵太后》：长安君何以自托于赵？

"何"是介词"以"的宾语，译为"长安君凭什么让自己在赵国立足呢"？

汉语中只有动词和介词可以带宾语，不管是动词的宾语，还是介词的宾语，它们都可译为"哪里""什么""谁"等，这些词又都是疑问代词，因此这种"宾语提前"也叫作"疑问代词作宾语提前"。

2. 否定句宾语提前

文言中的否定词有"非""莫""不""毋"等，否定句宾语提前也很多：

《邹忌讽齐王纳谏》：忌不自信。

"自"是"信"的宾语,译为"不相信自己(比徐公美)"。

《子路曾皙冉有公西华侍坐》:不吾知也。

"吾"是"知"的宾语,译为"不了解我啊"。

《寡人之于国也》:然而不王者,未之有也。

"之"是"有"的宾语,译为"这样而不能称王的,从来没有过这种事情"。

以上例句中,提前的宾语大多是代词,而这些代词又大多是动词的宾语。

3. "之"作标志的宾语提前

文言文中的宾语提前,大多数是疑问句宾语提前和否定句宾语提前,用"之"提前宾语虽不常见,但也有不少。如:

《烛之武退秦师》:夫晋,何厌之有?

"何厌"是"有"的宾语,译为"晋国哪有满足的时候"。

《师说》:句读之不知,惑之不解。

"句读"是"知"的宾语,"惑"是"解"的宾语,译为"不懂得句读,解不了疑惑"。

《秋水》:闻道百,以为莫己若者,我之谓也。

"我"是"谓"的宾语,译为"说的就是我啊"。

《勾践灭吴》:苟得闻子大夫之言,何后之有?

"何后"是"有"的宾语,译为"有什么迟后(来不及)的呢"?

上述例句中,"之"作宾语提前的标志,不管是疑问句、否定句,还是判断句都可以。

4. "是"作标志的宾语提前

这种情况比较少见,因而也比较特殊。如:

《祭十二郎文》:唯兄嫂是依。

"兄嫂"是"依"的宾语,译为"只有依靠兄嫂"。

《季氏将伐颛臾》:求,无乃尔是过与?

"尔"是动词"过(责备)"的宾语,译为"恐怕应该责备你吧"?

有些成语还保留了这种特殊句式,例如:唯利是图、唯命是从、唯才是举、唯你是问等。

第十九章

落花无言，人淡如菊

> 知者弗言，言者弗知。塞其兑，闭其门，和其光，同其尘，挫其锐，解其纷，是谓玄同。故不可得而亲，亦不可得而疏；不可得而利，亦不可得而害；不可得而贵，亦不可得而贱；故为天下贵。

知：智慧、才智。

言：这里是指议论、评论、教授以及著书立说等所有用语言文字来表现自己学问、知识、思想的行为。

和：使动用法，意为"使……柔和"。"和"作"柔和"解。

同：聚集。

锐：锋芒，尖锐的东西，形容词活用为名词。

知者弗言，言者弗知。

真正的智者善于隐忍，把什么事情都往外说的人就不是智者了。

塞其兑，闭其门，和其光，同其尘，挫其锐，解其纷，是谓玄同。

真正的智者，是不在乎人家点不点赞的，闭紧门户的同时也闭紧嘴巴，隐匿耀眼光芒，混同在尘土中。善于"挫掉扎手的尖刺"，勇于"解下旗帜上迎风飘扬的带子"，这才叫作最高深的内外（内心和行动）统一。

故不可得而亲，亦不可得而疏；不可得而利，亦不可得而害；不可得而贵，亦不可得而贱；故为天下贵。

不能因为从别人那里得到了利益，就和这个人亲近，也不能因为已经从别人那里得到了想要利益，就和这个人疏远；不能为了获得而采取"利诱"的方式，也不能为了获得而采取害人的方式；不能因为得到了就很看重，舍不得往外掏，那是吝啬鬼；也不能因为得到了就不再珍惜，那是中山狼。有些人因为做到上述三句话，所以才被天下人看重。

纷：旗上的飘带。如扬雄《羽猎赋》：青云为纷，虹霓为缳。
玄同：高度的一致。
为：介词。被。
利：利诱。
害：害人。
贵：动词。看重。
贱：动词。看不起。

辨析

"知"与"智"。"知"是"智"的古字，这句话要认真理解。因为在古文中，"知"是聪明、智慧的意思，并且是褒义词；而"智"，基本上是指"巧诈、狡诈"，是贬义词；课文中也有出现，如"河曲智叟"基本也就是个反派角色。所以，今天的"智"，在古代就是"知"，这就叫"知"是"智"的古字。古代的"智"，基本等同于今天的"狡猾"，了解了这一点，后面会有许多内容迎刃而解。

帛书甲、乙本中都只有"知"没

有"智"，而通行本中是区分"知"与"智"的，说明早期"知"确实是"智"的古字。后来"智"出现后，通行本中将表示"巧诈"的地方都改成了"智"，但没有想到今天"智"的意思又发生了改变，并且造成了许多误解。

特别说明一下，我在这本书中，为数不多采用通行本中文字的地方，"智"是其中一处，主要还是认为文字的发展演变过程还是要尊重的。

知者弗言，言者弗知。这句话一般都翻译成真正知道、懂得的人是不说的，叽叽呱呱说个不停的人其实都是不懂的，相当于今天我们常说的"半瓶醋爱晃荡"。这种解释看上去有道理，但根据上面的分析，应该是"智者不言，言者不智"，真正的智者善于隐忍，把什么事情都往外说的人就不是智者了。当然，这个"智者"是现代汉语意义上的"聪明人"。

塞其兑……解其纷。这几个"其"是指示代词，相当于"那"。前面说过，"兑"为口，塞门闭户，是指嘴巴要紧，和上文"不言"也对得起来。

成语"和光同尘"，是指不露锋芒、与世无争的处世方法。成语词典里的解释是："和""同"都是"混合"的意思，"和光"就是混合各种光彩，"同尘"则是与尘俗相同，这解释肯定有问题。色彩可以混合，光彩怎么混合？所以"和光"应该与"韬光养晦"的"韬光"相似，指收敛光芒，引申为避免抛头露面，"和"应该是使动用法，"使光芒柔和"，"光"也不是指"光彩"，而是"光芒"。

"挫其锐"是"收缩锋芒"，"解其纷"是"解下旗帜上迎风飘扬的带子"，都是劝人不要做骄傲的小公鸡，不要张扬，不要逞口舌之快，而要收敛、低调。内心丰富而外现收敛，这才是正确的处理内外关系的准则，虽

然说"是谓玄同"，但其实并不怎么高深，只不过大家都做不到。

玄同。用今天的话，就叫作"高度一致"。《基础名词解释》提到过，"玄"的本义是黑色，从黑色引申出"深厚"，这里的"玄"，可以形象地解释为"深深"，"深深"地"同"，即"高度一致"。这里指内心思想与外现行为的高度一致。

故不可得而亲……故为天下贵。"得"是指"获得"，"亲"和"疏"、"利"和"害"、"贵"和"贱"互为反义词。这里要注意，不管是亲疏、利害、贵贱，前提都是"得"，没有"失"，所以它不是让你正确地处理"得与失"的关系，仅仅是应该如何对待"得"。而且这三句话乍一看内容差不多，其实应该有很大的不同，否则不会缠来缠去。

"不可得而亲"，是指"从别人那里获得"，不能因为从别人那里得到东西，就和这个人亲近，这个容易理解；但是"亦不可得而疏"，也不能因为从别人那里得到东西，就和这个人疏远。这就有点搞不懂了，是吧？其实，这还真的是事实。不信？你试试借点钱给哪个朋友，他肯定会和你越来越疏远，最后看见你就躲着走。

"不可得而利"，是指"获得的方式"，不能为了获得而采取"利诱"的方式；"不可得而言"，也不能为了获得而采取害人的方式。

"不可得而贵"，是指"获得后的态度"，不能因为得到了就很看重，拼命护着，舍不得拿出来，那是守财奴；"不可得而贱"，也不能因为得到了就不再珍惜，那是农夫怀里的那条蛇。

按老子的意思，叽叽歪歪说个不停的，都不是真正的"智者"，甚至不是真正的"知者"，最多算是"知了"——在树上胡乱叫着，徒惹人厌。所以据说《道德经》的这五千字，还是在卞喜的百般纠缠之下才勉强写的。但老子之后的道家人物，似乎都不是一般地爱唠叨，尤其是庄子，那可真是汪洋恣肆、挥洒自如。当然，人家那是一代宗师。一般人等，最好还是：落花无言，人淡如菊。（司空图《二十四诗品·典雅章》）

第二十章

原来"贞观之治",只是让天下清静无事

以正之邦,以奇用兵,以无事取天下。吾何以知其然也哉?夫天下多忌讳,而民弥贫。民多利器而邦家滋昏。人多智巧,而奇物滋起。法物滋彰,而盗贼多有。是以圣人之言曰:我无为也,而民自化;我好静而民自正,我无事而民自富,我欲不欲而民自朴。

正:不偏斜,平正。
之:滋长,发展。
奇:出人意外,诡变莫测,指用兵不厌诈。

以正之邦,以奇用兵。

用正道来发展国家,用奇巧、计谋、诈术来打仗。

以无事取天下。

前面第十一章已经解释过,意思是不要老是想着"人定胜天",除了浪费民力没别的好处,太平无事才能取

得天下。

吾何以知其然也哉？

我凭什么知道这种治国取天下的方法是对的呢？

夫天下多忌讳，而民弥贫。民多利器而邦家滋昏。

天下的禁止性规矩越多，老百姓就愈加贫穷。老百姓手里的武器、工具以及解决问题的方法、手段越多，世道就愈加混乱。

人多智巧，而奇物滋起。法物滋彰，而盗贼多有。

人们的技巧、机谋、巧诈多了，就会出现更多稀奇古怪的事物。用于仪仗、祭祀的器物越显摆，就会招来越多的盗贼惦记。

是以圣人之言曰：我无为也，而民自化；我好静而民自正，我无事而民自富，我欲不欲而民自朴。

正因为这样，圣人的教导是这么说的：治国者按照客观规律行事，不生事，老百姓就会自己感化、转变；治国者追求安定、平稳，老百姓自然会变得遵纪守法；治国者不折腾、不生事，老百姓自然就富裕；治国者"以不欲为欲"，抑制自己的欲望，不去搞无节制的开疆拓边、文治武功，老百姓自然变得纯朴。

何以：古文句式，即"以何"，这里是"凭什么"的意思。还可以是"用什么"，或者是"为什么"。

忌讳：忌，皇帝死的日子；讳，指皇帝的名字。皇帝死的日子，许多事情不能干，所以忌讳也可以指各种规矩。

弥：更加，越发。

利器：原指锋利的武器、精良的工具。也可以喻指丰富的手段、杰出的才能。

滋：更加，愈益。与"弥"同。如孙文《黄花岗七十二烈士序》：滋可痛已。

昏：世道混乱、黑暗。

起：产生，发生。如《隆中对》：自董卓以来，豪杰并起。

法物：古代帝王用于仪仗、祭祀的器物。

彰：明显，显著。如《劝学》：而闻者彰。

化：感化，转变人心。

静：安静，宁静。

正：合于法则的。

欲不欲：即"以不欲为欲"，"以没有欲望为欲望"，其实就是尽可能地节制自己的欲望的意思。

辨析

以正之邦，以奇用兵。"正"和

"奇"相对，"正"是"公正、平正"，是"阳关道"，是武林中的"名门正派"；"奇"是"奇巧、诡变"，是"出奇制胜"，是"独木桥"，在武林中叫"旁门左道"，在术数上叫"奇门遁甲"。

通行本中是"以正治国"，甲本是"以正之邦"，乙本是"以正之国"（避了刘邦的讳），看来还是应该以"以正之邦"为准。因为《说文》中说得很清楚："之，出也。象艸过中，枝茎益大，有所之，一者，地也。"所以"之"最初的本义就是"出，生出，滋长，发展"。不过通行本改成"治国"也没什么不妥。发展国家和用兵不一样，治国讲究正道，用兵则用诡谋。

以无事取天下。最典型的当属李世民。因为和老子一样都姓李，李家王朝奉老子为先祖；李世民手下也有许多的真道士（如魏徵）和假道士（如房玄龄），同时治理国家也信奉道家的原则。魏徵就曾经说过，"贞观之初，无为无欲，清静之化，远被遐荒"。贞观九年（635），唐太宗说"故夙夜孜孜，惟处清静，使天下无事"，这实在是出乎意料之外。本以为赫赫有名的"贞观之治"，重点肯定在于"治"，肯定是"政策、方针、举措"层出不穷，而且都是"正确"的、"英明"的、"科学"的，哪料到人家只是"无为无欲、清静、使天下无事"，像李世民这样二十多岁统军南征北讨，三十岁发动"玄武门之变"的千古英主，居然也认为自己创造的"贞观之治"是建立在"惟处清静"的基础之上，确定这不是故作谦虚？

无为而治。一直以来，我们都理解错了。我们都以为"无为而治"中的"治"是"治理"，是动词；其实它是个形容词，与"乱"相对，指的是"社会安定、太平"。如《荀子·天论》："禹以治，桀以乱，治乱非天也。""而"也不是顺接连词，而是表示因果关系。"无为而治"是指"无为"而达到"天下大治"。李世民用他的现身说法告诉我们，这是有可能的。

人多智巧。在上一章分析"知"与"智"的基础上，可以知道，关于道家希望老百姓不要太聪明、不要太上进的论断，也是我们的误解。道家反对的不是"知"而是"智巧"，同时道家更反对"奇物"，也就是所谓的"过度的物欲"，并且认为，要让穷怕了的老百姓不至于过度地追求物质文明，为政者要以身作则，首先"法物"不能太显摆。确实，相对于浩大的骊山陵、阿房宫，老百姓的这点小小"物欲"又算得了什么呢？

我不希望 Angela 读《三国演义》，因为她从一些片断中已经得出了诸葛亮最聪明的结论；而且还问过我，如果诸葛亮不是那么早就死了，蜀国会不会最终统一天下。其实，魏国最终的胜利，并不在于战争的"奇"，论计谋谁也比不过诸葛亮，但是决定胜负的是国家治理上的"正"，看谁走在治国的正路上。学了真正的三国史，就会知道，魏国的胜利是发展生产（屯田制）和选拔人才（唯才是举）的胜利。相比于治国正道，一两场战役的奇巧，实在改变不了什么。

第二十一章

世界的五彩缤纷，只因为自由而任性

> 其政闷闷，其民屯屯。其政察察，其邦夬（guài）夬。祸，福之所倚；福，祸之所伏，孰知其极。其无正也，正复为奇，善复为妖，人之迷也，其日固久矣！是以方而不割，廉而不刺，直而不绁（xiè），光而不燿。

闷：昏暗不明。
屯：艰难，困顿。

察：明察，知晓。如《曹刿论战》：小大之狱，虽不能察，必以情。
夬夬：断绝貌。
孰：谁，哪个人或哪些人。
极：顶点，最高处，最高最远的处所。

其政闷闷，其民屯屯。
国家政治昏暗，老百姓的生活就会很艰难。

其政察察，其邦夬夬。
但如果为政者真的"明察秋毫"，国家同样很危险。

祸，福之所倚；福，祸之所伏，孰知其极。
这就像祸，是福依存的地方；福，同样是祸隐藏的地方，谁知道他们相互转化的节点在哪呢？说变就变了啊！

其无正也，正复为奇，善复为妖，人之迷也，其日固久矣！

善：心地仁爱，品质淳厚。
妖：邪恶，品质恶劣。
迷：这里指不明白。
固：原来，本来。如《师说》：生乎吾前，其闻道也固先乎吾，吾从而师之。

没有永远的"正"，"正"总有一天会反过来成为"奇"，心地仁善的好人在一定的情况下也有可能反过来变成邪恶的。人们不明白"正奇""祸福"相互转化的日子本来很久了啊！

是以方而不割，廉而不刺，直而不绁，光而不燿。

割：用刀截断。
廉：棱角，亦指物体露出棱角。
绁：绳子系、拴或捆绑。
燿：同"耀"。

所以方正的东西，不要像刀割过一样笔直；棱角不能变成尖刺；公平原则不能变成了束缚行动的绳索；是金子可以发光，但不要亮瞎了别人的眼。

这几句都有比喻义，主要是教人学会辩证法，明白物极必反，尽量不要把事情做过分了。

辨析

祸……孰知其极。 我决定先讲这两句，因为这两句很出名，几乎是老子辩证思想的代表；意思也明确，还有具体的例证，那就是"塞翁失马，焉知非福"。

韩非子在《解老》中花了好大的篇幅来解读这一章，关于祸福相依，他是这么说的（这一章引韩非子的内容较多，如果没兴致，可以不看原文）：

人有祸，则心畏恐；心畏恐，则行端直；行端直，则思虑熟；思虑熟，则得事理。行端直，则无祸害；无祸害，则尽天年。得事理，则必成功。尽天年，则全而寿。必成功，则富与贵。全寿富贵之谓福，而福本于有祸。故曰："祸兮福之所倚。"以成其功也。

人有福，则富贵至；富贵至，则衣食美；衣食美，则骄心生；骄心生，则行邪僻而动弃理。行邪僻，则身死夭；动弃理，则无成功。夫内有死夭之难而外无成功之名者，大祸也。而祸本生于有福。故曰："福兮祸之所伏。"

塞翁失马

世界的五彩缤纷，只因为自由而任性

真佩服韩非子用解数学题的递等式来"解老"。没见过比这更连贯、更严密的推理了吧？不过韩非子这个解题的方向好像和老子出题的本意不是很对路。老子讲的是事物的客观发展规律，福、祸在一定的条件下会相互转换，而且这种转换是不以人力为改变的，韩非子则认为这种转换是由于个人的主观思想造成的。他的观点，其实和孟子是一样的，就是课文中的《生于忧患，死于安乐》。

关于"孰知其极"，韩非子的意见是"谁知道这个福和祸（其实是指祸）何时是个尽头呢"？如果不按照"道"和"理"的要求而轻举妄动，只有等到"失其民人而亡其财资"时才知道祸闯大了：

夫缘道理以从事者，无不能成。无不能成者，大能成天子之势尊，而小易得卿相将军之赏禄。夫弃道理而妄举动者，虽上有天子诸侯之势尊，而天下有猗顿、陶朱、卜祝之富，犹失其民人而亡其财资也。众人之轻弃道理而易妄举动者，不知其祸福之深大而道阔远若是也，故谕人曰："孰知其极？"

其政闷闷……其邦央央。这两句比较麻烦，文字上也有争议，主要是认为"屯"是"淳"，并且从这个"淳"字延伸下来，将整句话想当然地解为：政治制度宽厚清明，民众便淳朴忠诚。然后把"其邦央央"改成了"其民缺缺"，再延续下来：政治制度苛酷昏暗，民众就狡黠、抱怨。问题是这样的解释，"闷闷"与"察察"好像掉了个？

只能说，这样的解释，是用我们自己的政治观去想当然，根本不是老子或者《道德经》的本意。最明显的一点是，这种"正正得正""按部就班"的观念与下文"祸福相依"这种辩证思想毫不相干，为什么要放在一起呢？所以还是要从字词上来详细分析。

"其"，还是指示代词，相当于"那""那些"。"闷"，意思是昏暗不明。"察"的意思是认真细致地调查研究，如"明察秋毫"，连小鸟身上秋天新长的小细毛都看得清清楚楚。用在行政上，也很常见，如在县衙的大堂上，犯人一般都会喊："小的冤枉，请大人明察！"课文中也有例证，如《曹刿论战》中"小大之狱，虽不能察，必以情"，"察"也是"明察"的意思。汉语中两个字连用成叠词，多是用来描摹某一种情形的，如含情脉脉、忠心耿耿，再如"我是一棵华丽丽的树"（详见语法链接部分）。"屯"的意思是困难，如"屯蹇"的意思是不顺利、艰难困苦。至于"夬""缺""决""玦"都是破损、残缺、断绝的意思。

国家政治昏暗不明，老百姓的生活当然很艰难，但是，规矩过分地繁多，同样会导致百姓的生活越来越艰难。国家大事也是如此，有些事情不能搞得太清楚。以多疑出名的曹操，也在击败袁绍之后烧毁了手下与袁绍勾连来往的信件。刘秀攻陷刘子舆王朝的首都之后，竟然发现了几千封自己部下写给刘子舆的信件，除了表示效忠之外，有的还对刘秀进行恶毒的人身攻击——也是一把火烧掉了事。如果此时刘秀真的瞪大眼睛，拿着放大镜"察察"起来，就会有几千人的脑袋被"嚓嚓"，没了这些人的支持，刘秀也未必能翻得起多大浪花，在那个残酷争霸的年代，搞不好会直接因此"夬夬"了。

所以，这两句和"福祸相依"在逻辑上还是前后统一的，只不过可能颠覆了我们对行政管理的常规观念，但是又有什么不可以呢？上一章不是说过了，堂堂"贞观之治"也只是"无

欲无为"啊！

其无正也……日固久矣！这个"迷"好像应该是指人们不懂得"正奇相依、善妖相复、福祸相生"的道理，但是韩非子是这么说的：

人莫不欲富贵全寿，而未有能免于贫贱死夭之祸也。心欲富贵全寿，而今贫贱死夭，是不能至于其所欲至也。凡失其所欲之路而妄行者之谓迷，迷则不能至于其所欲至矣。今众人之不能至于其所欲至，故曰"迷"。众人之所不能至于其所欲至也，自天地之剖判以至于今。故曰："人之迷也，其日故以久矣。"

他认为"迷"的意思是"迷失了实现富贵全寿愿望的道路"，而"其日固久矣"则是指自从开天辟地以来，这条道路就没有出现过。乍一看很突兀，仔细想想也有道理哦，可见"解老"也是一件很好玩的事。

是以方而不割……光而不耀。"方""廉""直""光"基本上都是做优秀品质来解，来看一下韩非子的解释：

所谓方者，内外相应也，言行相称也。所谓廉者，必生死之命也，轻恬资财也。所谓直者，义必公正，公心不偏党也。所谓光者，官爵尊贵，衣裘壮丽也。

这几个字在这里都是兼有本义和象征义。如"廉"的本义是"棱角","廉正"是指"有棱角而方正";"直"除了"正直"以外还有"公平"的意思,"光"除了"光明、光亮"还有"荣誉"的意思。所以这几句的含义可以很丰富,各种解释确实也很多。但是按照字面来解,可能还取本义比较合理:因为奇正相生、祸福相依、物极必反,所以方正的东西,不要像刀割过一样笔直;棱角不能变成尖刺;公平原则不能变成了束缚行动的绳索;是金子可以发光,但不能亮到刺眼。不管是作本义还是象征义,有一点是明确的:这几句话是教人学会辩证法,明白物极必反,所有一切最终肯定会走向反面的道理。

但是韩非子下面的解释,我就看不大懂了:

今有道之士,虽中外信顺,不以诽谤穷堕;虽死节轻财,不以侮罢羞贪;虽义端不党,不以去邪罪私;虽势尊衣美,不以夸贱欺贫。其故何也?使失路者而肯听习问知,即不成迷也。今众人之所以欲成功而反为败者,生于不知道理,而不肯问知而听能。众人不肯问知听能,而圣人强以其祸败适之,则怨。众人多,而圣人寡,寡

之不胜众,数也。今举动而与天下之为仇,非全身长生之道也,是以行轨节而举之也。故曰:"方而不割,廉而不刿,直而不肆,光而不耀。"

大意是老百姓迷路了又不肯听从"圣人"的劝导,如果"圣人"非要给众人点颜色看看,让众人都明白事理,肯定会惹起众怨,影响了自己的心情,所以"圣人"从"全身长生"的目标出发,用遵循法度来引导人们,这就叫"方而不割,廉而不刿,直而不肆,光而不耀"。

总而言之,韩非子花了好大的力气解的这一章,似乎弄错了方向,老子说的是客观变化,韩非子解的是主观修养,是不是有点"鸡同鸭讲"的意思?

评述

我对这一章的解释,可能会让许多"以天下为己任"的人不高兴,也可能会让许多父母不高兴。搞得越清楚,管得越多,缺憾也越多,这是什么道理?其实我们只要想想,相对世界的千变万化、孩子的缤纷多彩,我们这点可怜的经验与技巧,算得上干什么?我们自己的人生,能够成为孩子的榜样吗?

"有心栽花花不发，无心插柳柳成荫"，生命按照它固有的规律行进着，许多干预必然走向期望的反面。

Beyond《光辉岁月》：

缤纷色彩闪出的美丽，是因它没有，分开每种色彩。

世界的五彩缤纷，只因为自由而任性。

当然，这个扯得有点远了。这一章，主题还是矛盾两方面的相互转变，是很朴素的辩证法，特别是祸福相依的敏感，一定要有。

语法链接

1. "之"字的特殊句式

"祸，福之所倚；福，祸之所伏。"这一句是"之"字作标志的宾语提前，"所"字是宾语，"……地方"。按现在的语序是："祸，福倚之所；福，祸伏之所。"参见第十八章的语法链接部分。

"人之迷也，其日固久矣。"这里的"之"，是放在主谓之间，取消句子独立性。这一句中，"人"是主语，"迷"是谓语，"人们都不明白"本来可以单独成为一个句子，加上"之"之后，就变成了"人们的不明白"，意思不够完整，不能再单独成为一个句子，而是变成了"其日固久矣"的主语，"人们的不明白，日子已经很久了啊"。这个句子还有一个特殊之处在于，在"人之迷"这个主语之外，又用了一个代词"其"来代指"人之迷"，作为共同的主语，有点类似于英语中的"表语从句"。两个语气词中，"也"是表示判断，"矣"表示感叹，并且这个"固"字，指"原来、本来、一直以来"，同时表示强调，所以我认为这句后面最好用两个感叹号表示一下强烈的感叹。

2. 叠字

叠字，又名"重言"，系指由两个相同的字组成的词语。

叠字是一种修辞手法，又叫"复叠"。注意一下，就会发现，汉语中有很多叠字。基本都是用来描摹某一种状态和情形的。如：白雪皑皑、雨雪霏霏。

诗词用的叠字就更多了，最典型的自然是李清照的《声声慢》，开头连用了七组叠字，"寻寻觅觅，冷冷清清，凄凄惨惨戚戚"。

叠字的作用，一是可使所描绘的自然景色或人物特征更加形象。如

《古诗十九首》中《青青河畔草》开头六句用了六组叠字："青青河畔草，郁郁园中柳。盈盈楼上女，皎皎当窗牖。娥娥红粉妆，纤纤出素手。"再如《迢迢牵牛星》，全诗仅十句，用了六组叠字："迢迢牵牛星，皎皎河汉女。纤纤擢素手，札札弄机杼。……盈盈一水间，脉脉不得语。"形象地表达了牛郎织女缠绵的感情。又如杜甫的"繁枝容易纷纷落，嫩蕊商量细细开"（《江畔独步寻花七绝句》），用"纷纷""细细"，抒发自己惜花、爱花的心情，造语似痴，但情真意切。再如韦应物的"漠漠帆来重，冥冥鸟去迟"（《赋得暮雨送李胄》），两组叠字使诗的意境更为深邃。《后湖集》说，每读此句"未尝不茫然而思，喟然而叹"，希望"图苏州（韦应物）之句于壁，使余隐几静对，神游八极之表"。

二是很多声音和颜色也是用叠字来描绘的。如《孔雀东南飞》中"府吏马在前，新妇车在后，隐隐何甸甸，俱会大道口"，"隐隐""甸甸"摹拟了车马声；杜甫《登高》中"无边落木萧萧下"，"萧萧"摹拟落叶声；黄巢的《题菊花》中"飒飒秋风满院栽"，"飒飒"摹拟风声；岳飞《满江红》中"凭栏处，潇潇雨歇"，用"潇潇"摹拟雨声；还有白居易的《琵琶行》中的"大弦嘈嘈如急雨，小弦切切如私语"和《木兰辞》中的"唧唧复唧唧"等。叠字摹色的例子如白居易的"一道残阳铺水中，半江瑟瑟半江红"（《暮江吟》），"瑟瑟"形容江水的颜色好像碧玉一般。

三是叠字可使音律和谐，读起来朗朗上口。如李白的《秋浦歌十七首之十》："千千石楠树，万万女贞林。山山白鹭满，涧涧白猿吟。君莫向秋浦，猿声碎客心。"

第二十二章

需要积累的不只是品德，还有生存的根本

治人事天莫若啬（sè），夫唯啬，是以蚤服，蚤服是谓重积德。重积德则无不克，无不克则莫知其极。莫知其极，可以有国。有国之母，可以长久。是谓深根固柢，长生久视之道也。

事：侍奉，供奉。如《梦游天姥吟留别》：安能摧眉折腰事权贵。

啬：节省，节俭。

唯：以，因为。

蚤：通"早"。

服：从事，致力。如《论语》：有事，弟子服其劳。

谓：通"为"，相当于"是"。

积：名词。指贮积起来的钱物等。如《论积贮疏》：畜积足恃。

治人事天莫若啬。

管理百姓和侍奉上天没有比节俭更重要的了。

夫唯啬，是以蚤服，蚤服是谓重积德。

因为要节俭，所以有件事一定要早谋划、早动手，需要早谋划、早动手的事是什么呢？是落实"蓄积"这个治国处事的基本方针和准则。

重积德则无不克，无不克则莫知其极。

"注重畜（蓄）积足恃这个规律"就没有克服不了的困难，没有克服不了的困难就不知道一个事物、一个国家发展的尽头在哪里。

莫知其极，可以有国。有国之母，可以长久。

不知道极点在哪里，一个国家就可以长久存在。"蓄积"是一个国家存在的根本，一个国家也可以凭借"蓄积"实现长治久安。

是谓深根固柢，长生久视之道也。

这就是说，扎深根基、巩固基础，乃是长久生存和治理国家的根本方法。

这几句的意思基本可以等同贾谊《论积贮疏》中的"畜（蓄）积足恃"。

辨析

治人事天……谓重积德。这一章中，主要是这句话比较麻烦。一是"啬"的意思，有人说是"穑"的古字，指农业生产，是指治理天下要以农业为根本，结合当时的农业社会好像有点道理，但文中的首句不仅是"治人"，还有"事天"，"事天"好像和"以农为本"就没什么明显的关系了。二是"服"字，意思也比较多，有人认为是"服药"，并且以白居易的《早服云母散》为依据，再与下文的"长生"凑在一起，终于找到了《道德经》指导人修炼长生不老术的依据。所以要真正理解这一章，就得先把这两个字弄清楚。

"啬"应该还是韩非子的说法比较让人信服："少费谓之啬"，意思就是要节俭。

至于"服"，韩非子认为是"服从"："夫能啬也，是从于道而服于理者也"（韩非子认为"道"和"理"是一回事，其实《道德经》中没有"理"字，"理是儒家的概念）。"啬服"的意思则是："众人离于患陷于祸，犹未知退，而不服从道理。圣人虽未见祸患之形，虚无服从于道理，以称啬服。"也就是说，能够做到节俭的圣人，是因为能够早早的服从"道理"；接下来就是，能够早早服从道理的圣人，就能够积累个人品德。

让我们从语文的角度来仔细地理一下：

夫唯啬，是以蚤服。这是一个因果关系。这里的"唯"是"因为"的意思。如课文《叔向贺贫》："夫八郤，五大夫，三卿，其宠大矣，一朝而灭，莫之哀也，唯无德也。"至于"是以"，我们在第一章的时候就已经讲清楚了，就是今天的"所以"。再来仔细看一下韩非子的解释：

夫能啬也，是从于道而服于理者也。

两者的因果关系是不同的。"夫唯啬，是以蚤服"，这时"啬"是因，"蚤服"是果；"夫能啬也，是从于道而服于理者也"，这时"早服"是因，"能啬"是果，韩非子把因果关系倒了个个。

再来看"蚤服"与重积德的关系，韩非子认为"蚤服""能令故德不去，新和气日至"，所以"早早服从道理能够积累品德"。

我们再来看一下原文：

蚤服是谓重积德。注意这个"谓"，"谓"的意思是"说"，"早服是说重积德"（"早服说的是重积德"），"重积德"是对"蚤服"的注解，是"蚤服"的要求和目标，而不是"蚤服"的结果。

再者，这一章的内容，很明显还是关于治国，而韩非子的解释仍在个人修养的层面。

所以，我认为，这里的"服"和"有事弟子服其劳"的"服"同义，意思是"致力、从事"。"治人事天莫若啬，夫唯啬，是以蚤服"，意思是治国（治人事天合在一起就是治国）没有比节俭更重要的，因为要节俭，所以有件事一定要尽早干。哪件事呢？下面有解释，"蚤服是谓重积德"，需要尽早落实的是"重积德"。

下面要说一下"重积德"。《基础名词解释》中说过，"德"有两层意思，在内为思想品德，在外则为行为规范。韩非子认为这里是指思想品德，我认为是指行为规范，这里的"重积德"不是指要"注重积累品德"，也不是常见的"积德""积善"之义。这里的"积"也是名词"蓄积"，不是动词"积攒"，"重积德"，意思是要重视"蓄积"这个治国的准则。

那么，这几句的意思就明确了：治理天下要以"节用"民力为根本，而所谓的"节用"，不是扮个铁公鸡，凡事都小家子气就行了的，而是要尽早"蓄积"，打下坚实的经济基础。

这样，与下面的几句也连贯起来了：

重积德则无不克。通过蓄积形成了强大的经济基础，一切都有可能了……

评述

我很固执的把"重积德"解释为"要注重畜（蓄）积足恃这个规律"，可能会让大家嗤之以鼻。我不认同"重视积累品德"，是因为这一章讲的是管理国家的法则。不好说"以德治国"是一个误区，至少我理解"以德治国"更多的是以"客观规律"，而不是以"品德"。而且从实用的角度来说，爱惜民力、重视蓄积对于长治久安，确实要比"以德治国"实际得多，毕竟国与国之间最终不仅要以"综合国力"分出高下，"蓄积"也是百姓生存的根本，比起"狗日的粮食"，"坐而论道"更多的只是善良的愿望。

第二十三章

一个好厨子，最要紧的是会放盐

> 治大国若烹小鲜，以道莅天下，其鬼不神。非其鬼不神也，其神不伤人也。非其神不伤人也，圣人亦弗伤也。夫两不相伤，故德交归焉。

鲜：美味。如《卖柑者言》：饫肥鲜者。

莅：治理，统治，管理。如《孟子·梁惠王上》：莅中国而抚四夷也。

非：相当于"不""不是"。

伤：损伤，伤害。如《子路曾皙冉有公西华侍坐》：何伤乎！亦各言其志也。

治大国若烹小鲜，以道莅天下，其鬼不神。

治理再大的国家，也要像烹调美味的小菜，用"道"来治理天下，那些鬼神也就不成为鬼神了。

非其鬼不神也，其神不伤人也。非其神不伤人也，圣人亦弗伤也。

不是那个鬼神不是鬼神了，是因为如果以"道"来治理天下，那个鬼神就不会再损害百姓了。其实也不是那个鬼神不损害百姓了，因为鬼神本来好像也害不了人，主要还是因为国家的管理者也不损害百姓了。

夫两不相伤，故德交归焉。

圣人和百姓互不相伤，"德"就能通过两者一起回归。

相：	交互，互相。
交：	一齐。
归：	返回，回来。

辨析

治大国若烹小鲜。小烹大治，引用的很多，意思也有多种，看上去都有道理，但是到底哪一种说法才是老子的本意，历来都有争论。有一种观点是"小鲜"是指小鱼，烹调小鱼不能翻来翻去，因为鱼太小容易碎，治理国家也不能动作太多，否则就是劳民伤财。韩非子认为也是不能动来动去，并且很专业地指出：

烹小鲜而数挠之，则贼其泽。

挠来挠去会影响、损害"色香味"中的"色"，看来韩非子偶而也是下厨做菜的。同时韩非子作为"法家"的本质也暴露无疑：

凡法令更，则利害易；治大国而数变法，则民苦之。

国家的法令要统一，不能朝令夕改，改来改去，苦的是老百姓。

持这种说法的人很多，但是有一个问题，"鲜"肯定不是"鱼"，"鱼

羊鲜"是个会意字，不会再回到"鱼"的意义上来。而且不要翻来翻去不就是"不折腾"，前面已经说过好几回了。

还有一种说法是，像烹调小菜，油盐酱醋料要恰到好处，还要掌握好火候，这种说法看上去也对，但是既强调了佐料，又强调了火候，内容太多了，与下文"以道莅天下"好像反而扯不到一起了。

我看到这句话，首先想到的是《武林外传》中李大嘴的一句台词，大意是当捕快就像烧菜，烧菜最要紧的是什么？是盐。盐放多了太咸，放少又太淡，菜都不好吃。当捕快最要紧的是什么？是人缘，人缘就像盐，太亲密了不行，太疏远了也不行。原来我以为这只是情景剧里的台词，后来才知道搞不好"小烹大治"的出处还真的和"盐"有关：

传说伊尹曾是商汤的厨师，做菜时故意要么太咸要么太淡，等商汤发怒了，才说："做菜既不能太咸，也

不能太淡，治国如同做菜，既不能操之过急，也不能松弛懈怠，只有恰到好处，才能把事情办好。"商汤听了，觉得很有道理，就任命伊尹为"阿衡"（宰相），于是商朝日益强盛，夏朝就被灭了。

所以，"治大国若烹小鲜"，还是要和"以道莅天下"连在一起解释，治理再大的国家，也要像烹调美味的小菜，要用"道"来治理天下，这个"道"，就是做菜时放盐的标准，不可缺、不可多、不可少，烹小鱼时翻来翻去，损失的是"色"，盐放砸了，损失的就是"味"，这道菜就完了。治国如做菜，松懈了好比盐放少了，盐放多了就是操之过急，容易"伤人"，这样也和下文的"圣人"与百姓"两不相伤"联系得起来。

其鬼不神。"其"是指示代词，那些；"鬼"和"神"则是互文用法，指"圣人"如果"以道治国"，就不用借助鬼神，鬼神也就不成其为鬼神了。

鬼与神。"神"和"鬼"现在有"好"与"坏"之分，相当于"君子"与"小人"，但在古代，"神"和"鬼"基本上是一码事，人为地将"鬼"定义为"害人的"、把"神"神化为"正义的"，

那是后来的事，也是蒲松龄极力想翻案的。

鬼神不成其为鬼神，不是那个鬼神不是鬼神了，是因为如果以"道"来治理天下，那个鬼神就不会再损害百姓了。其实也不是那个鬼神不损害百姓了，因为鬼神本来就害不了人，主要还是因为作为国家管理者的"圣人"，把握了正确的治国方略和节奏，不至于因为懈怠或者好大喜功而伤害百姓。

谁与谁不相伤？"圣人亦弗伤也"省略了"伤"的宾语，"圣人"不伤的是什么？承接上一句的"亦"，应该也是"不伤人"。那么"两不相伤"的主语又是什么呢？同样没有明确。按韩非子的说法，是指"圣人"和百姓两不相伤，"圣人"不因为治国政策的失误而伤害百姓，百姓也就不会因为反对这一政策而反过来伤害圣人，所以双方都能一起回到"德治"的道路上来。

评述

关于吃饭，Angela 写过很好玩的几句话：

一个人吃饭，是为了养活自己；

二个人吃饭，是为了彼此的缘分；

三个人吃饭，是为了感受幸福；

一堆人吃饭，是为了饱了撑着。

治大国不关我们的事，但是既然要吃饭，烹小鲜则是必须掌握的技能，所以，我们应该有的态度是"烹小鲜若治大国"。

吃饭不仅仅是为了活着，做饭也不只是为了果腹。会做菜也不是让你拿着量杯、照着菜谱画葫芦，更不是靠一两个拿手菜唬人，而要有把下厨当作艺术创作的热情和技术，有体现高质量生活的能力。

这一章争论最多的，其实还是老子到底是有神论者还是无神论者。按照我的理解，老子可能还是有神论者，搞不好可能还是一个"客观唯心主义者"。之所以认为老子是有神论者，是因为从这一章中，能够看出老子对"鬼神"的作用认识很到位：以道莅天下，鬼神揭不起多少风浪，这是其一；其二是所谓的鬼神作祟，更

多的是"圣人"在装神弄鬼，鬼神不伤人，"圣人亦弗伤也"。有许多事例就体现了这一点，如"大楚兴、陈胜王"，还有像"石人一只眼"。但是否认鬼神的作用不等于否认鬼神的存在，从这一章的行文语气当中，特别是"非其鬼不神也"这一句，可能老子还是承认鬼神的存在的，这也与当时的知识水平和中国的"巫史文化"传统相一致。

我更喜欢把这一章看成是老子在论述"政教"之间的关系，"政"是指政治，"教"则是宗教。然后再用李大嘴的"咸淡"理论来处理这一关系，"政"与"教"之间关系紧密，即所谓的"政教合一"，"咸死个人"，是非就会多，究其原因，还是狂热冲淡了人性的缘故。"政"与"教"完全分离，如历史上多次出现的"灭佛"，又"嘴里淡出个鸟来"，是非同样多，因为人还是需要信仰的，否则生命找不到意义。当然，这个信仰是广义的，不一定非得是哪一种宗教，而是指心里一定要有所秉持。

第二十四章

女孩子的文静，就是独立基础上的谦让

> 大邦者，下流也；天下之牝（pìn），天下之交也；牝恒
> 以静胜牡。为其静也，故宜为下。大邦以下小邦，则取小邦；
> 小邦以下大邦，则取于大邦。故或下以取，或下而取。故大
> 邦者，不过欲兼畜人，小邦者，不过欲入事人，夫皆得其欲，
> 则大者宜为下。

下流：河流的下游。

牝、牡：牝、牡相对，即雌、雄，也可以指阴阳。还有"丘陵为牡，溪谷为牝"，句中就是这个意思。如《大戴礼记·本命》：溪谷为牝。

以：在，于。表示行动的时间、处所或范围。如《登泰山记》：余以乾隆三十九年十二月。

大邦者，下流也；天下之牝，天下之交也。

一个大国，应该放下架子，把自己定位为河流的下游，就像天下所有的溪谷，都是天下水流汇集的地方。海纳百川，有容乃大。

牝恒以静胜牡。

你看雌性的动物在"宁静、安详"方面永远要超过

雄性的动物。

为其静也，故宜为下。

因为她们生性比较宁静、安详，所以适宜处于谦让、顺从的地位。

大邦以下小邦，则取小邦；小邦以下大邦，则取于大邦。故或下以取，或下而取。

大国因为居于小国之下，则能够取得小国；小国因为居于大国之下，则被大国所取。所以有的(大国)凭借"居于下"而取得，有的（小国）因为"居于下"而被取。

故大邦者，不过欲兼畜人，小邦者，不过欲入事人。

大国不过是想兼并土地积聚人口，小国不过是想加入到大国中侍奉人。

夫皆得其欲，则大者宜为下。

那么既然大家都得到了他们想要的，大国更应当表现得低调、谦让。

胜：超过。

为：前一个是"因为"。后一个是"于，在"，表示时间或处所。如《淮南子》：辞官而隐处为乡邑之下。

下：居人之下，谦让。

则：表示前后两事有因果、条件关系，相当于"即""便"。

取：得到，取得。

于：在被动句中引进动作、行为的主动者，相当于"被"。

兼：并吞，兼并。

入：参加，加入。

则：用于判断句表示肯定，相当于"就"。

宜：应当。如《出师表》：宜付有司论其刑赏。

辨析

天下之牝。"牝""牡"不单单是"雌""雄"的意思，而是相当于"阴""阳"，凡是互相对立的一对矛盾，都可以称之为"牝""牡"，所以"天下之牝"就相当于"天下之阴"（参见《基础名词解释》和《道经》第六

章）。另外，《大戴礼记·本命》说："溪谷为牝。"根据上下文的意思，这里的"牝"还是作"溪谷"解比较直观。

牝恒以静胜牡。这个"胜"字，最好不要理解为"胜过"。"牝"要胜"牡"，弱者要胜过强者，那是很不容易的事情。应该理解为超过"牡"和强者的特长就是"静"，"牝"发挥这

个特长，才有取胜的可能。

故或下以取，或下而取。 既有介词宾语的前置，又有介词（于）的省略。正常的语序应该是"故或以下取，或下而于取"。与这个句子类似的是孟子著名的"劳心者治人，劳力者治于人"。

故大邦者……宜为下。 怎么说呢，"故大邦者，不过欲兼畜人"，大鱼要吃小鱼，这肯定没问题；"小邦者，不过欲入事人"，这就不一定了。中国文化属于谋略文化，试图通过谋略以弱胜强、以少胜多的大有人在；信奉宁可玉碎、不为瓦全的大多被奉为悲剧英雄，心甘情愿"欲入事人"的恐怕不多，低声下气做牛做马的，一定得提防着点，看看是不是勾践那样雄才大略的人物。没有了小邦打心眼里希望"入事人"的前提，大邦也没有那么自得的"宜为下"，基本上还是要靠"枪杆子里面出政权"的。

评述

这一章的逻辑好像有点问题。大国的目标是兼并没错，小国的目标是"入事人"恐怕是一厢情愿。如果小国都因为自己"小"就认命，乐呵呵地"入事人"，天下早就太平了，养那么多军队纯粹是浪费。问题是更多的小国都认为"身体发肤"尚且"受之父母"，更不用说土地和人民了，基本都认为"受地于先王而守之，虽千里不敢易也，岂直五百里哉"（《唐雎不辱使命》）？如果"鬼子要来强占去"，那一定是拼到底的；战场上拼不过，也要"伏尸二人，流血五步，天下缟（gǎo）素"。所以不要以为大国做到了"为下"，就能实现"天下来归"的大好局面。把自己的一厢情愿想象成与别人的"共同愿景"，吃个把哑巴亏那是一定的。

以上是国家大事，不管也罢。但以下是要做到的："牝恒以静胜牡。为其静也，故宜为下。"女人就要像女人，"宜为静""宜为下"，"为上"就成了"女汉子"。但这个"为下"不是低声下气，而是在坚持"独立"基础上保持谦让。

第二十五章

言行从来不会平等，最终还是得看行动

道者，万物之注也，善人之葆也，不善人之所葆也。美言可以市，尊行可以贺人。人之不善也，何弃之有（yòu）？故立天子，置三卿，虽有拱之璧，以骀（shēn）驷马，不若坐而进此。古之所以贵此者何也？不谓求以得，有罪以免与（yú）？故为天下贵。

道者，万物之注也。

"道"这玩意儿，就像河流的两岸，约束着万事万物像河水一样，在固定的轨道内奔流。

善人之葆也，不善人之所葆也。

"道"，不仅是好人、能人竭力追求并保持的行为准

注：灌入，注入。如《项脊轩志》：雨泽下注。

葆：通"保"。保持，保护，守卫。

所：与后面的动词结合，构成名词性结构，代表接受动作的事物。如《孟子·告子上》：生，亦我所欲也，义，亦我所欲也。

则，而且还是坏人、庸人的"保护伞"。

美言可以市，尊行可以贺人。

"甜言蜜语"可以买到，但只有高贵的行为才可以使人增益、提高。

人之不善也，何弃之有？

现在的人们也太不好了吧，为什么又抛弃了"道"呢？

故立天子，置三卿，虽有拱之璧，以驷驷马，不若坐而进此。

所以贵为天子、三公九卿的，即使有一人合抱那么大的美玉和众多的宝马摆在面前，也不如坚持并且精进于"道"。

古之所以贵此者何也？不谓求以得，有罪以免与？故为天下贵。

上古之所以看重"道"的原因是什么呢？不就是希望求"道"能有所得，有过失时能幸免吗？所以"道"为天下人所看重。

辨析

道者，万物之注也。 通行本中"注"作"奥"，作"奥义"解；至于"注"，多认为通"主"，指"道是万物的主宰"，乍一看有道理，仔细分析下来，也有问题，因为"道"是客观规律，可以预示万物发展的方向，但并不是万物的主宰，和万物之间也不是从属关系。所以我认为，此处的"注"还是取本义，"河水奔流"的意思。所以这是一个比喻句："道"就像河流的两岸，约束着万事万物像河水一样在固定的轨道内奔流。

善人之葆也，不善人之所葆也。"道"是"善人之葆"容易理解，"不善人之所葆"就有点好玩了。"所葆"，"所"代表"葆"的对象，其实它的意思是不管你是好人还是坏人，"道"都是同样对待你的，相当于荀子在《天论》中提出的"天行有常，不为尧存，不为桀亡"。

"道者，万物之注也，善人之葆也，不善人之所葆也"，这是一个排比式的判断句，"者"提顿后，排列了三个"也"，说明这是一个内容比较多的判断句，论述了"道"的三个方面的属性。三个"之"字的用法相同，都是用在主谓之间，取消句子独立性，这样"万物之注""善人之葆""不善人之所葆"就可以作为判断动词"是"的宾语。

美言可以市，尊行可以贺人。这一句首先在句读上就有争论，有人认为应该是"美言可以市尊"，认为是"漂亮的语言可以帮助你求得尊崇的

地位"；还认为"行"字前掉了一个"美"字或者是"尊"字。理由是在直行书写的时候，遇到上下相同的字都会用"、"来代替下一个字，而在抄书的时候，这个"、"很容易会被抄掉了。我只能说，这种说法想象力真的可以。且不说在没有印刷术的时代，抄书是一件多么严肃的事，五千字的《道德经》，随随便便就掉了一些字？单说"美言市尊"倡导的是什么？阿谀奉承？

"美言可以市"，是指"甜言蜜语"可以买到，但是"爱情不是你想买，想买就能买"的，只有高贵的行为才可以使人增益、提高。

"尊"字还可以有一种意思是通"撙"，指"节制自己的行为以提升个人修养"，这也说得通。这一段中的"可以"已经比较接近于现在通行的意思，与前几章中的"可以有国""可以长久"的意思有点不一样，从"字"慢慢地过渡到了"词"，这样也可以判断，《道德经》不是同一个人在同一个时期所著。

故立天子……不若坐而进此。"立天子"与"置三卿"互文，"立"与"置"同义，本义都是设立、设置，这里是"立足于、置于"的意思。"三卿"是"三公九卿"的简称，指高官。"拱"，

天台方言称之为"一挟大"，一人合抱那么大。《殽之战》中，秦穆公对蹇叔有一句很是恶毒的话——"中寿，尔墓之木拱矣"，意思是你个老不死的，要是中等寿命的话，你墓前的树都一人合抱那么大了。

"美言"与"尊行"相对，一般情况下，"美言"占优势，"一言三秋暖""恶语六月寒"，所以很多人很自然地就想到了"美言可以市尊"，这也不奇怪。相比于嘴上的功夫，"尊行"特别是"搏行"，那可就需要毅力了。"言"与"行"之间，从来都是不平等的，特别是在职场上。但是仍然要有信心，尤其是在职场上，最终还是看行动的。

"何弃之有"与"何罪之有""何陋之有"的比较

"人之不善也"的"之"与"何弃之有"的"之"不同，没有具体的指代，更多的是为了与"何弃之有"相呼应，起补充音节的作用。"何弃之有"与"何罪之有"在句式上是不一样的，"何罪之有""何陋之有"属宾语提前句式，意为"有何罪""有何陋"，"有"作存现动词，"何罪""何陋"是宾语，"之"是宾语提前的标志。"何弃之有"意为"有（又）何弃之"，与《曹刿论战》中的"肉食者谋之，又何间焉"类似；动词是"弃"，"之"是代词，代指"道"；"有"通"又"，"又"本来就是起加重语气的作用，这里后置是为了进一步加重语气。

第二十六章

天下与你没有多少关系，先打理好自己的房间

> 为无为，事无事，味无味。大小、多少，报怨以德。图难乎其易也，为大乎其细也；天下之难作于易，天下之大作于细；是以圣人终不为大，故能成其大。夫轻诺必寡信，多易必多难，是以圣人犹难之，故终于无难。

为无为，事无事，味无味。

做事情要以"无为（顺应规律而为）"为原则，而以"无事（让所有事情平稳解决）"为目标，"嘴里淡出个鸟来"的时候，最能感觉到美食的滋味。

为：做，行，做事。

大小、多少，报怨以德。

大小、多少是相对的，"大"和"多"是由"小"和"少"积累而来。用恩惠来报答仇怨，并且不断地报答下去，

德：恩惠，恩德。如《鸿门宴》：愿伯具言臣之不敢倍德也。

小恩小惠也终会化解天大的仇恨。

图：图谋，谋取。
乎：表示肯定语气。
作：起，兴起。如《子路曾皙冉有公西华侍坐》：舍瑟而作。

图难乎其易也，为大乎其细也；天下之难作于易，天下之大作于细；是以圣人终不为大，故能成其大。

图谋干一件困难的事呢，必须找容易处下手；想做成一件大事呢，肯定要注重细节；解决天下的难事要从容易做的事起手，成就天下的大事也要从小事开始。所以"圣人"始终不直接干大事，因为懂得凡事都要从细微处入手的道理，所以反倒能成就大事。

犹：繁体字为"猶"，通"猷"，指谋画。

夫轻诺必寡信，多易必多难，是以圣人犹难之，故终于无难。

轻易许下的诺言必然很少守信，把事情想得太容易了，真要实行起来必然会遇到许多难题，因此"圣人"在谋画决断时，不管事情的难易程度如何，都将它当成困难的事情来对待，充分预计可能出现的问题，所以才会在没有困难的情况下完成、结束每一件事。

辨析

为无为，事无事，味无味。文言惜墨如金，这一句很简练，同时也容易引起歧义。常见的解释是：把"无为"当作"为"，把"无事"当作"事"，把"无味"当作"味"。

"事无事"的第二个"事"是名词，取本义，而第一个"事"是名词作动词（参见语法链接部分），与"为无为"的第一个"为"同义。"为无为""事无事""味无味"看上去句式差不多，但是表达的意思是有层次的。把这三者放在同一层次，很自然地就认为是"把无为当作为，把无事当作事，把无味当作味"，总有点要"无赖"的味道，感觉怪怪的。我的理解，"味无味"是比喻的说法，"为无为"是做事的原则，

"事无事"则是做事的目标：

正如在嘴里"无味"的时候，最能感觉到美食的滋味，做事情也要以"无事"为目标。如此，顺应规律而为的"无以生为"就是最高的原则，因为所有硬生生想出来做的事，都不会有太好的结果。

大小、多少与报怨以德。"大小、多少"，由于中间没有谓语动词，肯定会出现歧义。有理解为"大生于小"、"多起于少"的，有说"大的看作小"、"小的看作大"，"多的看作少"、"少的看作多"的，还有说是"去其大、取其小""去其多、取其少"的。"报怨以德"的意思很清楚，但放在这里感觉突兀，有想象力丰富的认为这句应该在第四十四章"和大怨，必有余怨"之后，但是要从第四十四章跑到第二十六章，距离有点远，况且插入到那个位置后，逻辑上也会有问题："和大怨，必有余怨，报怨以德，焉可以为善？"报怨以德都不能够为善了，那还不如以牙还牙、以血洗血好了。

所以要联系上下文来理解。考虑到下文强调的是"细节决定成败、于细微处入手"，应该还是阐述"大小多少"之间的辩证关系的可能性比较大。这样"以德报怨"放在这里也说得通，意思是要"积小德"最终化解"大恩怨"，不能苛求一两次的恩惠就能化解所有矛盾。

图难乎其易也，为大乎其细也。两个"乎"字，有人认为是"于"，与下面的两个"于"字一样，意思是"从、在"，介词，引入动作行为的时间和处所。从语意上来说没有错；"乎"确实也有通"于"的用法，如《离骚》中的"吾独穷困乎此时也"和《捕蛇者说》中的"今虽死乎此"。但我认为这里应该还是"乎"，作句中的语气助词，相当于"呢"，起到加强肯定语气的作用，读起来也更有韵律感。两个"其"与下文"故能成其大"的"其"都是指示代词，但意思稍微有点不同，这两个是实指的"其中"，后面这个是虚指的"那些"。

天下之难作于易，天下之大作于细。"之"是结构助词"的"。"作"基本相当于"风雨大作"的"作"，意为"发生、兴起"。

是以圣人犹难之，故终于无难。需要解释的是"犹"字。"犹"，繁体为"猶"，通"猷"，一个是"犬"在左，一个是"犬"在右，意为"谋画"，和前面的"图"同义。"犹难之"意为"犹而难之"。"而"表顺接；"难"

是形容词的意动用法，"以……为难"；"之"是代词，代指"谋画的事"。还有要注意的是"终于"属古今异义，不是一个词，是"结束在……"的意思。

结合上下文，全句的意思是：因为"圣人"具备了"细节决定成败、于细微处入手"的思想，所以不管做什么事，在做计划的时候，都要事先充分预计到可能遇到的困难，这样才能做到自始至终没有困难。

评述

这一章看上去好多熟悉的东西，如"细节决定成败"，又如"大处着眼、小处着手"。像"细节决定成败"这样喧嚣一时的时尚理念，其实也是拾古人牙慧，所以对春秋战国的"百家争鸣"要有充分的认识，这种争鸣，绝不仅仅是你来我往的大辩论，而是充斥着不可胜数的真知灼见。在我解释《道德经》中某一句的含义时，总会有人提出这样的问题："几千年前，就会有这样的认识？"现在穿越剧很流行，似乎穿越到古代，就是先知了，就具备了先天上的优势。别的我不敢说，要是我穿到战国，肯定是分分钟被人秒杀。

为了更好地体会这一点，我抄录了余秋雨先生《人类还非常无知》（《千年一叹》）中的一段话：

置身于这个宫殿中，处处都能发现惊人的东西。科学的排水系统直到今天仍有不少城市建筑学家前来观摩；粗细相嵌的陶制水管据说与本世纪瑞士申请的一项设计专利没有多少差别；单人浴缸的形态，即使放在今天巴黎的洁具商店里也不算过时；而细细勘察，当时有些浴缸里用的还是牛奶；厕所的冲水设备、窗子的通风循环结构，都让人叹为观止；皇帝、皇后的住所紧靠，共同面对一个大厅，大厅有不同的楼梯进入他们各自的卧室，而大厅一侧，则又有他们各自独立的卫生间，皇后的卫生间里还附有化妆室。

如此先进的生活方式，居然发生在苏格拉底、孔子、释迦牟尼诞生前的一千年，这真要让人产生一种天旋地转的时间大晕眩。我们平日总以为人类的那些早期圣哲一定踩踏在荒昧的地平线上，谁知越过这种想象中的荒昧回溯远处，却是一种时髦而精致的生活形态。种种细节都在微笑着反问我们：你们，是否还敢说什么古代和现代，历史和人类？

回到这一章的内容上来，我很赞同这句话："你的房间，就是你生活的写照。""一屋不扫，何以扫天下"那是客气的说法，一个连自己的房间都理不清的人，他的生活肯定是一塌糊涂，天下更与他没什么相干。

语法链接

名词活用作动词

本章中的"事无事"，两个"事"的意思是不一样的，后一个是名词，指"事情"，前一个则是"做事"的意思，属于名词活用作动词。

在汉语中，名词不能带宾语，只有动词能带宾语和介宾补语，如果名词带宾语了，说明它临时具有动词的性质，就是名词活用作动词。

主要有这么几种类型：

1. 名词＋名词，组成主谓结构、动宾结构或动补结构，其中一个名词用作动词。前一个名词用作动词，属于动宾结构、动补结构；后一个名词用作动词，属于主谓结构。

（1）舍相如广成传舍。（《廉颇蔺相如列传》）

舍：安置住宿。

（2）晋军函陵。（《烛之武退秦师》）

军：驻扎，驻军。

（1）中"舍"本是名词，用在宾语"相如"前，活用为动词，是"安置（相如）住宿"的意思，"舍相如"是动宾结构。（2）中"军"本是名词，用在"函陵"前，活用为动词，是"驻扎"的意思，"军函陵"是动补结构。

2. 副词作状语＋名词，组成状谓结构，名词活用为动词。

（1）然皆祖屈原之从容辞令。（《屈原列传》）

祖：效法，模仿。

（2）然而不王者，未之有也。（《寡人之于国也》）

王：称王，此处指统一天下。

（1）中"祖"本是名词，这里用在副词"皆"后，活用为动词，是"效法、模仿"的意思。（2）中"王"本是名词，这里用在副词"不"后，活用为动词，是"称王，此处指统一天下"的意思。

3. 能愿动词＋名词，组成状谓结构，名词活用为动词。

（1）左右欲刃相如。（《廉颇蔺相如列传》）

刃：用刀杀。

（2）假舟楫者，非能水也。（《劝学》）

水：游水，游泳。

（1）中"刃"本是名词，这里用在能愿动词"欲"之后、宾语"相如"之前，活用为动词，含有"杀"的意思，"欲刃相如"就是"想用刀杀掉相如"的意思。（2）中"水"本是名词，这里用在能愿动词"能"之后、宾语"水"之前，活用为动词，是"游水、游泳"的意思。

4. 从前后相同结构的比较中确定名词活用为动词。

泥而不滓。（《屈原列传》）

泥：生活在污泥里。

"泥"本是名词，这里用在前后相同结构的比较中，活用为动词，整句的意思是"屈原出于污泥而不染"。

5. 叙述句谓语部分找不到动词或其他词语作中心词，事物名词就活用为动词。

时秦昭王与楚婚。（《屈原列传》）

婚：结为婚姻。

"婚"本是名词，这句谓语部分找不到动词，"婚"变为动词，意思为"结为婚姻"。

6. 所＋名词，组成所字结构。

置人所罾鱼腹中。（《史记·陈涉世家》）

因为"所"字通常与动词结合组成名词性词组，所以"所"字后的名词用作动词。例中的"罾"是名词用做动词，意为"捕""捞"。

再举一些例子，如：

（1）子孙帝王万世之业也。（《过秦论》）

名词"帝王"带省略介词"于"的补语"万世"，用作动词，称帝称王。

（2）序八州而朝同列。（《过秦论》）

名词"序"带宾语"八州"，用作动词，引、招致。

（3）道芷阳间行。（《鸿门宴》）

名词"道"带宾语"芷阳"用作动词，取道。

（4）则思江海下百川。（《谏太宗十思疏》）

方位名词"下"带宾语"百川"，用作动词，居于……之下。

（5）或师焉。（《师说》）

"师"充当"或"的谓语，用作动词，从师。

（6）楚人一炬，可怜焦土。（《阿房宫赋》）

名词"炬"处于谓语的位置上，用作动词，放火。

（7）族秦者秦也。（《阿房宫赋》）

名词"族"带宾语"秦",用作动词，灭族。

（8）义不赂秦。（《六国论》）

名词"义"充当省略主语"燕赵之君"的谓语，用作动词，坚持正义。

（9）由山以上。（《游褒禅山记》）

方位名词"上"受状语"由山"的修饰，用作动词，上走。

（10）函梁君臣之首。（《伶官传序》）

名词"函"带宾语"梁君臣之首"用作动词，用木匣封装。

（11）抑本其成败之迹。（《伶官传序》）

名词"本"带宾语"其成败之迹"，用作动词，考察、考究。

（12）乳二世。（《项脊轩志》）

名词"乳"带宾语"二世"，用作动词，用乳汁喂养。

（13）读书久不效。（《项脊轩志》）

名词"效"处在谓语位置上，用作动词，取得功效。

第二十七章

不只我们在股市里受过伤，先哲们也有切肤之痛

其安也，易持也。其未兆也，易谋也。其脆也，易破也。其微也，易散也。为之于其未有也，治之于其未乱也。合抱之木，生于毫末，九层之台，作于蔂（léi）土。百仞之高，始于足下。为之者败之，执之者失之。是以圣人无为也，故无败也；无执也，故无失也。民之从事也，恒于其成事而败之。故慎终若始，则无败事矣。是以圣人欲不欲，而不贵难得之货；学不学，而复众人之所过，能辅万物之自然，而弗敢为。

安：安逸，安乐。
持：掌握，控制。

其安也，易持也。其未兆也，易谋也。

在那种安定、稳定、不受打扰的情形下，坚持做一件事是容易的；在没有各种预兆性事项出现的时候，谋

划一件事也是容易的。

其脆也，易破也。其微也，易散也。

那些松脆的东西容易破裂，那些微小的东西容易散失。

为之于其未有也，治之于其未乱也。

要在那些事情还没有发生，或者那些问题还不存在的时候有所作为，要在乱象还没有出现的时候就加强治理。

合抱之木，生于毫末，九层之台，作于蔂土。

合抱的大树，要从细小的枝叶开始生长，九层的高台，要靠一筐一筐的土垒成。

毫：鸟毛，比喻极细小的东西。
末：树梢，细小的意思。
蔂：藤制的筐子。

百仞之高，始于足下。

攀登百仞的高山，要从脚下的每一步开始。

仞：古代长度单位。周制八尺，汉制七尺。

为之者败之，执之者失之。

什么都想做的人，终究会失败，什么都想掌控的人，迟早会失去。

败：失败，战败。
执：掌握，控制。

是以圣人无为也，故无败也；无执也，故无失也。

因此"圣人"只顺势而为，所以不会失败，不想着掌控，也就不用担心失去。

民之从事也，恒于其成事而败之。故慎终若始，则无败事矣。

一般人做一件事，总是（不是经常）毁于快要成功的那一刻。所以一定要慎重对待最后的五秒种，要像对待开局一样慎重对待收官和结尾，就不会把事情搞砸了。

慎：审慎，周密而谨慎的意思。

是以圣人欲不欲，而不贵难得之货；学不学，而复众人之所过，能辅万物之自然，而弗敢为。

因此"圣人"以"没有欲望"为欲望，因而不会看

辅：佐助，从旁帮助。如《孙子·谋攻》：辅周则国必强，辅隙则国必弱。

之: 通"至",到达。如《鸿门宴》:之沛公军。
自: 本是,本来。

重一般人眼里难得的东西;也不会"为了学习而学习",而是注重反思众人的过错,以帮助万物达到"本来该有的样子"为目标,而不敢由着自己的性子和好恶妄作为、随意作为。

辨析

其安也……其未乱也。几个"其"是指示代词,没有具体的指代,而是指"根据情况所指的、提到的或认为的那个人、物、意思或时间的",注意最后有一个"的",是所有格。"安"是指一种安定、平稳的状态。"持"就是坚持,指遵守不变,如"持之以恒""持操",也可以理解为引申义"掌握、控制"。"兆"是指事物发生前的征候或迹象,如预兆、佳兆、瑞雪兆丰年。"之"基本与"其"同义。"有"是发生、出现,如果理解为通"又"也行,是指要吸取教训,在"又一次"发生之前亡羊补牢。

合抱之木……始于足下。合抱就是前面出现过的"拱"字的解释。"毫"是鸟毛,"末"是指示字,上面这一横指的是树的末梢,都是细小的意思。"蔂"是一种蔓生的植物,后来指用藤制的筐子,原来是名词,这里作动

词用,意为"用筐装运"。"仞"是长度单位,具体指多长有不同说法,不用太纠结,知道"百仞"是形容很高就行。

民之从事……则无败事矣。这一句可以用几个成语来概括。第一个是"功败垂成",这个"垂"是"接近"的意思,如"垂垂老矣"。第二个是"慎终若始",有人认为是指"有始有终",其实两者是不一样的,"有始有终"是说要坚持,不轻易放弃,这里则是强调要像对待开局一样,认真对待最后的五秒钟。"民之从事也","之"是典型的用在主谓之间取消句子独立性,作"功败垂成"的主语。

为之者败之,执之者失之。几个"之"字还是虚指的指示代词。"执"本意是拿、握,如"执子之手",这里是引申义"掌控"。

是以圣人……众人之所过。先说字词的用法。"欲"本来是名词,欲望,这里第一个"欲"作动词用,意为"把

不只我们在股市里受过伤,先哲们也有切肤之痛

（以）……当作欲望"，是名词的意动用法，"欲不欲"即为"把不欲当作欲望"。"贵"是形容词，贵重，这里作意动词用，是形容词的意动用法，指"看重"或"以……为贵"。

再说语句的解释。"学不学，而复众人之所过"，这句争议很多，有人从前面的"以不欲为欲"延伸下来，认为这里也是"以不学为学"，"'圣人'们都是把不学习当作学习的"，这就麻烦了。其实应该是指"'圣人'们不是为了学习而学习"，下文的顺接连词"而"引出了"圣人"们学习的目的是为了"复众人之所过"。

但是什么是"复众人之所过呢"？也有很多说法，最好玩的是直接解释为"重复众人所过往的路"，要是联系上文"民之从事也，恒于其成事而败之"，那"圣人"们岂不是也要"功败垂成"？

所以在没有搞清楚字词的准确含义之前，想当然地去注解《道德经》，肯定会搞出一大堆的逻辑问题，为了解决逻辑问题，只得披上"玄"的外衣，玄而又玄，《道德经》终于变得不知所云了。

"学不学，而复众人之所过"，主要是"复""过"都有许多含义。最常见的解释"反众人之过失而行之"，应该说是有对也有错。首先是"过"字作"过失"解没有错，联系上文，这一句说的是学习的目的，好像与"走过的路"关系不大。"复"有"反"的意思，如"反复"，但这里作"反"解，只能说对了一半，"而行之"则也是为了解决逻辑上的问题硬加上去的。

"国术"围棋中有一个术语，叫作"复盘"，是指把自己下过的棋再按顺序重新摆出来。复盘的主要目的是反思，找出问题，总结经验，是迅速提高水平的好方法。股市中同样也有一个术语叫"复盘"，是指在收盘后静态再看一遍市场全貌，把开盘时来不及观察的各个环节仔细梳理一遍，以便更准确地了解市场变化。同样，也有一种学习的方法叫"复习"。所以，我认为"复众人之所过"，绝对不是简单的重复，而是指"圣人"们的学习目的，也可以说是学习的方法之一，是从"众人之所过"中反思经验和教训，所以说"反"只对了一半，指出了"复盘""复习"这个过程，但少了"复盘""复习"是出于总结经验教训的目的，所以要加上一个"思"，意为"反思"，那就准确了。

能辅万物之自然，而弗敢为。"之"

通"至",指到达。承接上一句,是指"圣人"通过总结众人的经验教训,对待万事万物的态度就会从"执"转变到"辅",辅佐、维护万物到达"本来该有的样子(自然)";"弗敢为",不是指简单的不作为,而是指不敢妄为。强调不要干涉万物的发展进程,让它们自然而然地完成它们的使命,这是《道德经》很重要的一个思想。《道经》第二十五章有详细阐述。

写到这一章时,正逢股市疯狂。于是就想到,难道当年也有股市不成?不然,怎么这么像是股市的写照呢?你看,"其安也,易持也。其未兆也,易谋也。其脆也,易破也。其微也,易散也"。不就说:在股市安定平稳的状态下,持股是容易的,在证监会没有出台指导性文件的时候,谋划自己的操作计划,也是容易的;但是,小股民的承受能力是很脆弱的,证监会出个"规范两融"的通知,立刻就击破了发财的美梦,"小散"们更多时候都处于惶惶不可终日的状态下,一有风吹草动,立刻作鸟兽散。"无为也,故无败也;无执也,故无失也。民之从事也,恒于其成事而败之。"不就是说,不要炒股,就不会亏钱,不要执着于赚钱,也就不会丢钱,可怜的小股民,每次都是好像就要赚到钱了,最后五分钟又亏了。最后不忘告诫我们:要欲不欲,不贵难得之货,要知道,"货"也指"货币",不要太贪钱了,"复"一下"众人之所过",真正赚到钱的散户很少的啦。

第二十八章

向左只是智，向右才是慧

> 故曰：为道者非以明民也，将以愚之也。民之难治也，以其智也。故以智治邦，邦之贼也；以不智治邦，邦之德也。恒知此两者，亦稽式也；恒知稽式，此谓玄德。玄德深矣，远矣，与物反矣，乃至大顺。

故曰：为道者非以明民也，将以愚之也。

所以说：践行"道"的治国者，是不会用"使民众睿智"的方式来治国的，因为很多时候，"明民"这种看上去很崇高的口号，本质上都是借它来愚弄老百姓。

愚：蒙蔽，欺骗。

民之难治也，以其智也。

民众的难以管理，本来就是因为他们有着太多的计

智：这里指计谋，策略。

谋和策略，太多的巧诈。

如果再以表面"明民"、实质"愚民"的策略作为治国的方法，老百姓没有学到真正的睿智，机巧狡诈倒学了不少，那么，非搞得天下大乱不可。

故以智治邦，邦之贼也；以不智治邦，邦之德也。

所以用表面明民、实质愚民这样的"智巧"来治理邦国，会成为邦国的祸害，用诚信和真诚来治国，才是邦国之福啊。

恒知此两者，亦稽式也；恒知稽式，此谓玄德。

要永远记着，"以智治邦，邦之贼也；以不智治邦，邦之德"这两句话，也是亘古不变的准则啊，真正懂得这个准则，这就叫作高深的德行。

玄德深矣，远矣，与物反矣，乃至大顺。

这种高深的德行是很深远的啊，是在作用于外部世界，经过实践检验反馈证明之后，才达到最合乎真理的境界。

贼：祸害。如《论积贮疏》：淫侈之欲日日以长，是天下之大贼也。

德：这里是福的意思。如《礼记·哀公问》：百姓之德也。

亦：也，也是。
稽式：准则；法式。

物：社会，外界环境。如《劝学》：君子生非异也，善假于物也。
反：返回，回归。
至：到来，到达。
顺：合理的。如《论语·子路》：名不正，则言不顺。

> **辨析**

非以与将以。 这一章历来饱受诟病。很多人都在问：老子真的是崇尚愚民政策？答案几乎是肯定的。因为很明白地写在那里："非以明民也，将以愚之也。"不过堂而皇之地提出要把老百姓变成傻瓜，任谁都不能接受，这也太反人类了。有想要替老子翻案的，就想从"为"字下手，提出"为"通"伪"，这样一来，"为道者"变成了"伪道者"，负负得正，有了翻身的希望。但是老子似乎并不领情，又来了一句："民之难治也，以其智也。"这下好了，"反人民"的形象算是铁板钉钉了。

那么这个案还能不能翻呢？

还是得从字词入手，主要还是这个"非以"与"将以"。

如果把"非以……将以……"看成词，那么基本上相当于"不是……而是……"；"非以明民也，将以愚之也"，就是"不是要明民，而是想要愚民"，乍一看很清楚，但如果仔细看一下，中间多了一个"要"字。

问题还是出在"以"字。"以"的本义是动词"用"，如课文《侍坐》中的"如或知尔，则何以哉"。但是它可以弱化为介词，相当于一个没有什么实际意义的词缀。仔细想一想，把"非以……将以……"看成词的时候，这个"以"是不是已经弱化为词缀了？那么整个句子就缺少了动词，所以在翻译的时候，就要不自觉地加上了一个能愿动词"要"。

那如果不把"非以……将以……"看成词，"以"也取它的本义会是什么情况呢？

为道者非以明民也，将以愚之也。

为道者不用"明民"，想用"愚弄人民"。

之，承前代词，这个"愚之"与《过秦论》中的"以愚黔首"是一回事。

仔细读一下，这样的语义是不完整的，那么就要考虑省略。做一下填空题：

为道者不用"明民"_____，_____想用_____愚弄人民。

填空后如下：

为道者不用"明民"作为治国的方法，因为很多时候，嘴里叫着"明民"的，其实是想用"明民"来愚弄人民。

恍惚之中，看见儒家的"明明德"光荣"躺枪"了。

接下来就不展开了，大家都可以松一口气，终于证明老子不是与人民为敌的家伙了。

以智治邦。帛书甲本是"以知知邦"，乙本是"以知知国"（避了刘邦的讳）。前面这个"知"，是"智"的古字，这个在第十九章说过了。后面这个"知"，就是"治理"的意思，如"知府、知县"，又如《送苏给事出知太平州》。所以我觉得通行本中改为"以智治邦"是很有道理的，鉴于这一章的复杂，为了避免在文字上纠结，因此采用了通行本中的文字。

邦之贼。这个"贼"，不是小偷，而是"祸害"，与"福气"相对。

恒知。两个"恒知"，我很想很文艺地翻译为：前者是"常常记住"，后者是"深深懂得"。

与物反矣，乃至大顺。有人直接取字面的意思：（玄德）要和一般的事物相反，才能大顺。于是又出现了常识和逻辑问题，又是一堆的解释，前一章刚说了要"能辅万物之自然"，这里马上就出现"反物质"，说不通。如果这样，我看《道德经》里的"圣人"们真的很忙，一会儿要与常人没有区别、要以常理为"道"，一会儿又要与常人相反、常理相反，一会儿向左走、一会儿向右走，乱了阵脚。我认为这个其实并不复杂，就是现代哲学中关于"真理要回到具体的事物上、经过实践的检验证明正确后才能成为真正的真理"，大致就是这么个意思。

评述

到底要不要以"智"来治国？道家认为"以不智治邦，邦之福也"。墨家却说："此使不智慧者治国家也，国家之乱，既可得而知已。"（《墨子·尚贤中》）

那么道家和墨家扛上了吗？不是的。道家的"智"和墨家的"智慧"不是一回事。墨家的"智慧"和我们今天所说的"智慧"基本相同，"智慧"一词的重点，不在于"智"而在于"慧"。虽然"慧"也是"聪明"的意思，但"慧"明显还带有"慧心"，所谓的"慧心"，用佛教的话来说，是指"能感悟至理的心智"。

这样看来，"智慧"感悟到的是"至理"，终极的、正确的道理；而"智"，只是一个中性词，既可以指"聪明"，也可以指"机智"，而在道家，只是指"智巧"甚至是"狡诈"。

说到这里，应该明白了，为什么有一句话叫作"聪明反被聪明误"，因为聪明（智慧）真的是把双刃剑，向左只是智，向右才是慧，看你怎么把握而已。

如果一定要回到治国上来，我们都认为，民智开启之后，社会必定是稳定和谐，世界也一定大同。但是从春秋时期"百家争鸣"的盛况来看，当年曾经出现过民智高度发达的时代也不是没有可能。尽管我们在潜意识里都认为孔子与老子们都是超越时代的天才，但要聚集如此之多的天才思想家，却没有强大的民众基础，总是说不过去。我们凭什么认定老子所谓的"民之难治也，以其智也"不是对当时社会实际情况的真实总结呢？

第二十九章

君子动口，更要动手

> 江海之所以能为百谷王者，以其善下之，是以能为百谷王。是以圣人之欲上民也，必以其言下之；其欲先民也，必以其身后之。故居前而民弗害也，居上而民弗重也。天下乐推而弗厌也。非以其无争与？故天下莫能与争。

江海之所以能为百谷王者，以其善下之，是以能为百谷王。

江河大海之所以成为众多溪谷汇集的地方，是因为它们善于让自己处于低下的位置，因此才能成为百谷的统领。

是以圣人之欲上民也，必以其言下之；其欲先民也，必以其身后之。

因此"圣人"要想自己的地位在民众之上，必定要

王：首领，同类中最突出者。

在言语、言论乃至政令上，使民众愿意在自己的下面，接受自己的领导；"圣人"们要想"走在"民众的"前列"，必定要用自身作榜样，使民众愿意跟从在自己的后面。

故居前而民弗害也，居上而民弗重也。

所以"圣人"处于前列，但是民众不会觉得对自己的发展是个妨害；处于高位，而民众不会有沉重感、压迫感。

天下乐推而弗厌也。非以其无争与？故天下莫能与争。

天下人都乐于推举他，不会感到憎恶和嫌弃。难道不是因为"圣人"不与民争利吗？"圣人"不与民争利，所以天下人无人能和他争夺、计较。

辨析

江海之……能为百谷王。"王者"，不一定是指国王、统治者，也可以指首领、主宰者、地位突出者。以其善下之，"以"是"因为"；"其"是代词，代"江海"；"善"是"善于、擅长"；"下"是方位名词作动词，"居之下"；"之"代"百谷"。

是以圣人……必以其身后之。"圣人之欲上民也"，"之"是取消句子独立性；"上"与"下"类似，方位名词作动词，"居民上"。"必以其言下之"，"以"是介词"用、把、拿"；接下来

的三个"其"都代指"圣人"，两个"之"代指"民"；"言"可以指言语、言论，也可以作政令解，考虑到后面有个"身"与之相对，还是作"言论"解比较合适。"身"则是指"自身"和"自身的行动"。"先""后"也是方位名词，与"上""下"一样，作动词，指"居民前"、"居之后"。

故居前……天下莫能与争。"害"与"重"本来都是形容词，这里是意动用法，意为"感到妨碍"、"觉得加重"。"乐推"指"乐于推举、推选"，"厌"不是讨厌，而是指"憎恶、嫌弃"，为政者不能让民众感到很厌恶。"非以其无争与"是反问句，难道不是因为

"圣人"与世无争吗？"与"通"欤"，表反问的语气词。

江海下而为百谷王，因为水肯定是往低处流的。问题就出在下一句：人往高处走，这也是人性。所以心甘情愿"居于下"的，肯定是圣人（没双引号），不过没几个。按照《道德经》的要求，"居于下"其实有两个标准：一是"言下"，一是"身先"。只有同时具备了这两条，才是真正的圣人，才是真正的低调。"言下"其实并不难，嘴上抹油的、抹蜜的多了去了。"身先"则意味着见利不上、见义忘身，没几个人真正做得到。但如果只是"言下"，没有"身先"，迟早会被归结为"伪君子"，所以"王者"也不是我们所能追求的，做个平凡得不能再平凡的凡人吧。

语法链接

名词活用为动词和名词作状语的区别

这一章中的"上""下""先""后"都是方位名词活用作动词，名词活用为动词和名词作状语是有区别的。

先来看一下名词活用为动词的例子：

（1）但微颔之。（《卖油翁》）

"颔"活用为动词"点头"。

（2）每至晴初霜旦。（《三峡》）

"霜"活用为动词"下霜"。

（3）驴不胜怒，蹄之。（《黔之驴》）

"蹄"活用为动词"用蹄子踢"。

（4）妇抚儿乳。（《口技》）

"乳"活用为动词"哺乳"。

（5）不能名其一处也。（《口技》）

"名"活用为动词"说出"。

（6）其夫呓语。（《口技》）

"呓语"活用为动词"说梦话"。

（7）会宾客大宴。（《口技》）

"宴"由名词"宴席"活用为动词"宴请"。

（8）泉而茗者，罍而歌者，红装而蹇者。（《满井游记》）

"泉""茗""罍""歌""红装""蹇"等分别活用为动词"汲泉""喝茶""端酒杯""唱歌""穿着艳装""骑驴"。

（9）人恒过。（《生于忧患，死于安乐》）

"过"活用为动词"犯过失"。

（10）神弗福也。（《曹刿论战》）

"福"活用为动词"保佑"。

（11）公将鼓之。(《曹刿论战》)

"鼓"活用为动词"击鼓"。

（12）意将隧入以攻其后也。(《狼》)

"隧"活用为动词"打洞"。

（13）在宋城上而待楚寇也。(《公输》)

"寇"活用为动词"入侵"。

（14）然得而腊之以为饵。(《捕蛇者说》)

"腊"活用为动词"风干"，这里译为"把……晾干"。

（15）又安敢毒耶。(《捕蛇者说》)

"毒"活用为动词"怨恨"。

（16）黄梅时节家家雨。(《约客》)

"雨"活用为动词"下雨"。

（17）余则缊袍敝衣处其间。(《送东阳马生序》)

"缊袍敝衣"是"穿缊袍敝衣"的意思。

（18）腰白玉之环。(《送东阳马生序》)

"腰"活用为动词"腰佩"。

再来看一下名词作状语的例子：

（1）日扳仲永环谒于邑人。(《伤仲永》)

"日"是"天天"。

（2）有好事者船载以入。(《黔之驴》)

"船"是"用船"的意思。

（3）从小丘西行百二十步。(《小石潭记》)

"西"是"向西"的意思。

（4）下见小溪。(《小石潭记》)

"下"是"向下"的意思。

（5）斗折蛇行。(《小石潭记》)

"斗""蛇"是"像北斗星""像蛇"的意思。

（6）犬牙差互。(《小石潭记》)

"犬牙"是"像狗的牙齿一样"。

（7）山行六七里。(《醉翁亭记》)

"山"是"沿着山路"的意思。

（8）有亭翼然临于泉上者。(《醉翁亭记》)

"翼"是"像鸟张开翅膀一样"。

（9）箕畚运于渤海之尾。(《愚公移山》)

"箕畚"是"用箕畚"的意思。

（10）北通巫峡，南极潇湘。(《岳阳楼记》)

"南""北"是"向南""向北"的意思。

从上面的例子可以看出，名词活用为动词与名词作状语最大的区别在于句中原来有没有动词，没有动词的，名词就作谓语动词，有动词的，一般都用来修饰这个动词，作为状语使用。

第三十章

鸡犬之声相闻，就是桃花源

小邦寡民，使有十百人之器而毋用。使民重死而远徙，有舟车无所乘之，有甲兵无所陈之，使民复结绳而用之。甘其食，美其服，乐其俗，安其居，邻邦相望，鸡犬之声相闻，民至老死不相往来。

小邦寡民，使有十百人之器而毋用。

邦国要小，属民要少，让原本拥有的那些需要成十上百人共同操控的大型礼器没有用处。

使民重死而远徙，有舟车无所乘之，有甲兵无所陈之，使民复结绳而用之。

使民众珍惜生命、不轻易迁徙。有车船但没有乘坐的需要，有装甲重兵但无处陈列、没有用武之地，让老

寡：少。
使：让，叫。
毋：不，无，表示否定。

所：与后面的动词结合，构成名词性结构。
复：回归，还原。

姓重新讲诚信，并且用诚信来治理国家。

安：安乐。

甘其食，美其服，乐其俗，安其居，邻邦相望，鸡犬之声相闻，民至老死不相往来。

使民众的食物甘美、服装鲜美，使民众的风俗安乐、生活安定，小邦之间近在咫尺，听到鸡啼狗吠，但相互之间老死都不来往。

辨析

十百人之器而毋用。"十百人之器"，到底是什么？由于通行本上是"什佰之器"，所以有一种意见认为"什"是"什锦"，"佰"是虚数，指各种各样、多种多样的器具，但到底是什么器具说不出来；还有一种意见认为"什""佰"都是军队的编制，所以"什佰之器"可能是指武器，但是下文有"甲兵"一说，证明这里对武器的称呼还是通俗的，好像没必要绕这么大的一个圈子。帛书甲本为"十百人器"，乙本为"十百人之器"，这个"之"是结构助词"的"，两者没什么大的区别。既然是"十百人"不是"什佰"，也就与武器没什么关系。我估计可能还是指编钟等需要团体操控的大型礼器，此类礼器是国家

的象征，国越大，礼器的规格也就越高，既然是小国寡民，这些礼器也就没什么用处了。

使民重死而远徙。有人认为应该是"而弗远徙"，其实没有这个必要，因为"重"与"远"都是形容词的意动用法，意为"以……为重""以……为远"，意动词本身就承担了动词的功能，"以死为重"，即为珍惜生命，"以徙为远"则不愿意迁徙，加上否定副词"弗"以后，是将"远徙"当作了一个动词，不再是两个词，意义也发生了改变。

有舟车无所乘之，有甲兵无所陈之。两个"所"不是"处所"的意思，而是"所"字的一种常见用法，"与后面的动词结合，构成名词性结构"，意思就是合在一起当作名词用。

使民复结绳而用之。重点说一下

结绳。结绳记事在印第安人中确实存在，但在中国只是传说，没有确切的证据。《周易》有记载："上古结绳而治，后世圣人易之以书契。"按照这个说法，结绳不止是记记日常事务这么简单，还是诚信的表示，乃至是治国的手段。双方约好一件事，一起在绳上打个结，表示绝不反悔，相当于现在小朋友成天唱着"拉钩上吊，一百年不许变"，又或者相当于现在男女双方决定结婚了，得弄个戒指给套起来。也就是说结个绳就相当于拉个钩、盖个手指印，不许反悔，官方也是认可结绳的法律效力的。到了"后世"，耍赖的人多了，结的绳子又不会说话，无法充当证人，所以才用有着详细文字记载的"书契"来代替结绳。

落子无悔，结个绳也无悔，那得需要多大的诚信，老子希望回到的是那个无上的诚信时代，不需要各种各样的行政手段来管理邦国，那可能也只有小国寡民的情形下才做得到。

甘其食，美其服，乐其俗，安其居。这一段是典型的形容词使动用法。"甘""美""乐""安"都是形容词，当作使动词，是指"使后面的名词具有了这个形容词的特性"。

评述

这一章有点类似于二十八章，那一章大家都在问"老子真的赞成愚民政策"吗？这一章的疑问则是："老子真的赞成小邦寡民吗？"与二十八章不同，我的回答是，这次老子是来真的。

我们的疑问恐怕还是来自于我们内心深处的"天下大同"和"中央大国"的情结，当我们把地大物博、综合实力当作基本常识后，已经很难再接受"小邦寡民"。而在诸国兼并的春秋战国时代，见惯了兼并战争的残酷，向往小邦寡民的自然状态则是很正常的。况且老子的原话是"小邦"，不是"小国"，要知道"邦"不是"国"，也不同于"国"，最多也就是诸侯国，与泱泱大中华不是同一回事。老子希望"邦"与"邦"之间最好不要往来，因为人来人往的难免眼红别人的东西，于是就有了争夺之虞。

陶渊明的《桃花源记》基本上是对这一章的注释，所以会看到许多似曾相识的语句。其实不只是道家，儒家对理想中和谐社会的描述也差不多。《子路曾皙冉有公西华侍坐》（选自《论语·先进》）中曾皙对理想的社会描述是：

莫（mù）春者，春服既成，冠（guàn）者五六人，童子六七人，浴乎沂（yí），风乎舞雩（yú），咏而归。

这一描述与"甘其食，美其服，乐其俗，安其居"如出一辙，只不过更形象、更浪漫而已。但是对于我们，这些好像已经不再重要。

每个人心里都有一个桃花源，每个人都认为桃花源离自己很遥远，其实，鸡犬之声相闻的地方，就是桃花源……

第三十一章

忠言终究逆耳，只因为更习惯自欺欺人

信言不美，美言不信。知者不博，博者不知。善者不多，多者不善。圣人无积，既以为（wèi）人己愈有。既以予人矣，己愈多。故天之道，利而不害；人之道，为（wèi）而弗争。

信言不美，美言不信。

真话不好听，好听的话不真实。

知者不博，博者不知。善者不多，多者不善。

智慧的人不贪多，贪多的人不智慧。好人也不贪多，贪多的人没有好结果。

圣人无积，既以为人己愈有。既以予人矣，己愈多。

"圣人"都不蓄积，就是因为认为替别人做的越多，

信：真心诚意。如《曹刿论战》：牺牲玉帛，弗敢加也，必以信。
美：美好。

知：智慧，才智。如《愚公移山》：汝多知乎？
博：渊博，知道得多。

积：累积，堆叠。如《黄生借书说》：祖父积子孙弃者。

愈：更加，越发。如《捕蛇者说》：闻而愈悲。
有：取得，获得，占有。
予：授予，给予。

自己得到的也越多；就是因为认为给别人的越多，自己得到的也越多。

故天之道，利而不害；人之道，为而弗争。

所以自然界的规律是有利于而不是妨害万物的生长发展，为人之道是为他人而不与人争利。

辨析

信言不美……多者不善。"知"是"智"的古字，"博"与"多"同义，"善"则是指"善于、擅长"。"善者"就是今天某一领域的"专家"，真正的智者不会追求无节制的"博学"，无节制的博学更可能是略知皮毛的三脚猫，看上去什么都懂的，可能会点小聪明，但不一定具备大智慧；真正的专家不会在各个领域都求发展，因为术业有专攻，人的能力都是有限的，贪多肯定嚼不烂。

圣人无积……为而弗争。"圣人"不求积累个人财富，就是因为"为人而己愈有""予人而己愈多"，中间省略了顺接联词"而"，帮别人的时候自己也会有收获，给别人的越多自己得到的也会越多。"有"是收获的意思，"害"前文出现过了，动词，但与"害

人害己"有所不同，不能理解为"祸害"，应该是"妨害"。两个"为"都念 wèi，意为"替、给"，"为而弗争"意思是"为人而弗与人争"。

"既以"一词，可以解释为"就是因为"，如三国时嵇康的《养生论》中有"夫悠悠者既以未效不求，而求者以不专丧业"。意思是那些悠闲的家伙们就是因为知道名利这些东西没有什么实际作用所以不去追求，而去追求的人都因为内心的不专一而丧失了养生修炼大业。

评述

忠言终究逆耳，明知是对的，也会千方百计给自己找借口；奉承之词，明知不可信，还是乐呵呵地收下，并且自欺欺人地信以为真。对于"真、善、

忠言终究逆耳，只因为更习惯自欺欺人

美"的判断，从来就是以个人好恶为标准的。"为人就是为己"，书上是这么说的，心里也是这么想的，可是就是做不到。归根到底，还是因为放不下利益，既得的当然不舍，预期的也不愿一丝一毫让步。

术业的高度与广度成反比，这个容易接受，但智慧与广博成反比，就有点挑战常识的味道，但恰恰是真实和清醒的表现。看上去什么都知道的，希望他在某一个领域成名成家，基本不可能。反过来，认同一个人确实在是某个方面有专攻的，就得做好忍受其诸多白痴的准备。不用管上帝公不公平，主要还是因为精力和时间总是有限的，惰性又是人性的基本特征，所以还是宽容一点吧。

第三十二章

昙花一现的强大，没有资格讨论
"敢不敢为天下先"

> 天下皆谓我大，大而不肖。夫唯不肖，故能大；若肖，久矣其细也夫。我恒有三宝，持而宝之。一曰慈，二曰俭，三曰不敢为天下先。
>
> 夫慈，故能勇；俭，故能广；不敢为天下先，故能为成事长。今舍其慈，且勇；舍其俭，且广；舍其后，且先，则必死矣。夫慈，以战则胜，以守则固。天将建之，如以慈垣之。

谓：说。
肖：假借为"消"或"痟"，意为消失、消灭或衰退、衰微。

天下皆谓我大，大而不肖。夫唯不肖，故能大；若肖，久矣其细也夫。

天下人都说我大，大而不消减。因为不消减，所以能大；如果消减了，时间久了也会变得细小。

我恒有三宝，持而宝之。一曰慈，二曰俭，三曰不敢为天下先。

我一直有三样宝贝，坚定的持有并且很看重它们。一个叫作博爱，一个叫作节约，一个叫作不敢走在天下人的前头。

夫慈，故能勇；俭，故能广；不敢为天下先，故能为成事长。

心里有爱，所以能够奋勇果敢；因为节俭，所以能够扩大财富、拓展疆土；因为凡事都不敢跑在天下人的前头，所以能够成为功成名就的佼佼者。

今舍其慈，且勇；舍其俭，且广；舍其后，且先，则必死矣。

现在如果一个人舍弃了那爱心，又很鲁莽（勇敢）；舍弃了节俭，又热衷于开疆拓土；舍弃了后路，又不顾一切地勇往直前，那当然是死定了。

夫慈，以战则胜，以守则固。天将建之，如以慈垣之。

用爱心来治理天下，战则胜，守则固。上天如果要封立一个国家，应当用爱心筑起一道围墙围绕着它。

唯：以，因为。
其：附着于形容词前后，起加强形容的作用。
宝：前一个是名词，宝贝；后一个是动词，珍爱，珍视。如《谏逐客书》：夫物不产于秦，可宝者多。
慈：慈爱、博爱。

勇：本作"勔"，或作"愚"。指果敢，胆大。
广：扩大。
长：首领，君长，领袖，各种组织的位高者。

舍：放弃，舍弃。
且：表示并列关系，相当于"又""而且"。

如：应当。如《左传·昭公二十一年》：君若爱司马，则如亡。
垣：筑墙围绕。

辨析

大而不肖。第一句中，主要是"肖"的意思不清楚。有人认为是"惟妙惟肖"的"肖"，意思是"像"，引申为"比拟"，"大而不肖"意为"大得不可比拟"，那就天下无敌了，而且也能持久，林语堂好像就是这么说的。还有人认为是"不肖之子"的"肖",意为"有才能","大而无用"才能持久,既大而又有用则太引人注目,得瑟不了几天。

如果没有后面"久矣其细也夫"这一句,后一种解释看上去是比较切合道家的思想的。但是因为有了这个"细"字,"天下皆谓我大"好像应该是很具体的指体量上的"大"和"细","若肖"则是"由大到细"的过程和原因,所以我认为"肖"应该通"消",意为消耗;或者通"痟",意为削弱,是指再大的体量也经不起长久的消耗和削弱,大致相当于"坐吃山空"。

慈。"慈"就是"爱"的意思,林语堂认为这一章"包含了老子最好的学说——爱",并且认为庄子只教人"恬淡虚静",从没有提到过"爱",很不好。

不敢为天下先。向来招人非议,初中就有鲁迅的一篇课文《最先与最后》。其实这里应该联系上文,在"天下皆谓我大"的情况下,"不敢为天下先"就很符合中国文化的特色了。

夫慈,故能勇。"勇"不是指"勇敢",第三十八章会讲到,"勇"和"敢"是两回事。这里的"勇",更多是指"勇气",是指由"爱"而激发的"勇气",

连姆大叔的电影《飓风营救》系列,开头都要渲染一下连叔的父女之情,可见勇气很多情况下都是以爱为基础的。

俭,故能广。汉武大帝、康熙大帝的开疆拓土都是以前人若干年的休养生息为基础的,所以说"俭,故能广"。

成事长。韩非子认为是"处大官之谓为成事长",从省长到村长,当官的都叫"长",好像也可以;不过不当官的,与"××长"挨不上边的,却成了大事的好像也不少,所以我觉得不一定是官长,"佼佼者"可能更恰当。

今舍其慈,且勇。这里的"勇"其实和前文已经不是同一个意思了,可能用"狠"更为贴切。因为"勇"是以"正义"为前提的,凶狠如《水浒》里的李逵,经常抢着大斧不分青红皂白地砍将过去,无辜人头纷纷落地,但他对瞎眼老母的孝心和对宋江的忠心也是真挚的,没有这一点的"正义"作为铺垫,此人就一恶徒,与"勇"搭不上边。而"正义"其实也是来源于"博爱"。

舍其俭……则必死矣。没有节俭和蓄积作为基础,又肆无忌惮地开疆拓土,与不留后路地奋勇争先一样,必定会失败。

夫慈，以战则胜，以守则固。你看那些名将，不管是孙武、韩信，还是卫青、霍去病、诸葛亮，无一例外都会得到一个"爱兵如子"的评价。

天将建之，如以慈垣之。每一位皇帝都要标榜自己"爱民如子"，不管是真心还是假意，因为确实是"水能载舟，亦能覆舟"。

评述

第一，看来"兼爱"并不是墨家的专利，只不过道家称之为"慈"，两者的本质是一样的，对于博爱的理解也是相当一致。

第二，"大"和"有用"的关系。一般都认为道家的观点是"无用乃大"，因为"树木茂而斧斤至"，没有用处的才长得大。这种看法和大多数人理解的"无为"一样，都不够全面。《庄子》很明白地告诉我们，首先是没什么东西是大到没有用处的，关键是要发挥想象力找到合适的用途，如"今子有五石之瓠，何不虑以为大樽而浮乎江湖，而忧其瓠落无所容？则夫子犹有蓬之心也夫"（《逍遥游》）！

其次是有用的大树固然会被砍倒做家具，没什么大用处的小树也会被砍倒做柴火，树因为没用终其天年，鹅却因为不会打鸣被杀，"有用"与"无用"到底哪一个更靠谱实在是很难说。解决这个难题的第一方案似乎是最好成为处于"有用与无用之间"的"散木"和"散人"，但是庄子认为这样仍然会有风险，因为会被"有用或无用"这个特性所拖累（《山木》），所以树最保险的是成为"社树"（《人间世》），也就是成为吉祥物；人则要"乘道德而浮游"，就是按照规律来做人处世，该成龙的时候就成龙，该做蛇的时候就做蛇，该有用时就有用，该无用时就无用，关键是要能够"与时俱化、以和为量"。这样看来，"无为"怎么说都不能理解为"啥事都不干"。

第三，不敢为天下先，是以"大而不肖"为前提的。"不敢为天下先"向来是道家备受批评的靶子，其实他们说的是，在"大而不肖"的前提下"不敢为先天先"。你要是没到"大"的境界，或者只如昙花一现般闪耀了一下，根本就没资格谈什么先不先，也不用纠结什么敢与不敢，天下与你何干？

第三十三章

道家温柔的背后，也有着坚定的目光

故善为士者不武，善战者不怒，善胜敌者弗与，善用人者为之下。是谓不争之德，是谓用人，是谓配天，古之极也。

武：勇猛，猛烈。如《国殇》：诚既勇兮又以武。
怒：发怒，明显地表形于外的生气。如《石壕吏》：吏呼一何怒。
与：帮助，援助。

是：代词，此，这。
争：争夺。如《公输》：争所有余。
配：衬托，陪衬。
极：尽头，极限。

故善为士者不武，善战者不怒，善胜敌者弗与，善用人者为之下。

善于成为武士的人不会逞强斗胜；擅长作战的人一定很冷静、很清醒，不会被对手激怒，也不会因为愤怒出昏招；善于克敌制胜的人不给对方机会，也不会因为失误而"资敌"；善于用人的人，一定很谦下。

是谓不争之德，是谓用人，是谓配天，古之极也。

这就是"不争"的道德规范和行为准则，这就是"用人"的技巧，这就叫因为适应规律而与天同寿，乃是自古以来的最高境界。

故善为士者不武。"士"是一个很宽泛的概念，指的是中国古代很特殊的阶层。包括：（1）先秦时期贵族的最低等级，位次于大夫。（2）古代统治阶级中次于卿大夫的一个阶层，指士族、士大夫。（3）古代四民之一。指农、工、商以外学道艺、习武勇的人。或称"士民"，以区别于"庶民"。（4）知识分子的通称。（5）品德好、有学识、有技艺的人的美称。好像除了那几个"王""君"以及平民和奴隶，其他的都可以称为"士"。"士"既指上流社会的贵族和士大夫，又指有思想、有品德、有技艺的"先进人物"，有文士、有武士、有战士、有斗士，"士"出没的地方、"士"的朋友圈叫作"士林"，连上得了台面的女人也叫"仕女"，所以"士"是中国古代一个很特殊的阶层，基本上可以称之为"国家的脊梁"。这里的"士"，联系下文，应该就是指"武士"。"武士不武"，是指真正的武士反而是不轻易用武力来解决问题的，这也就是中国人津津乐道的"武德"。撇开"武德"不说，武力非但解决不了问题，还会把小问题捅成大篓子：你只要想想，

当年韩信要是"冲冠一怒"，又或者"怒从心头起、恶向胆边生"，也跟几个无赖泼皮"白刀子进、红刀子出"了，楚汉争雄就是另外一番景象了。

善战者不怒。这个道理大家都懂，但是做得到的很少。《三国演义》中，很多人对方一骂，就大怒，就拍马上前，这种人送死的居多；诸葛亮的大招就是送裙子，激怒对手，不仅气死了王朗，还气死了周瑜。"不怒"的典型当然是刘邦，项羽要煮了他老爹，他还笑嘻嘻地要求分一碗；而项羽尽管是"力拔山兮气盖世"，但愤怒起来什么都不管不顾，所以尽管骁勇，却谈不上"善战"。

善胜敌者弗与。"与"的意思是"资助"，不给敌人机会、不帮对手整自己。这好像是很基本的道理，但是正应了那句话，堡垒总是从内部攻破的。你看乐毅、李牧、廉颇这一票人都是被自己人干掉的；赤壁之战时，聪明如曹操，还干掉了自己的左右手，所以"反间计"总能收到奇效。这还是其次，最要不得的是因为贪图小便宜惹出大麻烦。如"假道伐虢"，灭国之路可是自己亲手开启的。

善用人者为之下。最典型的当然是刘备的三顾茅庐，其实不只是刘备，

曹操、孙权都是，孟尝君、信陵君、平原君、春申君以及太子丹、赵朔也是。要让人替自己卖命，最好的办法是形成"弟兄"关系，因为这种关系看上去是"平等"的，是以"义"为核心的。打工仔头顶着这个"义"字，似乎也就摆脱了雇佣关系，心理上高大了许多尚在其次，行动上即使违背了社会公正良俗好像也能被原谅。要用"弟兄"关系掩盖雇佣关系，boss当然要表现得与打工仔平起平坐，最好还能让打工仔先坐。

是谓不争之德。要做到上述的几点，核心是"不争"。做武士就不要争强斗胜，否则很容易轻易赔上性命，不值得；上了战场就要放眼全局，不能因为"争一口气"而乱了方寸；志在天下者就不能为了争蝇头小利，反送了对手大便宜；要让人家替自己卖命，当然更要"不争"：里子都拿到了，面子最好留给别人。

是谓配天。这里的"配"有两个意思，一是符合，二是陪衬；"天"也有两个意思，一是"天道"，二是"老天爷"。所以"是谓配天"也有两层

意思：这是符合天道、符合真理、符合规律的，正因为如此，就可以陪在"老天爷"身边，"寿与天齐"。

评述

看完这一章，感觉道家温柔的外表下，隐藏着可怕的一面：沉着冷静、坚定坚忍、目标明确。能做到这样当然是好样的，可惜，即使是像刘备这样的高手中的高手，尽管在"青梅煮酒"中以冷静和坚忍逃过曹操的截杀，又以极度的谦下罗致了诸葛亮、庞统这样的打工皇帝，还是做不到"善战者不怒"，因为关羽之死，一生气悍然发动了讨吴之战，火烧八百里连营送了性命。吃透道家这一章精髓的，如韩信，如刘邦，都是很可怕的人物，所以啊，凡是目光坚定、处事冷静、凡事隐忍的高人，可千万不能得罪；更有甚者，一旦遇到了韩信和刘邦的组合，人家肯定是志在天下的，还是绕道走吧。

第三十四章

哀兵必胜，乃是因为正义

用兵有言曰：吾不敢为主而为客，吾不敢进寸而退尺。
是谓行（háng）无行（háng），攘无臂，执无兵，乃无敌矣。
祸莫大于无敌，无敌近亡吾宝矣。故称兵相若，则哀者胜矣。

用兵有言曰：吾不敢为主而为客，吾不敢进寸而退尺。

关于用兵，有一句话是这么说的：不要成为主动挑起战争的那一方，最多只能成为被动接受战争的那一方；不要为了贪图方寸之地轻易挑起战争，因为前期得到的这点蝇头小利，很可能会引发后期巨大的损失。

是谓行无行，攘无臂，执无兵，乃无敌矣。

第一个"行"是动词，意思是编排队伍（代指出征），

主：与"客"相对。指主动的一方，文中是指挑起战争的一方。
客：与"主"相对。指被动的一方，文中指被动卷入战争的一方。

攘：捋起袖子。如：成语"冯妇攘臂"。

第二个"行"是名词,意思是军队。这就是说,如果有一天,想要出征却没有了军队,想要挥袖子打人却没有了臂膀,想要抓把刀来砍人,却没有了兵器,出现这种局面,都是因为你曾经是天下无敌。

祸莫大于无敌,无敌近亡吾宝矣。

没有比天下无敌更大的祸患了,天下无敌离亡国很近了啊。

故称兵相若,则哀者胜矣。

所以如果衡量一下双方的兵力对比基本相等,那么可以预见,被逼到了绝境、又站在正义的一方是肯定要取胜的。

辨析

这一章比较麻烦。有好多版本,更有好多意见,我觉得单独一个句子的意思都能搞清楚,主要还是如何将整章的意思统一贯串起来,考虑再三,我决定倒过来,从最后一句开始:

故称兵相若,则哀者胜矣。"称"相当于"秤",但是是动词,意思是衡量。"相若"意为"相当",如韩愈《师说》中的"彼与彼年相若也"。如果交战的双方兵力基本相当,那么,"哀者"必胜。注意成语是"哀兵必胜""骄兵必败",不是"哀兵必败",出处就在这里。什么样的兵是"哀兵"?需

要同时满足两个条件:一是处于不利的形势下,已经被打得晕头转向,逼到角落里无路可退,"哀声"连连了;二是属于正义的一方,属于被欺负而惹人"哀怜"。如果是非正义的一方被打到了角落里,不算"哀兵",而应叫作"穷寇"。虽然兵法上也叫大家"穷寇莫追",因为兔子被逼到了角落里也会咬人,但是一般都是"宜将剩勇"追一下的,"穷寇"们基本上也只是垂死挣扎一下,翻不起多大的浪花。代表正义的"哀兵"就不一样了,好莱坞的许多大片都是这样的:代表正义的一方,在战争的最后关头,在形势非常不利的时候,那位英雄人

物站在垂头丧气、衣衫褴褛的队伍前发表了一通什么不愿老死在床上，什么荣誉啊、自由啊的演讲，于是群情激愤、斗志昂扬，反败为胜了。韩信的"背水一战"，某种程度上也是人为地制造"哀兵"。

这一句，套用现在的说法，叫作"最终决定战争胜负的是人心向背"，正义与非正义才是最要紧的。要说道家是现实的，在于他们很清楚地知道，即使"哀兵"了，也要在"称兵相若"的前提下才有取胜的可能。实力相距太悬殊了，如被赶到了乌江边的项羽，再怎么"哀"也只有一种结果。

祸莫大于无敌，无敌近亡吾宝矣。因为"哀兵必胜"，因为决定胜负的是人心向背，所以"天下无敌"不是好事。"天下无敌"意味着要四处去挑衅，不把所有人都打趴下，谁会承认你天下无敌？亚历山大、成吉思汗哪一个不是四处掳掠？但是把所有人都打趴下还得有一个正义的理由，是不可能的。非正义的性质决定了，在"天下无敌"的辉煌下，亡国已经近在眼前。"亡吾宝"是指"丢失我们国家的宝物、重器"，是亡国的委婉说法。

是谓行无行……乃无敌矣。这一句中，"行无行"最是麻烦，简单罗列一下，就有许多说法：使敌军摆不成阵式、无出师之路可行、行进没有行列、推进而不以列阵等等，更多的则是含糊其词。

"行无行，攘无臂，执无兵"三者并列，在句式上有相同的地方，"攘""执"都是动词，"臂""兵"则是名词，且动词与后面的名词之间是有谓宾关系的。所以可以基本确定，前一个"行"是动词，后一个"行"是名词，且两者之间是谓宾关系。"行"作名词，又与战争有关，当然应该是"军队"的意思，"敌军摆不成阵式""无出师之路可行"都有将"行"作为军队，但是将第一个"行"作名词"军队"解，不符合句式的要求。至于第一个"行"作哪一个动词解，是"行进"还是"推进"？联系"攘无臂，执无兵"之间的关系，可能还是"编排队伍（指出征）时却没有了军队"比较合适，并且也只有这样才能将上下文联系起来。

从凯撒到拿破仑，都是今天刚刚天下无敌，明天就血本无归。昨天手握百万虎狼之师，转眼就众叛亲离，找不到可以信赖的军队、翻盘的本钱，这就叫"行无行，攘无臂，执无兵"，而造成这一局面的原因，是因为你曾经天下无敌！

我们还是以项羽为例。公元前208年，巨鹿之战，此时距秦灭楚十五年，楚人向有"楚虽三户，亡秦必楚"之说，所以巨鹿之战对楚人而言，是复仇之战、复国之战。尽管双方力量相差悬殊，但项羽成功地"破釜沉舟"制造"哀兵"，以八千江东子弟为核心的数万楚军，大胜四十万秦军，逼降章邯二十万。"当是时，楚兵冠诸侯"，攻打刘邦据守的天险函谷关不费吹灰之力，诸侯见项羽时都要跪着爬进去，谁敢不承认这是真正的霸王？谁敢说这不是天下无敌？但是在天下无敌的辉煌之中，项羽不断地出昏招，坑杀二十万降卒、放走刘邦、逐走范增、火烧阿房宫、追杀楚怀王，谁又能想到仅仅过了四年，会有霸王别姬这一出？尽管太史公把项羽写得英雄盖世、意气风发，最后还在乌江边英勇地表演了一回，但楚霸王的悲剧正是从他天下无敌时拉开的序幕。

吾不敢为主而为客，吾不敢进寸而退尺。这一句有句子成分省略，我觉得完整的应该是"吾不敢为主而(宁)为客，吾不敢(因)进寸而退尺"。主动挑起战争的一方，不管采用什么样漂亮的借口，如"尊王攘夷"，如"大东亚共荣"，本质上都是非正义的、带有侵略性的，结局一般来说也不会怎么乐观；因为贪图小利而挑起争斗，最后往往会付出十倍的代价，所以最好不要成天算计着"以天下为念"。

评述

"用兵有言"，从字面上来看，"用兵"应该讨论战术上的技巧，但这一章实际上阐述的还是战略问题，基本没有涉及到战术，道家只负责在战略的高度上论述战争，本来也不负责教人战术方法，那是兵家该干的事。想从《道德经》中找到作战技术，似乎不大可能。上一章尽管有"善战者不怒"，但也不是具体的战术方法，当然，一定要把"哀兵之计"算成是战术也未尝不可。

道家认为战争的本质很简单，就是利益之争。至少挑起战争的这一方，都是奔着利益两字去的，而且还有很多人是冲着巴掌大的"尺寸之地"去的，这些人很有可能会为自己的贪婪付出巨大的代价。但要记住的是，正义的一方固然可以用"自由"来占领道德上的制高点，非正义的一方也是可以用"荣誉"来激励将士的。所以要具备相当的评判能力，思想自由、人格独立，不被"泛社会"的言论所绑架，幸福才有可能。

第三十五章

自认红颜倾城，注定会是终日戚戚的悲剧

> 吾言甚易知也，甚易行也；而人莫之能知也，而莫之能
> 行也。夫言有宗，事有君。夫唯无知也，是以不我知。知我
> 者希，则我贵矣。是以圣人被褐而怀玉。

吾言甚易知也，甚易行也；而人莫之能知也，而莫之能行也。

我的理论很容易理解，很容易实行，但是众人都不能理解，也都不能做到。

夫言有宗，事有君。夫唯无知也，是以不我知。

我的理论有一定的主旨，行事有一定的原则。只因为众人的无知，所以都不理解我。

宗：宗旨，主旨。如《吕氏春秋》：以道为宗。

事：做，从事。

君：主体。

希：通"稀"，稀少，罕见。

贵：贵重，重要。

被：同"披"，穿着。

褐：指粗布或粗布衣。如《廉颇蔺相如列传》：从者衣褐。

怀：心里存有，怀藏。如《廉颇蔺相如列传》：怀其璧。

玉：比喻美德、贤才。如《礼记》：君子比德如玉。

知我者希，则我贵矣。是以圣人被褐而怀玉。

懂我的人少，则说明我的理论很重要。所以你看"圣人"一般都是胸怀美玉（美德），都穿着破衣服（指出身贫寒），基本都不会被人家认可。

辨析

而人莫之能知也。正常的语序是"而人莫能知之也"。这里的"人"是"众人"的意思；"莫"是"不"；"之"既是代词，代"吾言"，也作语气词，前置表示强调。"莫之能×"是古文中的一个固定句式，用来强调"没有人能×"，如"莫之能及""沛然莫之能御"。

夫言有宗，事有君。"宗"可以是"宗旨"，也可以是"主旨"，意思是我的理论可能在表述上会存在问题，不够到位，但是主旨是明确的，如果众人"不知"，那是因为众人的"无知"，知识储备不够丰富。"君"是会意字，从尹，从口。"尹"也是会意字，左边一撇表示笔，右边是"又"（手），以手拿笔，表示治理、治事，相当于

"知"，如"开封府尹"；"口"则表示发布命令。"君"的本义是"发号施令"，"君主"的"君"是从"发号施令"引申出来的。"君主"即"主宰"，所以"君"又有主体的意思，如"君指"是指左手的中指。这里的"事有君"，应该是从"主体"引申出"行事有主要原则"的意思。

夫唯无知也，是以不我知。"唯"还是"因为"，"是以"就是"所以"，"不我知"是"不知我"。《子路曾皙冉有公西华侍坐》中有一句："居则曰：'不吾知也！'如或知尔，则何以哉？"意思一样，是指"不懂得我、不知道我（的才能）"。

知我者希，则我贵矣。是以圣人被褐而怀玉。真理往往掌握在少数人手里，所以我的理论懂的人少，恰恰说明这是真理。正像爱因斯坦的相对

自认红颜倾城，注定会是终日戚戚的悲剧

曾晳侍坐

论，大家都不懂，但是都知道是正确的。"被褐怀玉"一般都认为是比喻怀抱美才而深藏不露，或出身贫寒而怀有真才实学，但结合上下文，似乎应该是"胸怀美德"却由于"知我者希"而显得很寒酸的意思。

评述

儒家是倡导"入世"的，是以"修齐治平"为己任的，所以孔子的一群弟子成天价叫着"不吾知"很正常，因为满腔的热情、热血找不到出口，一身的本事找不到用武之地。号称"出世"的道家也说"不我知"，看来多多少少也还是胸怀天下的。不同之处可能也就在于同样是在"不吾知"的情况下，道家更能自我排遣，能平静地"知我者希，则我贵矣，尽管"怀玉"，"衣褐"也无所谓。看上去好像有点阿Q，也有点牢骚，但恰恰是处世的正确态度。许多人的人生，都是从自我认知出现偏差后开始拐弯的，男人自认"天纵英才"，女人自认"红颜倾城"，基本都是终日戚戚的。最麻烦的是女人要是自认"才貌双全"了，那她的人生注定会是一出悲剧。

第三十六章

解剖自己是很痛苦的，没几个人下得了手

> 知不知，尚矣；不知不知，病矣。是以圣人之不病，以其病病，是以不病。

知不知，尚矣；不知不知，病矣。

知道、承认自己有不知道、不懂的地方，那是很好的事情，是优点；不知道或者不承认自己有不知道、不懂的事情，那是缺点，是会坏事的。

是以圣人之不病，以其病病，是以不病。

所以"圣人"没有缺点（不会坏事），是因为他们从来都是很认真地把自己的缺点当作缺点，很清楚地知道自己的不足之处，不断地去改正，所以最终会没有缺点，也就不会坏事。

之：取消句子独立性。
其：彼、他。
病：名词的意动用法，以……为病。

"尚"和"病"。"尚"通"上"，主要是指品质良好，高端大气上档次；"病"与"上"相对，是指"缺憾、缺点"，直接一点，就是指把事情搞砸了。

病病。后一个"病"是名词，意思上面说过了；前一个"病"则是名词的意动用法，意为"以……为病"。"病病"字面上的意思就是"以病为病""把毛病当作毛病"，或者是"把缺点当作缺点"，联系上文，则是把"不知不知"当作是毛病、缺点，也就是说，"圣人"们能够很清醒地认识到自身的不足和缺点，因而最后不会有缺点，也不会坏事。

关于这一章的"病"，最好是用《扁鹊见蔡桓公》来解读。

前一章说过，许多的人生悲剧，都是因为自我认知出现偏差造成的。自我认知的偏差，主要是不承认自身的缺点和弱点。我原本以为，一般来说，对于自身的问题，大家心里都是明白的，只不过不愿意承认罢了。但是后来发现，许多的人，是真的不认为自身的某一方面是存在问题的，所以根本就谈不上承不承认。本质上，这还是一个"知"的问题，"自知之明"，确实很难做到，需要认真解剖自己。

而解剖自己，是很痛苦的事情，很少有人下得了手。

第三十七章

树立威望，就是不要去挤压别人的生存空间

民之不畏威，则大威将至矣。毋狭其所居，毋压其所生，夫唯弗压，是以不厌。是以圣人自知而不自见（xiàn）也，自爱而不自贵也，故去彼取此。

民之不畏威，则大威将至矣。

当民众开始不畏惧政府的权威的时候，说明民众对政府已经充分信任，那么政府的威信、形象最高大的时代就要到来了。

毋狭其所居，毋压其所生，夫唯弗压，是以不厌。

不要使民众的居住空间变得狭窄，不要压制他们的生存空间。只有不抑制民众的生存空间，才不会堵塞社会进步发展的道路。

畏：对威势、威严的害怕。如《邹忌讽齐王纳谏》：妾之美我者，畏我也。
威：权威，威望，威信。

狭：形容词的使动用法，意为使其所居变狭。
其：代词，代指上文的"民"。
压：压制。
生：生活，生存。
厌：堵塞。

见：通"现"，显现，出现，实现。
贵：抬高（物价、地位等）。如《论贵粟疏》：欲民务农，在于贵粟。

是以圣人自知而不自见也，自爱而不自贵也，故去彼取此。

所以"圣人"追求的是"自知"而不是"自我表现"，追求"自尊自爱"，而不是自己抬高自己，所以要舍弃那样求取这样。

辨析

民之不畏威，则大威将至矣。"之"字是取消句子独立性，使"民之不畏威"充当整个句子的状语，意为"当民众不畏惧政府的权威的时候"。当这种状况出现之后，会发生什么呢？各人的理解就不一样了。有人认为民众会造反，"大威"是指"巨大的威胁"；还有人认为政府会打压，会最大程度地加强管理，那么"大威"就是指"最大的威慑、威严、威吓"。我认为，这里的"威"应该是指"威望、威信"。在道家的眼中，政府与民众不是对立存在的，政府管理靠的也不是"威摄"，而是博爱、契约和诚信，当民众不再害怕政府的权威，与政府处于"鱼水欢"的状态，恰恰是政府的威望到达了顶点的时候。

关于这一点，后面《道经》第十七章有相同的描述。

毋狭其所居……是以不厌。"狭"是形容词的使动用法，意为"使……变得狭窄"；前两句的意思是不能够挤压民众的生存空间。"夫唯弗压"，才能够"不厌"，在古代，"厌"和"压"在有的时候是可以通用的，"厌"本就有"压"的意思，这里应该是从"压"引申出来的"堵塞"的意思，只有不抑制民众的生存空间，才不会堵塞社会发展的道路。

是以圣人……去彼取此。"自我表现（自见）"和"自己抬高自己（自贵）"，都是为了提高自己的"威望"，而真正的"大威"不是靠自己抬起来的，是靠"改革开放"、靠拓展民众的生存和发展空间，靠让老百姓住上大房子、过上好日子树立起来的，是发自内心的认同。

"去彼取此"，联系上一章的内容，是指"圣人"要去"自见自贵"而取"自知自爱"，要舍弃压制民众而取发展社会的政策。

这一章讲的是治国者如何"立威",我想说的是个人如何"立威"。

学生在学校中,基本都会碰到一个问题,就是总有个别人会来招惹你,让你感觉就像苍蝇一样讨厌;也有些人会在人前背后嚼你的舌头,让你烦不胜烦。不要小看这些事情,有时候,这种集体生活中的人和事,是会造成心理上的阴影的。要想避免这些无聊无趣的事,必须树立起自己高大的形象,天台方言称之为"威",流行的词语为"气场",通过"威"和"气场"hold 住别人。

最简单的办法当然是"杀之以立威",用拳头解决问题。这肯定也是一种办法,可惜谁都不可能打遍天下无敌手。单挑胜了,对方就会拉帮结派,会请外援,叫家长,更何况女孩子,总不至于跟人动粗。合理的解决方法是首先要承认现实,要知道不管

是在班级学校还是以后的职场,无聊无趣的人都是存在的;接下来就是要按照这一章中的要求来做。

第一是自尊自爱而不自贵。自尊自爱不是心里想想就可以,是要付诸实际行动的。最低的要求是不与特定的人为伍,无聊无趣的事坚决不参与,品格低下的人坚决不来往。要是参与了无聊甚至有违公正良俗的事情,就毫无威信可言。守住自己的底线,"不掺和"就是自尊自爱的最低要求。至于不自贵前面已经解释过了,就是不要总想着抬高自己,这也是惹人厌的。

第二是自知而不自现。对自己的真实水平,要有清醒的认识,并且不断地去提高。仔细观察一下就会发现,班里学习好一点的,基本上去招惹的人就很少。自现则是不分场合地去表现,要懂得内敛,在多数场合要养成闭嘴的习惯。

第三是不要挤压别人的生存和生活空间。这可能是最重要的,当一个人认为别人威胁到了自己,各种手段就都使出来了。

第三十八章

愚勇不可取，固步自封则一点机会也没有

> 勇于敢者则杀，勇于不敢者则活。此两者，或利或害；天之所恶，孰知其故？天之道，不战而善胜，不言而善应，不召而自来，坦而善谋。天网恢恢，疏而不失。

勇于：谓临事不退缩，不推诿。
敢：进取。
杀：这里指被杀。

利：利益。如《捕蛇者说》：有蒋氏者，专其利三世矣。
害：灾害，祸害。
恶：讨厌，憎恶。
孰：谁，哪个人或哪些人。
故：缘故，原因。

勇于敢者则杀，勇于不敢者则活。

我们都要求进取，但有时候，勇于进取的人，会引来杀身之祸，而勇于放弃进取的人，反而会生存下来。

此两者，或利或害；天之所恶，孰知其故？

勇于进取和放弃进取这两种人，有时候勇于进取的受益、放弃进取的受害，有时候又是放弃进取的受益、勇于进取的受害。上天所讨厌的、不愿眷顾的是哪种人，好像也不是很明确，谁能明白其中的缘故呢？

天之道，不战而善胜，不言而善应，不召而自来，坦而善谋。

其实这个问题的答案是："天道"决定一切。合乎天意的"道"，是不需要通过战争，却擅长战胜对手；不需要讲很多的道理，却擅长应对各种争议；不需要召唤，民众会自然跟从；个性、处事都很坦率，与阴险狡诈搭不上边的，才是真正的擅长计谋。

> **言**：说，说话。如《桃花源记》：具言所闻。
> **应**：对敌方回击、迎击。如《战国策·齐策一》：齐威王使章子将而应之。
> **召**：召唤。用言语叫人来。
> **坦**：坦率，显明。
> **谋**：考虑，谋划。

天网恢恢，疏而不失。

正如那好大好大的、效率最强的、以网罗一切为目标的"天网"，尽管网眼很稀疏，但是肯定是恰到好处的，不会漏失应该网罗的东西。

> **恢**：大、广大。如《出师表》：恢宏志士之气。
> **疏**：稀疏，稀少。引申为粗略，不周密。
> **失**：遗漏。

辨析

勇于敢者则杀，勇于不敢者则活。 首先要弄清楚，这一句其实也是"互文"，意思是有时候"勇于敢者则杀，勇于不敢者则活"，有时候是"勇于不敢者则杀，勇于敢者则活"。

"勇于"属于古文中很难得见到的"词"，并且涵义也和今天没什么区别，和现代汉语中的"勇于探索""勇于创新"没什么不同。如《孔丛子·诘墨》："且子路为人勇于见义，纵有豚酒，不以义不取之。"

"敢"跟"勇"在许多时候是同义词，如"勇敢"即为同义复词；但《说文》中"敢"的本义是"进取"，那么"勇于敢"和"勇于不敢"的意思应该是明确的。如果要将"敢"理解为"有勇气、有胆量"，也行，意思也是差不多的。

此两者……孰知其故？ 勇于进取与勇于放弃进取，到底哪一个是对的？也就是说，到底老天爷眷顾的是哪一个？这其实是很难讲的，因为有时候是勇于进取的会得到利益，有时候勇于进取又会惹来麻烦乃至杀身之祸，还不如早点放手。那么到底该怎么做呢？答案是要遵循"天道"。

天之道……坦而善谋。所谓的"天道"，也就是"最牛的真理"，不是让你一味进取，而是讲究"不战而胜（也有的版本是'不争而胜'）"；讲究"不争吵也能应对争端"。如何才能做到"不战（争）而胜"呢？这里没有明说，我们也能够想得到，当然是要顺应规律。大方向正确，不一定要拼了命地"进取"，自然会实现目标；对于治国者来说，顺应社会发展规律，人民也会"不召自来"。如果方向错误，越进取离目标越远，是谓"南辕北辙"。对于善用计谋者，也是如此：方向正确，大可以坦然（坦，有的版本作"绰"，同样是"坦然"的意思）地搞"阳谋"；方向错误，再怎么"阴谋"也无非是"聪明反被聪明误"。

天网恢恢，疏而不失。现在我们说"天网恢恢，疏而不漏"，基本都是"不放过一个坏人"的意思。而这里其实是举了一个例子，意思是要实现目标，如果方向正确，不一定要小心翼翼、事事计较，不一定非得不断进取，正如不一定非得把网眼织得很密一样，恰到好处就行了。

关于"勇于敢"还是"勇于不敢"，安妮·海瑟薇的电影《公主日记》中，父亲写给公主女儿的信中有这么一句话：

蜜亚，勇者并非无所畏惧，而是判断出还有比恐怖更重要的东西；愚勇不可取，固步自封则一点机会也没有。

是不是和这一章的内容有点类似？是不是说得很清楚了？

关于"坦而善谋"，《三十六计》第一计"瞒天过海"有云：阴在阳之内，不在阳之对，太阴、太阳。意思是所谓的"阴谋"不能赤裸裸地表现出这就是个"阴谋"，最大的"阴谋"恰恰表现得非常地坦荡，这是从谋略的技巧角度来说的。其实更重要的是，搞"阴谋"也好，拼搏进取也好，都要在符合"天道"的前提下才会有功效可言；否则不管如何阴损、如何进取，都没有什么前途可言，只会离目标更远，直至引火烧身。

第三十九章

替天行道，就像替木匠去砍大树

> 若民恒且不畏死，奈何以杀惧之也？使民恒且畏死，而为奇（jī）者，吾得而杀之，夫孰敢矣？若民恒且必畏死，则恒有司杀者。夫代司杀者杀，是代大匠斲（zhuó）也。夫代大匠斲者，则希不伤其手矣。

若民恒且不畏死，奈何以杀惧之也？

如果老百姓确实不怕死，为何要用杀戮来恐吓他们？

使民恒且畏死，而为奇者，吾得而杀之，夫孰敢矣？

有人会说，想让老百姓怕死还不容易，对那些做了非法的事情的人，我抓住然后杀了他，那么还有谁敢胡作非为呢？

若：假如，如果。
奈何：怎么，为何。
惧：恐吓。

使：致使，让，叫。
奇：非法的。
得：捕获。

若民恒且必畏死，则恒有司杀者。

必：必然，必定。
司：职掌，主管。

事实真的如此简单吗？不是的。如果老百姓真的、确实打心里面怕死，是因为一直都有真正掌握生死的东西存在。掌握生死的东西是什么呢？还是"天道"。

斲：斫、砍。

夫代司杀者杀，是代大匠斲也。夫代大匠斲者，则希不伤其手矣。

那些自以为是的治国者，自认能够代替"天道"掌控生死予夺的大权，就好像是代替技艺高超的木匠去砍大树。要知道，代替木匠砍树的人，很少有不伤到自己的手的。

辨析

这一章，我们用语文课的办法来辨析。

首先当然是要"疏通字词"。

这一章中需要解释的字词主要有：

恒且，奇，斲。先说"恒且"。对于这个词，很多人都是含糊其词，有些版本干脆就把这两个字拿掉，因为感觉拿掉这两个字对于全文的意思似乎也没什么大的影响。那么这两个字到底是什么意思呢？我列举一些词，就明白了：暂且、姑且、尚且、况且、权且。在这些词当中，"且"相当于一个词缀，可以理解为没有什

么实际的意义，那么我们也可以这样认为，当年就有一个词叫作"恒且"，它的构词方法和"暂且""姑且"一样，词义基本由前一个字决定，所以"恒且"的意思可以是"一直都"，或者是"确实"，与下文"则恒有司杀者"的"恒"基本同义。

从词义上来说，"恒且"就是"暂且"的反义词。

再说"奇"。先来看一个词："奇车"。要注意"奇车"不是指稀奇古怪的车子，它也不念 qí，而是念 jī。"奇车"是指不符合规定的"非法改装车"。在古代，不仅驾车的马匹数量有一定的规格，如天子为"六驾"，王侯为

"四驾"，不可以僭越，否则是要砍脑袋的；车的大小也是有规定的，秦始皇统一文字和度量衡的同时还有一个政策叫"车同轨"，车子不能由着性子造，要统一大小，免得你搞个大车子上路，把人家挤到马路下面去，"奇车"就是指"非法的车子"。这样，"奇"的意思也明白了，就是"非法"。

然后是"斲"。这个简单，就是"斫""砍"的意思。

疏通字词以后，接下来就要弄清楚文章的段落大意。

这一章最麻烦的是从"不畏死"到"畏死"再到"必畏死"，有人认为，这是老子在论述治国者如何才能让老百姓怕死，以方便管理；还有人竟然得出了"老子本质上是反人民的""老子其实是很阴险毒辣的"结论。关于这一章明显存在逻辑上的混乱，我也是想了好久才弄明白，不过弄明白以后，就容易了。

我觉得要说得简单清楚一点，可以借用课文《寡人之于国也》《杀人以梃与刃》的格式，这样方便理解。下面我把这一章的内容稍微整理一下，其实也谈不上整理，就是加一下标点符号和假设的人称什么的：

老子曰："若民恒且不畏死，奈何以杀惧之也？"

梁惠王曰："使民恒且畏死，而为奇者，吾得而杀之，夫孰敢矣？"

老子曰："王好木作，请以木作喻。若民恒且必畏死，则恒有司杀者。夫代司杀者杀，是代大匠斲也。夫代大匠斲者，则希不伤其手矣。"

黑体的字是我加的。这样是不是感觉很熟悉，也很清楚了？和《论语》《孟子》一样，这一章也采用了当年流行的"对话体"，没弄明白这一点之前，所有的纠结都找不到解决的方向。

说他是"对话体"，主要的证据有两个，一是细看"若民恒且不畏死""使民恒且畏死""若民恒且必畏死"，还是有差别的，"不畏死"和"必畏死"前是"若"，也就是"如果"的意思，而"畏死"前是"使"，粗粗一看，"使"好像可以理解为"假使"，把这三者当成递进的"三部曲"主要就是这个地方出了问题。这个"使"，准确的含义是"致使"，或者是"让"，而不是"假使"。二是语气。"夫孰敢矣"这个问句中用了两个语气词，既自负又气势汹汹，与《孟子》中的梁惠王简直如出一辙，但和道家的平和差距就有点大了。

关于这一章到底是不是"对话体"，可以自己去判断。我要说的是，不管在什么时候，不能让自己的逻辑出现混乱，在逻辑混乱的情况下，想要弄清楚一件事是不可能的。不管在什么情形下，基于逻辑思维之上的独立判断，都是难能可贵的。

再说一下"替天行道"。想想老天爷也是可怜，看起来高高在上、不可侵犯，其实动不动就挨骂；挨骂还是小事，更可悲的是时常被人"替"着"行道"。反正"天"是看得见摸不着的玩意儿，又不会开口说话、大声叫屈，谁想着要"替"了就打出大旗来"替"一下，又有什么大不了的？看一下《水浒》中那些成天喊着"替天行道"的，又有谁不是打家劫舍的主？

《道德经》告诉我们，自然万物和社会发展都有他自己的规律，这个规律才是"天道"，想着"替天行道"的，就像替木匠去砍大树，最终都会伤到自己的手。至于想着用"杀"的办法消灭肉体，从而让老百姓害怕，以达到巩固统治的目的，这也是不可能的，毕竟在许多时候，最可怕的不是死亡。

第四十章

"贤"的本义，是既"有才"又"分财"

人之饥也，以其取食税之多也，是以饥。百姓之不治也，以其上有以为也，是以不治。民之轻死，以其求生之厚也，是以轻死。夫唯无以生为者，是贤贵生。

人之饥也，以其取食税之多也，是以饥。

世人遭受饥荒，是因为他们索取的食物和赋税太多，所以就有了饥荒。

百姓之不治也，以其上有以为也，是以不治。

老百姓不好管理，是因为他们上面的管理者有太多的"作为"，所以无法达到"大治"的境界。

其：人称代词，代指前文的"人"。
食：饭，饭食。如《冯谖客孟尝君》：孟尝君使人给其食用，无使乏。
税：本义是田赋，征收的农产品。也泛指一切赋税。
治：社会安定、太平，跟"乱"相对。"不治"也就是"乱"。
上：上级，尊长，社会的最高层。
为：作为，做事。

民之轻死,以其求生之厚也,是以轻死。

老百姓不把死当回事,是因为他们都想活得好一点,当生活得很困苦、很没尊严、很没意思、了无生趣的时候,就会把生死看得很轻,就会铤而走险、轻易赴死,于是社会就不稳定了。

夫唯无以生为者,是贤贵生。

那么只有治国者信奉"无为",不生事、不扰民、不折腾,这样才能让百姓财产丰足,然后能重视生命。

辨析

有人很夸张地将这一章称之为"惊天的阴谋",因为帛书本中是:

人之饥也,以其取食税之多也,是以饥。

民之轻死,以其求生之厚也,是以轻死。

通行本中变成了:

人之饥也,以其**上**取食税之多也,是以饥。

民之轻死,以其**上**求生之厚也,是以轻死。

"其"后面多了个"上"字,本来只要对"不治"负责的"其上",还要承担"饥荒"和"轻死"的责任。称其为阴谋,是认为将所有的责任推给"其上"的行为,引起了治国者与民众的对立,动摇了国家的基础。要我看,这也太大惊小怪了。当年不知怎么样,只说现在,凡是出了点事,我们都习惯将责任推给政府、推给体制,这样的好处是,自己不但不用反思,还能占领道德制高点,显出很高尚的样子。所以这实在不算是阴谋,更谈不上"惊天"。

要不怎么说老子是很清醒、很现实呢,我们来看:

人之饥也,以其取食税之多也,是以饥。这里的"人",和我们见惯了的"民""百姓"不一样,是指"世人""所有的人",包括了"治人者(圣人)"和"治于人者(民、百姓)"这两种人。至于世人遭受了饥荒,原因也有两个：一是"治于人者""取食多"，二是"治人者""取税多"，所以双方都有责任。历史书中论及饥荒年代，基本都说是两个原因，一是天灾，二是统治者残酷压榨。但是仔细看一下，有许多"饥年"恰恰是在盛世之后。盛世意味着更大的消耗，意味着对环境和资源的无止境的索取，这也是"饥年"的一个原因。

有以为和无以生为。这是一对反义词。《杀人以梃与刃》中有个对话：

孟子对曰："杀人以梃与刃，有以异乎？"

（梁惠王）曰："无以异也。"

我不知道现在的课本是怎么解释的，当年是把"有以"和"无以"解释为"有什么"和"没什么"，"以"好像作"什么"解。其实这里的"以"是"句中的语气助词，表示语气的舒缓或调整节奏"，没什么实际的意思。所以"有以为"就是"有为"，"无为"的反义词。"无以生为"，就是"无生为"，"生"的意思则是"生事、制造事端"。

道家的"无为"，完整的表述应该以这一句为准，即"无以生为""无生为"，不是"什么都不要干"，而是"不要瞎折腾"。

轻死和贵生。看到这两个词，首先想到了一个"让老外崩溃的中文"问题：

A. 中国队大胜美国队。

B. 中国队大败美国队。

不管"胜"还是"败"，两个句子是同一个意思。

博大精深的中文，不仅让老外崩溃，有时也会让国人崩溃。从字面上来看，"轻"和"贵"是反义词，"生"和"死"又是反义词，负负得正，这两个应该是同义词？但从文中的意思来看，好像应该是反义词。

"轻死"的"轻"是形容词活用作动词，意为"看轻"，"轻死"其实是"看轻生死"，指不把"生死"当回事。这样就明确了，"轻死"和"贵生"确实是反义词。"轻生死"的原因是"求生之厚"，企求生活得优厚一点，当企求无望、了无生趣之时，也就不把死当回事了。所以"民之轻死"，不单是因为"其上求生之厚"，治国者掠取民间财富那么简单，每一个人都有追求幸福生活的权利，这是基本的人权，"不幸福毋宁死"。

"贵生"的"贵"则是形容词活用作意动词，是指"以生为贵"。治国者不瞎折腾，让老百姓有生存的空间，自然会珍惜生命，不舍得去死。

至于"生之厚",我记得日本有一个部门叫作"厚生省",主要是负责医疗卫生和社会保障的,知道"厚生"是什么意思了吧?其实,这个"厚生"出自《尚书·大禹谟》,意为"使人民生活富足"。

贤。形声字,从贝,与财富有关。现在"贤"的意思是"有理想、有道德、有文化、有纪律",但是它的本义是指"有钱财"。所以"是贤贵生"的意思是治国者"无生为",这样(是)老百姓就"多财",也就会"以生为贵"。老百姓很想幸福地活着,当然就不会轻易惹事生非了,于是天下"大治"就有了可能。

还是那句话,这一章论述的是治国,于你我干系不大。让我们紧接着"贤"字说下去。

"贤"的本义是"多财",这一点确实让我一时之间无法接受,因为我一直都认为,"贤"应该是既有才能,又品德高尚。而且至少在我这样年龄的群体中,多多少少都还是把"财富"与"才干、品德"当成不共戴天的两件事——在我们的教育中,贤臣必定清贫,如海瑞海青天,富得流油的必定是贪官、奸商,不但"为富不仁"而且肯定"愚蠢透顶"。

其实对于"贤"的本义,庄子有过最权威的解释:以财分人之谓贤(《庄子·徐无鬼》)。Facebook的创始人扎克伯格因喜得爱女一下子捐出450亿,谁敢说他不是"贤"?

那么"贤"到底和我们平常理解的"才能"和"品德"有没有关系呢?看一下扎克伯格就很清楚了:人家的钱可是凭着过人的"才干"明明白白赚的,捐出来的时候也光明正大,用不着藏着掖着;至于出于什么原因捐了,难道还会有"品德"之外的东西在左右?

所以"乡贤"也不是那么好当的,不只要拿出点钱来给老家修个路、造个桥,竖个功德碑什么的,还要确保钱的来路清晰,凭个人"才干"正当获得。否则,有朝一日东窗事发,人家首先想到的就是铲去勒在村口大石头上的红字或金字。

从原本的"分财"逐渐转移到"才能","贤"这个字义的演变,说明"财富"最终还要和"才干"挂钩。当然,"品德"也不会缺席。

第四十一章

细微柔弱，才是生命的基本状态

人之生也柔弱，其死也筋仞坚强。万物草木之生也柔脆，其死也枯槁。故曰：坚强者，死之徒也；柔弱微细，生之徒也。兵强则不胜，木强则烘。强大居下，柔弱微细居上。

人之生也柔弱，其死也筋仞坚强。万物草木之生也柔脆，其死也枯槁。

人的躯体，在活着的时候，是柔软的，死了的时候则是筋僵骨直；正如草木万物，在活着的时候都是柔软的、水灵灵的，死了的时候就萧条枯槁。

故曰：坚强者，死之徒也；柔弱微细，生之徒也。

所以说，强固有力，看上去不可摧毁的，都是死了的东西、找死的节奏；看上去柔柔弱弱、细细小小，却

柔弱：软弱，不刚强。
筋：附着在骨上的韧带。
仞：通"韧"，柔软而坚固。
坚强：亦作"坚彊"，坚硬僵直。
枯槁：亦作"枯槀"或"枯稿"，草木枯萎。

能够生存下来。

兵强则不胜，木强则烘。

强大而不懂得迂回穿插、只会硬碰硬的军队，是无法取胜的；木材都是硬梆梆的楂节，是无法加工成器具的，就只有烧火的份。

强大居下，柔弱微细居上。

所以说，强大的反而拣不到便宜，柔弱微细的却能稳居上游。

辨析

人之生也柔弱，其死也筋仞坚强。 有人认为这一句的意思应该是：柔弱的人容易生存，强直的人基本都属找死。所以通行本上直接说"人之生也柔弱，其死也坚强"，少了"筋仞"两字。联系上下文，下文描述了万物草木生和死的两种不同形态，所以这里应该也是在描述人的躯体生与死时的两种不同形态，"筋仞"是指筋脉僵直，不再柔软，也是描述形态的，帛书本上这两字的存在，说明这一句是单纯的描述形态，不是指"坚强的人容易找死"，虽然意思上确实有相同之处。

生之徒与死之徒。 与第十三章的"生之徒""死之徒"的含义基本相同，是指"能够活下去的人"和"活不下去的人"。

评述

通常的看法，"强大的"胜过"弱小的"总是天经地义。弱者要胜过强者，不只要凭借相当的意志或者技巧，甚至还要加一点运气的成份。

但是道家不这么看，他们认为，"柔弱"才是生命的基本状态，所谓的"刚强不屈"肯定不是"常态"，基本可以认定为垂死挣扎。最典型的表现是任何生命的柔软脆弱，即意味着欣欣向荣；所有的强硬僵直，则代表着死亡的降临。

木材的贵重与否，很大程度取决于硬度；但如果真的横生枝节，硬到了刀枪不入、油盐不进的程度，除了烧火，没有别的用途。

不只是柔弱与强硬的关系如此，大小与多少同样也是。

我一直得意于 Angela 的善良，但也深怕她那柔柔弱弱的样子难免会吃亏。虎爸狼妈的盛行，总让人感觉遍地狼烟，看了这一章以后，放心不少。

第四十二章

不单要看他能做什么，而且要看他能不做什么

> 天之道，犹张弓者也，高者抑之，下者举之；有余者损之，不足者补之。故天之道，损有余而补不足；人之道则不然，损不足而奉有余。孰能有余而有以取奉于天者乎？唯有道者乎？是以圣人为而弗有，成功而弗居也，若此，其不欲见贤也。

犹：如同，好比。如《墨子·公输》：此犹文轩之与敝舆。

张：开弓、拉弓弦。

者也：表判断的语气词。

抑：按，向下压。

举：向上抬，向上托。

损：减少。

补：补充、弥补。

天之道，犹张弓者也，高者抑之，下者举之；有余者损之，不足者补之。

"天道"就像张弓射箭，射高了就压下来一点，低了就抬高一点；射程有余的，就减点力气，射程不足时就多加点力气。总之，就是要通过增减和调节，达到最理想的状态，以达成既定的目标。

故天之道，损有余而补不足；人之道则不然，损不足而奉有余。

奉：供奉，供养。

所以"天道"要求从有余的地方拿出一点补充不足的地方，但是现在人们信奉的、实际做的却不是这样，经常是榨取本来就不足的敬奉给有余的。

孰能有余而有以取奉于天者乎？唯有道者乎？

谁能在自己"有余"的时候取出多余的敬奉于"天"呢（其实就是谁能成为信奉天道的人）？只有"有道"的人（才做得到）吧？

是以圣人为而弗有，成功而弗居也，若此，其不欲见贤也。

贤：有德行，多才能。

所以"圣人"只是认真地做事，而不以"占有"为目标，成功之后也不居功。如此看来，他们所不想做的、不追求的，恰恰展现出他们的品德和才能。

辨析

天之道，犹张弓者也。关于"张弓"，有人说是"给弓上弦"。确实，"张"的本义是给弓安上弦，与"弛"相对。但是从下文的描述来看，这里的"张弓"是指"张弓射箭"，"张"应该是指"拉开"。有人一边把"张"解释为"拉开弓弦"，一边又把下面的"高下"解释为"弦位的高低"，这就不知所云了。"者也"前面说过，是判断句的变式。

孰能有余而有以取奉于天者乎。这个句子比较长，比较难懂。其实"孰……者乎"，是古文中常见的一个表示强调的反问句式，意为"有谁……呢"？这个句式课文中是碰到过的，详见下面的语法链接部分。

前面说过"有以"就是"有"，"能有余而有以取"即"能有余而有取"，意为能在自己有余的时候取出一点；取出的目的则是"奉于天"，献给上天。

所以按字面上来，全句的意思是：谁能从"损有余补不足"的"天道"出发，在自己"有余"的时候取出多余的敬奉于"天"呢？当然敬奉于天只是比喻的说法，意思还是谁能成为信奉"天之道"的人。

若此，其不欲见贤也。如此，从他们的"不欲"中，可以看出他们的贤德。这里指的"不欲"，是指上文说的"为而弗有，成功而弗居"，"为"和"成功"都是能够通过努力做到的，做成之后的"弗有"和"弗居"才是真正了不起的。注意，"生而弗有""成而弗居"是《道德经》中很重要的一个观点，在《道经》中也有许多表述。

那么"圣人"的这种品德和前面的"损有余而补不足"是什么关系呢？曾国藩引用过宋代林逋《省心录》中的一句话："德有余而为不足者谦，财有余而为不足者鄙。"意思是：品德很高尚，还认为不足的人是谦虚；而财富很多，还觉得不足的人，是贪鄙。所以这一章，其实是在告诉我们品德、名望、财富的"有余和不足"之间的辩证关系，"圣人"应该少在个人的名望和财富上动脑筋，多在品德和干实事上下功夫。

你我都不可能成为圣人，也没多少名望和财富可以算计。所以，这一章给我感触最深的是这一句："若此，其不欲见贤也。"

我的父亲年轻时在一个穷山沟里经营小店。当然，我先说明，那是"公家"的小店。后来有人告诉我，当他还是小孩子的时候，到这店里买煤油点灯，翻山岭回家时不小心洒了，怕挨骂，又蹩回店里，父亲又给了他一份。于是过了好多年，那人还记得这事。

2003 年，"非典"时期，白醋和板蓝根价格飞涨，母亲坚持自家酿造厂的醋不涨价，理由是"国难财是不能发的"；并且日夜赶工，"有多少卖多少"。

这两件事说明我的父母本质都是善良人，但似乎母亲要比父亲更可敬。因为衡量一个人，不单要看他能做什么，更重要的是要看他能不做什么。能干什么，是才能的表现，而不干什么，更多是品德使然。

反问句式"孰……者乎"

这是古文中常见的一个表示强调的反问句式，字面上的意思"有谁……呢"，实际的意思是"没有谁……"。"者乎"都是语气助词，表示强调。

语文教材中有两处出现了这个句式：

《捕蛇者说》："孰知赋敛之毒有甚于蛇者乎？"字面上的意思是"有谁知道赋敛之毒比蛇还厉害"？表达的真正意思是"没有人知道赋敛之毒比蛇还厉害啊"。

《隆中对》："百姓孰敢不箪食壶浆以迎将军者乎？"百姓有谁敢不拿着吃的喝的来迎接将军呢？同样表达"谁也不敢"的意思。

再有如《潍县署中寄舍弟墨第一书》（郑板桥在潍县官署中写给弟弟郑墨的第一封家书）中有一句："千古过目成诵，孰有如孔子者乎？"千古以来，过目成诵的，有谁能比得上孔子呢？没人比得上啊！

第四十三章

水滴石穿，是因为没有谁能够改变水的专注

天下莫柔弱于水，而攻坚强者莫之能胜也，以其无以易
之也。柔之胜刚，弱之胜强，天下莫弗知也，而莫能行也。
故圣人之言云，曰：受邦之诟，是谓社稷之主；受邦之不祥，
是谓天下之王。正言若反。

莫：代词，没有谁，没有
什么（指处所或事物）。
于：引进比较对象，意思
相当于"比"。
攻：治理，加工。如：他
山之石，可以攻玉。
之：代词，这里代指水。
胜：胜过，超过。
以：因为。
易：改变，更改。

天下莫柔弱于水，而攻坚强者莫之能胜也，以
其无以易之也。

天底下没有比水更柔弱的东西了，但琢磨坚硬的东
西，却没能有胜过水的，是因为没有谁能够改变水（的
目标和行动）。

柔之胜刚，弱之胜强，天下莫弗知也，而莫能
行也。

柔能胜刚、弱能胜强，天下没有不知道这个道理的，
但却没有多少人能做得到。

故圣人之言云，曰：受邦之诟，是谓社稷之主；
受邦之不祥，是谓天下之王。

受：接受，承受。
诟：耻辱。
谓：称为。

所以"圣人"有句话，是这样说的：能承受邦国的
所有耻辱的，才配得上称之为社稷之主；能承受故国的
一切灾难的，才配得上称之为天下之王。

正言若反。

正：正当，合适。
反：与"正"相对。相反的，
对立的。

明明正确的道理，听上去总觉得不对劲、甚至是相
反的，这是因为忠言逆耳，能接受规劝的人不多啊。

辨析

而攻坚强者莫之能胜也，以其无
以易之也。"莫之能胜也"，现代汉语
的语序是"莫能胜之也"，没有能够
胜过它（水）的。因为有个"胜"字，
所以很多人认为"攻"是"攻打"。
其实这里的"攻"，就是"他山之石，
可以攻玉"的"攻"，指琢磨、加工。
"攻坚强者"，就是"加工、琢磨"坚
硬的东西，直接一点说，就是"水滴
石穿"。

这一句，最容易出错的，是"易"

字。有人把"易"理解为"代替"，
有人就是这么解释的：

世间没有比水更柔弱的，冲激坚
强的东西没有能胜过它的，因为没什
么能代替它。

我们来看这个因果关系：因为没
有能代替的，所以没有能胜过的。这
好像不是什么正经的因果关系。

让我们先去儒家转一圈。什么叫
"中庸"？"中"，大家都知道，是指
不偏不倚，不左不右。那么"庸"是
什么？官方的说法是"不偏之为中，
不易之为庸"，庸，是指"不易"，不

改变初衷，不做墙头草。所以"中庸"完整的意思是，既不左倾，也不右倾，同时还要坚定不移，痴心不改。所以这个"易"，不是"易子而食""姐妹易嫁"的"易"，而是"易容术""易筋经"的"易"。

柔之胜刚，弱之胜强，水滴石穿，不是你想胜就能胜的，也不是你想穿就能穿的，需要日积月累的努力和付出；最重要的是水磨的功夫，是不管什么情形下，都不改初衷。所以，水攻坚强者莫之能胜也，是因为没有什么能够改变水的坚定。

也正是因为如此，"柔之胜刚，弱之胜强，天下莫弗知也，而莫能行也"。

天下人都懂这个道理，但是都做不到。为什么？因为坚定不移的目标和长久的坚持、奋斗是很难的，没有几个人能够做到。

故圣人之言……是谓天下之王。 "圣人"的这句话，意思是明确的，没有争议，问题在于如何和前面的这一段联系起来。应该这样理解：享受荣誉是很容易的，谁都做得到，但是"受邦之诟"和"受国之不祥"，不是一般人受得了的，没有强大的内心、坚定的目标和信念以及坚忍不拔的精神（即道家的"无以易之"精神、儒

家"庸"的精神）是做不到的。古往今来，好像也就勾践一人而已？要不《赵氏孤儿》中的程婴也算一个？课文《谭嗣同传》："不有行者，无以图将来；不有死者，无以酬圣主。今南海之生死未可卜，程婴杵臼，月照西乡，吾与足下分任之。"要知道，"引刀一快"已是不易，矢志不移地潜伏下来，图谋"滴水穿石"，更是谈何容易。

这一章，要和前面第四十一章对照起来看。

《道德经》许多次提到了以弱胜强、以柔克刚，并且第四十一章还认定，"柔弱才是生命的常态"，所以很多时候我们都以为柔克刚是很正常的一件事，花点心思，搞点计谋，如果有点运气，连心思也不用花，既然柔都克刚了，那么"以小搏大"也是可以有的，于是就满怀豪情地奔着发大财去了。

在这样的心理暗示之下，很容易忽略分析"柔如何才能克刚"的这一章。

其实道家说得很明白："以其无

以易之也。"水滴石穿，以柔克刚，乃是因为绝不轻易改变的坚持。也就是说，不是你想克就能克的。

并且道家同时还预言："天下莫弗知也，而莫能行也。"真正能够以柔克刚的，也就那么几个人而已，绝大多数的人是做不到的。

2015 年 8 月 24 日，股市创历史之最，A 股盘中跌幅达 9%，是为开市并设涨跌幅限制之后最恐怖的一天。股市中的散户，当然是柔弱得不能再柔弱了，想要"搏大"，又岂是容易的事？据说"一赚二平七亏"是股市的铁律，赚的那一个还是不懂股市的老太太，老太太懂不懂股市我不知道，但是，人家花了几十年的时间，那是肯定的。

所以，一辈子专注于一件事的人，是伟大的，甚至是可怕的。

第四十四章

胜券在握的时候，更要与人为善

和大怨，必有馀怨，焉可以为善？是以圣人执右契，而不以责（zhài）于人。故有德司契，无德司彻。夫天道无亲，恒与善人。

和：调和，调治，调适。
焉：怎么。
善：高明，工巧。

契：证明买卖、抵押、租赁等关系的文书。
责：欠别人的财物。后作"债"。

和大怨，必有馀怨，焉可以为善？

调和巨大的怨恨，必定会有连绵不绝的、甚至越来越多的怨恨。调和，怎么可以称得上是好办法呢？

是以圣人执右契，而不以责于人。

所以，"圣人"拿着借条，却不跟在人后面要债，指不会趁着对方处境困窘而过分索取，避免产生调和不了的怨恨。

故有德司契，无德司彻。

所以"有德"之人按照契约精神执掌国家、处理问题，讲究权利与义务的对等；"无德"之人则用"征收"思维统治国家，也就是"家天下"。

司：职掌，主管。
彻：周代的赋税制度。

夫天道无亲，恒与善人。

要知道，"天道"没有亲疏之分，只会永远垂青于好人。

亲：与"疏"相对。亲密。
与：帮助，援助。

辨析

和大怨，必有馀怨，焉可以为善？

"馀"同"余"，但"余"不是"剩余、残留"那么简单。《易经》中有一句"积善之家，必有余庆；积不善之家，必有余殃"，这些个"余"，都是足够、连绵不断、越来越多的意思。

是以圣人执左契，而不以责于人。

"执右契"是怎么回事？得从"合同"说起。两个人订立的契约，为什么叫"合同"？因为以前民间订制合同时只用一张纸，中间有一条线，线上写着"合同"两字，契约的内容写好后沿这条线撕开，一人拿一半，有争执的时候再"合"起来，看看"同不同"，所以就有了"合同"和"一式两份"的说法。但是纸张没有出现的时候，

还不叫合同，叫"书契"。《周易》记述："上古结绳而治，后世圣人易之以书契。""书"是文字，"契"是将文字刻在木板上。木板也是一分为二，称为"左契"和"右契"。"执右契"，意思就是能拿右边的那半块木板。

弄明白"右契"是怎么回事后，再来看一个成语，叫作"稳操胜券"，或者也可以叫作"胜券在握"，这两个成语其实同出于一个典故：

《史记·平原君虞卿列传》："且虞卿操其两权，事成，操右券以责；事不成，以虚名德君，君必勿听也。"

这个典故，讲的是平原君带领自荐的毛遂逼楚会盟救了赵国后，虞卿想要比照"信陵君窃符救赵"的故事，为平原君请封，公孙龙劝平原君"功成而弗居"；不要听虞卿忽悠：

况且虞卿这家伙，根本就不怀好意，准备两头捡便宜，如果请封这事成了，你就欠他一个大人情，如果他拿这事当作由头，向你索取好处，还不像拿着借据（操右券），向你要债（责）一样简单？如果这事不成，他至少可以在你面前获得好感，所以千万别听他的。

虞卿这一招确实有水平，不管事情成不成，都能捞到好处，所以叫"稳操胜券"。

"事成，操右券以责"，当然不是指真的拿着借据来逼债，而是指有了一个冠冕堂皇的理由，可以索取好处。"执"和"操"同义，"契"和"券"同义，明白这句话的意思以后，什么叫"是以圣人执右契，而不以责于人"，应该也就明白了。

书契分左右两边，帛书甲本，"圣人"执的是"右契"，乙本却是"执左契"，通行本也是"执左契"，这又是怎么回事？有人认为"乙本'执左契'义不可识，虽经历代学者旁征博引，多方诠释，仍不合老子之旨"，肯定是弄错了，非改回来不可。

其实不需要旁征博引，查一下就行了。查"操右券"，结果则是：

操右券，即操左券，参见操左券。

那么只好再查一下"操左券"：

古代契约分左右两片，双方各执其一，作为凭证，左券由债权人收执，右券由债务人收执。但亦有相反之说。"操左券"比喻事成有把握。

从结果来看，本来就有"相反之说"，而且好像还是"操左券"来得正规。

其实，认为债权人应该"操右券"的，都是认为古代以右为尊，有钱借的当然老大，应该拿右边的。但是古代到底是"尚左"还是"尚右"，也不是固定的。比如周代，朝庭上以左为大，军队中又以右为大。又比如《左传·桓公八年》特地指出"楚人上左"，也就是说，别的国家都以右为大的时候，楚国偏偏是以左为大的。别忘了，马王堆可是在湖南长沙，楚国旧地，楚人拿到了《道德经》，不把你的"执右契"改成"执左券"才怪。

这样看来，到底谁拿左边谁拿右边，还真不好说。其实管他是右还是左，意思都一样，都是指哪怕是有着非常充分的理由，也不要得理不饶人，不然，肯定会构怨于人，而且这个怨恨，是无法完全调和的。

故有德司契，无德司彻。《周易》："上古结绳而治，后世圣人易之以书契。"第三十章已经讲过了什么叫结

负荆请罪

绳而治，易之以书契又是怎么回事，这里不重复了。"司"就是"司令"的"司"，是指"职掌"，以书契职掌、治理国家，就是用契约精神管理国家，讲究权利与义务的平等。"彻"则是周朝的赋税制度，"耕百亩者，彻取十亩以为赋"，用税收的思维来管理国家，就是只讲索取，只讲义务，不讲权利，因而是"无德"的。

评述

"将相和"之所以为人津津乐道，还是因为"和大怨，必有余怨"，真的有了过节，还能"卒相与欢，为刎颈之交"的，那是少之又少，非有博大的胸怀不可。一个人有博大的胸怀已经不容易，恰好对手的胸怀也博大，那是什么运气？所以蔺、廉都非常人可以比拟。

那么，对于一般人而言，生出仇怨之后，"调和"也就是一种无可奈何的手段，不能彻底解决问题，焉可以为善？

真正解决问题的方法，是在一开始的时候，就不要让仇怨产生。

但是，当我们认为自己有道理的时候，往往只想着"讨回公道"，基本不会去考虑对方处境；也不会理会那充满着怨恨的眼神。

天道无亲，恒与善人，哪怕是胜券在握，还是要与人为善，否则，最终受伤的还是自己。

道经篇

第一章

几千年前，先哲们就知道绝对的真理是没有的

> 道，可道也，非恒道也。名，可名也，非恒名也。无名万物之始也；有名万物之母也。故恒无欲也，以观其妙；恒有欲也，以观其所徼（jiào）。两者同出，异名同谓。玄之又玄，众妙之门。

道，可道也，非恒道也。

真理是可以被发现的，也可以用来指导自己的行为，但永恒的真理是没有的。

名，可名也，非恒名也。

我们可以为万物命名，也可以用各种各样的概念来表达自己的思维和思想，但所有的名称和概念都不是一成不变的。

道：作名词，意为"客观规律"；作动词，意为"可以被当作道""可以作为道来遵循"。参见《基础名词解释》。

名：与"道"类似。作名词，相当于"概念"；作动词，意为"可以被作为名称""可以用来表述思想"。如《口技》:不能名其一处。参见《基础名词解释》。

母：开端，开始。

无名万物之始也；有名万物之母也。

世上所有的事物，开始的时候，都是没有名称的；而给万物命名，恰恰是认识万物、感知世界的第一步。

欲：欲望、希望、喜好诸义均有。最恰当的直译应该是主观意志。
观：观察，审察。
妙：精妙，精微。

故恒无欲也，以观其妙。

真理是客观的，真理的作用是不以人的主观意志为转移的，所以永远都只能在不受主观愿望影响的时候，才能认识到真理的奥妙；如果被个人的主观意志左右，是发现不了真理的。

有欲：有某一个欲望，希望达成某一个目标。
徼：边界，边境。

恒有欲也，以观其所徼。

永远都是在主观上希望达成某个目标的时候，才发现真理的作用范围原来是涵盖一切的。

出：出于。
谓：说。

两者同出，异名同谓。

"真理（道）"和"概念（名）"这两者的产生，都是出于感知世界、发现规律、指导生活这个共同的目的，虽然名称不同，但讲的是同一个问题。用现在的哲学语言表述，就是真理是要通过许多概念来表述的。

玄：高深，神妙难捉摸，深奥。
门：门径，诀窍。

玄之又玄，众妙之门。

"道"的理论（或者也可以说这一章的内容），确实非常非常高深，但它是理解世上众多奇妙事物的入门之处。

辨析

道，可道也，非恒道也。这一句读起来很上口，但这个绕口令的句式让人晕头转向，再加上古代没有标点符号，光是句读就有各种意见，几乎所有的排列组合都用上了。还有通行本中的"非常道、非常名"，是为了避汉文帝刘恒的讳才改的。

不细看，"恒"和"常"好像意

思差不多，仔细想想，还是有区别的。"常"是指出现的频率很高，而"恒"则是指"永永远远，一直都在"。这个避讳的动作，不仅把"永恒"变成了"经常"，还让本来就玄之又玄的表述变得更加难以捉摸，让多少学者空耗了几多心血？

有人将这一句解释为"可以用言词表达的道，就不是常道，可以用文字表述的名，就不是常名"，那么，如果"道"是用言词表达不了的，用什么办法才可以表达呢？人与人之间，除了言词，还有什么沟通的方式？心灵感应？眼神？肢体语言？

"道可道"，第一个"道"是名词，基本相当于"真理"，至于具体的含义，参见《基础名词解释》部分。第二个"道"是名词作动词，意思是"当作道、成为道"，"道"可以成为"道"，真理可以成为真理，就是指真理是客观存在的，可以被人们当作行为的规范，并且按照真理的要求来行事。

无名万物之始也；有名万物之母也。"名"的含义，《基础名词解释》中也说过了。世界开始时，万事万物都没有名称；万事万物被命名之后，才从一片混沌中独立出来，成为独立的个体，能够相互被区分开

来。吕克·贝松的电影《超体》中有一句台词："This whole purpose of life has been to pass on what was learned."意思是生命只有一个目的，那就是分享及传递知识。给万物命名，则是传递知识的第一步，所以叫"有名万物之母也"。这里的"母"，许多人想当然地理解为"出生、生养"，其实只是一种比喻的说法，与前面的"始"同义，但是古人用词讲究有变化，不要说在同一句话中用同一个字表示同一个意思是不能忍受的，即使是书法作品中，相同的字也得用不同写法，否则是会被人笑话的。

故恒无欲也，以观其妙；恒有欲也，以观其所徼。"欲"肯定不是欲望那么简单，放大一点，就是主观愿望，"无欲"是不存在主观愿望，"有欲"是存在某一种愿望。"徼"的意思，是指边界。

玄之又玄，众妙之门。一般都是"望文直译"为"玄是理解'道'的奥妙的法门"。《基础名词解释》中说过了，这个"玄"就是"深奥"的意思；"玄之又玄"，那是非常深奥。"玄之又玄，众妙之门"意思是："道"确实非常非常高深，但它是理解世上众多奇妙事物的入门之处。因为承前省

略了主语"道",大家都把形容词"玄"当成了名词、当成了主语,当成了理解"众妙"的法门。而且这个"众"字,应该是指"众多",指"世上的所有",单单"道"和奥妙算不上什么"众"。再加上这一章又是《道经》的开篇,阐述一下"道"的重要意义,还是必要的。

评述

这一章,和《德经》的第一章一样有点难绕,但和那一章的要求不一样,我建议多花点时间理解一下,因为这一章的内容,实在和要学的《哲学原理》有很多相同之处。

这一章,包括的哲学思想,一是事物和真理都是发展变化的,这个叫发展论;二是客观规律或者说真理的作用是不以主观意志为转移的,这个叫唯物论;三是世间万物和真理是可以被认识的,这个叫可知论。加上下一章的矛盾论,基本的哲学原理差不多都有了。

也不要以为这些思想就是什么主义,这些思想早就存在,只不过是用什么语言来表述的问题。这些也不是什么舶来品,都是几千年前"子曾经曰过的"玩意儿。

西方有一句哲言,叫作"人类一思考,上帝就发笑",套用一下,"今人一思考,古人就发笑"。我们想破了头,碰了无数壁才明白的,古人早就明明白白地写在那里了。

所以埋头于故纸堆,虽然不能发现未知世界,多少也能拾一点古人牙慧。

第二章

读懂哲学，也就是个时间与阅历问题

> 天下皆知美为美，恶已，皆知善，斯不善矣。有无之相生也，难易之相成也，长短之相形也，高下之相盈也，音声之相和（hè）也，先后之相随，恒也。是以圣人居无为之事，行不言之教。万物作而弗始也，为而弗恃也，成功而弗居也。夫唯弗居，是以弗去。

天下皆知美为美，恶已，皆知善，斯不善矣。

天下人都懂得美之所以为美的时候，丑就已经普遍地存在了；都懂得什么是善，这也说明不善的东西同样很普遍地存在了。

为：相当于判断动词"是"。

恶：丑陋。

已：完成，完毕。

斯：假借为"此"，这，这个。如《岳阳楼记》：登斯楼也。

生：既指产生，也指生存、存在。如《孟子·告子下》：然后知生于忧患，而死于安乐也。
形：使之现形，显露，显示。如《黄生借书说》：归而形诸梦。
盈：长，增加。
和：应和，跟着唱。如《与妻书》：当哭相和也。
随：跟着。如《春夜喜雨》：随风潜入夜，润物细无声。
居：治理。

作：产生，兴起。如《游黄山记》：浓雾半作半止。
恃：依赖，依靠。
居：占。

去：失掉，失去。

有无之相生也，难易之相成也，长短之相形也，高下之相盈也，音声之相和也，先后之相随，恒也。

"有"和"无"、"难"和"易"是互相依存、互相促成、互相转化的；"长"和"短"、"高"和"下"是互相参照、互相补充的；歌声与配乐的互相应和，"先"和"后"的互相跟随、互相转换，这都是永远不变的道理。

是以圣人居无为之事，行不言之教。

所以"圣人"只做符合"无为"要求的事情，从事不说教的教化（不是机械的说教，而是用自身的行动去教化人）。

万物作而弗始也，为而弗恃也，成功而弗居也。

让万物按照固有的规律自由自在地生长、进化，而不是总想着去创造新的事物；认真做事，却不恃功自负，即使成功，也不居功。

夫唯弗居，是以弗去。

只有没有占有的欲望，所以才不会有失去的担忧。

辨析

天下皆知美为美，恶已，皆知善，斯不善矣。 美丑、善恶都是相对的，没有比较，无所谓美丑。认识美、善，说明同时有丑、恶的存在。现代汉语中的"丑恶"是偏义复词，意思偏向于"丑"，古汉语中的"恶"和现在的"丑"同义。现代汉语中的"恶"，古文中是用"不善"来表示的，如前面说过的"积善之家，必有余庆；积不善之家，必有余殃"。

有无之相生也，难易之相成也。 互文。完整的语序是：有无、难易之相生相成也。意思是有和无、难和易都是互相依存、互相转换的。

长短之相形也，高下之相盈也。同样是互文：长短、高下之相形相盈也。长短和高下都是要通过互相比照才显现出来的（相形），通过互相比照，才能分得出哪一个更长、哪一个更高（盈），没有参照物，无所谓长短与高下之分。

音声之相和也。现代汉语中，"声"和"音"基本同义。但古汉语中，从造字的方法来看，"音"是动物依靠自身发音器官发出来的声音，既指人说话唱歌，也指动物鸣叫。"声"则是指外物作用于物体而发出的声响，如风吹、水激物体发出的声响，演奏乐器的旋律，这里应该是指动物的"音"和自然界的"声"，或者就是指歌声和配乐的互相应和。

先后之相随。两个人在环形的跑道上跑步，假设有一个人跑得比另一个人快得多，不断地将跑得慢的人"套圈"，那么这个人就会一下子在另一个人的前面，一下子又在另一个人的后面，这个就叫"先后相随"，是指在特定的环境下，"先"和"后"也是可以互相转换的。

恒也。有无、难易的相生相成，长短高下的相形相盈，音声的相和，先后的相随，矛盾双方的对立统一，是永恒的真理。

居无为之事，行不言之教。"居"也有说是"处"，意思就是"做"；"行"是"从事"，两者意思差不多。"无为之事"，符合"无为"要求的事，指不生事。不言之教，从字面上来看，是"不说话的教化"，既然不是"说给人家听"，那就只能是"做给人家看"。其实，大家都知道，"言"和"行"也是一对矛盾，说说容易，做起来难，所以诸子都讲究"身教重于言传"。

万物作而弗始也。"作"可以有两个意思，一个是"兴起"，那么"万物作"就是"万物生长"；还有一个是"农作物"的"作"，意思为"劳作"，那么"万物作"就是"作万物"，与下面的"为"是同一个意思。两种意思，表达的含义是差不多的，意为即使是通过劳作参与到万物的生长过程，也要讲究顺应规律，不要成天想着转基因，创造高产的新物种；作物生长得欣欣向荣，也不要以为都是自己的功劳。

夫唯弗居，是以弗去。这是占有与失去的辩证关系，只要占有，必会失去，不追求占有，也就不会有失去。

这一章是很明白的矛盾论、辩证法。如果前一章还不能说明《道德经》阐述了很明确的哲学原理，相信看了这一章以后，不会再有异议。

不过也难说，有人把这一章的句读搞成这样：

天下皆知美，为美恶已，皆知善，斯不善矣。有无之相，生也，难易之相，成也，长短之相，形也，高下之相，盈也，音声之相，和也，先后之相，随恒也。

如果不是故意捣乱，就是不具备基本的哲学思维。在我们的学习生涯中，都会有一门课，叫作哲学。我们那个年代，老师教，基本也就是照本宣科；学生学，也就是死记硬背，所以打从心里反感。但是，多少读懂一点之后，就会发现，哲学还真是"科学的科学"。人生，是需要哲学思维和哲学指导的，还是得好好学。至于懂与不懂，也就是个时间和阅历的问题。

第三章

所有的高尚，最终都可以归结为控制欲望

> 不上贤，使民不争。不贵难得之货，使民不为盗。不见可欲，使民不乱。是以圣人之治也，虚其心，实其腹，弱其志，强其骨。恒使民无知无欲也，使夫知不敢，弗为而已，则无不治矣。

不上贤，使民不争。

不崇尚"多财"，使老百姓不争利。

上：通"尚"，崇尚。
贤：多财。

不贵难得之货，使民不为盗。

不看重难得的财物，使老百姓不沦为盗贼。

不见可欲，使民不乱。

不提倡放纵欲望，使老百姓不至于违法乱纪。

见：通"现"，显现，出现，实现。
可：尽，满。
乱：败坏，破坏。

虚：与"实"相对。空虚。
弱：与"强"相对。气力小，势力差。

是以圣人之治也，虚其心，实其腹，弱其志，强其骨。

所以"圣人"的统治，是想方设法让老百姓心志淡泊、生活富裕、体格强健。

知：通"智"，狡诈。
知：懂得。
敢：进取。

恒使民无知无欲也，使夫知不敢，弗为而已，则无不治矣。

确实要让老百姓没有狡诈的智巧、没有争利的欲望，使他们懂得不是凡事都要进取也很容易，无非是治国者不要生事妄为而已，那就没有"不治"的可能了。

辨析

不上贤。"不上贤"，基本上都解释为"不崇尚贤明"，是老子"愚民"政策的又一明证。但是我们在《德经》第四十章说过了，"贤"与"贝"有关，本义是"多财"，后来特指"多财"后能够分给别人的人。庄子也很明确地说过，"以财分人曰贤"。其实现在这个意思还在用，你看各地的"乡贤"，赚到钱后，都要回家乡捐资办学、修桥铺路，岂不是"以财分人"？

此处的"贤"还是取本义，不崇尚"多财"，才能让老百姓"不争"。

不贵难得之货，使民不为盗。"贵"，形容词的意动用法，"以……

为贵"。"为"是动词，成为，从事。因为有这个动词"为"，所以后面的"盗"是名词。"盗"有三个意思：一是偷盗财物的人。二是抢劫财物的人。如《鸿门宴》："所以遣将守关者，备他盗之出入与非常也。"三是对反叛者的贬称。如《卖柑者言》："盗起而不知御，民困而不知救。"三个意思用在这里都可以。

不见可欲，使民不乱。"见"同"现"，"不见"就是"不表现出"；"可欲"，《德经》第九章出现过，是指"满满的欲望、放纵欲望"，治国者"不表现出放纵欲望"，也就是控制自己的欲望。"乱"就是违法乱纪的意思。

虚其心、实其腹、弱其志、强其骨与无知无欲。一般也能从这几句中得出老子是推崇"愚民"的。事实是，"虚其心""实其腹""弱其志""强其骨"也是互文，完整的意思是"虚弱其心志，强实其腹骨"。后一句没有问题，"虚弱其心志"则不能用今天的"虚弱"去解释，应该相当于"淡泊其心志"，与下文的"知不敢（懂得有些事是不用进取的）"相一致。

"无知无欲"，单从今天的字面去解释，愚民无疑。没有知识没有欲望，岂不是把民众当成猪来养？回到文字的演变中来，前面说过好多次了，"知"也是"智"的古字，"无智"是指"没有智巧"，意为"不狡诈"；"无欲"则与"无为"类似，不是没有欲望、一点都不作为，而是指适当地控制欲望。

弗为而已，则无不治矣。民众的狡诈、纵欲，都是社会主流思想陷于物欲横流造成的，而治国者是社会主流思想的代表者、社会风气的倡导者，治国者过分追求"有作为"，恰恰是物欲膨胀的始作俑者。所以说，治国者"弗为"，国家反而会"大治"，这一点，任谁都很难接受，但是恐怕还真的不是说着玩玩的。关于这一部分内容，可以参见《德经》的第二十章。

评述

道家与儒家的最大区别，在于道家更尊重人性。儒家试图让一切都变得"整齐"，不止是自己要"修身"，更要"齐家、齐民"，最好让天下的人都整齐划一，步调一致，自己高尚，别人跟着高尚，再让整个社会高尚。而所谓的高尚，说白了也就是控制自己各种各样的欲望。相比于儒家的严格要求，道家似乎更体谅人性的本能，《道德经》虽然到处劝人"无欲"，但也只是点到为止，既不声色俱厉，更没有随时准备扣上"家国"的大帽子。从道家尊崇人性这个基准出发，自然不会认同道家推崇"愚民"，更不要说赤裸裸地宣称要把百姓当成猪来养，恐怕任何一个"智者、先哲"都不敢如此冒天下之大不韪，应该还是语言文字的演变，让后人的理解出现了偏差。

第四章

花瓣飘落之前，无法知道结的是什么样的果子

道盅,而用之又弗盈也。渊呵（a）,似万物之宗。挫其锐，解其纷，和其光，同其尘。湛（chén）呵，似或存，吾不知其谁之子也，象帝之先。

道盅，而用之又弗盈也。

"道"就像个酒盅，目的就是拿来使用，但是往酒盅里倒酒的时候，又不能让酒溢出来。

渊呵，似万物之宗。

"道"是很深奥的啊，似乎是万物的根源。

挫其锐，解其纷，和其光，同其尘。

"挫掉扎手的尖刺"，"解下旗帜上迎风飘扬的带子"，

隐匿耀眼光芒，甘愿混同在尘土中（参见《德经》第十九章）。意思是，虽然万物的发展变化是以"道"为标准和依据的，但是"道"要用得恰到好处，不能泛滥；"明道"之人，不能够让人觉得像尖刺一样扎手，不能够让人感觉到招摇，而要"和光同尘"，低调、自然。

湛呵，似或存，吾不知其谁之子也，象帝之先。

"道"的作用也是很隐晦的，好像有时存在，有时又不存在。但是在花蒂的形态完全显现出来之前，我们都不知道它结的是什么样的果子啊。意思是，"道"的作用，也只有在它确确实实地影响了万物的发展变化之后，才会被人们认识，而在此之前，大家都很难认识到"道"的意义。

湛：通"沉"。如《汉书·贾谊传》：仄闻屈原兮，自湛汨罗。
存：存在。如《愚公移山》：虽我之死，有子存焉。
谁：表示疑问。指事物，相当于"什么"。如：谁人与共。
子：结果实。
象：形状，样子，景象。如：孙文《序》：杌陧之象。
帝：花蒂。

辨析

道盅，而用之又弗盈也。 通行本中是"道冲"，据考证，"冲"就是"盅"，通行本《德经》第八章"大盈若冲，其用不穷"也就是"大盈若盅"，意为"酒酿得很多，如果用小酒盅来喝，很久都喝不完"。

这一句，是比喻的说法，"道"，就像个酒盅，又是很写实的说法。想一想，往酒盅里倒酒的时候，是不是很担心满出去？"道"虽然是放之于

四海而皆通的真理，可以拿来规范和指导每一个人的生活，但是也不能滥用，溢出酒杯就不好了。

挫其锐，解其纷，和其光，同其尘。 这一句因为在《德经》第十九章里完整出现过了，很多人都认为是抄写错误，错抄到这里了，理由一是这四句好像与本章的内容没什么关系，二是拿掉这四句之后，渊呵、湛呵连在一起，显得很流畅。

我认为抄错的可能性不是很大。理由同样一是当年抄书是很神圣的一

件事，抄错个把字正常，四句都抄错了，可能性就不大了；二是帛书甲本、乙本都有这句话，如果是抄错，也就是说可能一开始就错了；三是《道德经》，重复出现的句子也有不少；四是仔细分析一下，这几句和上下文还是有联系的。挫其锐，又作"铤其锐"，是指"铤掉突出的尖刺"，这个没有异议；解其纷，一般都作"排解纠纷"，看上去好像也对，但是与其他三句就没有联系了。我认为"纷"还是应该取它的本义，"旗帜上迎风飘扬的带子"，解其纷是指"解下旗帜上迎风飘扬的带子"，这样既与"挫其锐"同样是比喻，大意也同样是低调，成语"和光同尘"意思与前两句也一样。这四句，是写"明道"之人，越发低调、不张扬，不溢出酒杯。

湛呵，似或存。"湛"，念 chén，通"沉"，意思是"隐没"，是指"道"是"隐晦的、不明显的"。"或"在动词"存"之前，是时间副词，相当于"有时候"。"道"的作用，有时候存在，有时候又好像不存在。

吾不知其谁之子也，象帝之先。这一章中，最麻烦的就是这一句：一般都是说，"（道）不知道是谁的儿子，好像是在上帝的前头"，如果把这种

解释落实到字词，则"象"是指"好像"，"帝"则是指"上帝"。查"象帝"，则曰：

象帝，典故名，典出《老子》第四章。"吾不知谁之子，象帝之先。"义项有：（1）指天帝。（2）指老子。

先说义项（2）老子。"唐朝尊封老子为太上玄元皇帝，故即用《老子》中语为老子的别称"，也就是说，用"象帝"称呼老子，只是唐以后的一个称呼而已，与这个词在文中的含义没有关系。

再说义项（1）天帝。这个义项是有问题的。一是没有说明"象"是什么意思，"象帝"为什么就是上帝？二是在春秋战国时期，"帝"还是很普通的第一人称，不能用来指"皇帝"，更不能指"天帝、上帝"。屈原《离骚》第一句：

帝高阳之苗裔兮，朕皇考曰伯庸。

按后来的规矩，屈原死十次都不够。不仅称自己为"帝、朕"，还称自己的父亲为"皇考"，早就够灭族了。

屈大夫之所以敢这么说，是因为秦之前，不管谁都可以自称为"朕"，只是从"始皇帝"开始，才用作皇帝的专用称呼。在此之前，公元前288年，秦昭王与齐闵王同时称帝，因齐

处于东，秦处于西，所以又把齐闵王称东帝，秦昭王称西帝。那个时候，"帝"好像还不是至高无上的，因为"周天子"还在，虽然已经没什么势力，但理论上还是老大，秦王和齐王尽管很看不上他，也不好意思和老大平起平坐，所以就发明了这个"帝"的称呼，而且还是两个人约好了一起干，免得难为情。所以在春秋时期，"帝"和"朕"都还是很普通的第一人称，和上帝没什么关系。现在我们称"帝尧""帝舜"，也是后人加的称呼，当年并不是这么叫的。

看来还得找"帝"的本义。"帝，象形字。甲骨文字形，像花蒂的全形。上面像花的子房，中间像花萼（花瓣外面的绿片）。下面下垂的像雌雄花蕊。本义是花蒂。"

"象"，是指表象、形状，"象帝之先"，是指花瓣掉完之前，花蒂的形状没有完全展现出来之前，"吾不知其谁之子也"，我们都不知道它结的是什么果子。这里的"谁"是指什么，"谁"作"什么"解也有很多，如"谁人与共"，即是"什么人一起"。

这一句，总的意思是，"道"的作用有时候是不明显的，就像在花瓣掉完之前，不知道结的果子到底怎么样，"道"也只有在它确确实实的影响了万物的发展变化之后，才会被人们认识。

这一章是到目前为止，最纠结的一章。主要就是对"象帝之先"的理解。查遍了所有的阐释，总是觉得有问题，与上下文割裂，无法让人认同。犹豫再三，还是决定坚持自己的观点。尽管可能不是老子的原意，可谁让他那么懒，就写了这么几个字，也不搞个盖着大印的官方解释出来，让后人伤透了脑筋。

所谓"春华秋实"，春花迷人眼的时候，不会有人去关心花谢之后会不会结果子。等到了秋天，大家只在意枝头的硕果，早忘了它春天是不是开过花。所以，当一大堆人在桃花源里摆 pose 拍照的时候，果农却蹲在树下，盼着花瓣早早飘落，好预计这一年的收成。

第五章

仅有谦虚是不够的，还得中正不曲

天地不仁，以万物为刍（chú）狗；圣人不仁，以百姓为刍狗。天地之间，其犹橐（tuó）籥（yuè）舆？虚而不屈，动而愈出。多闻数（shù）穷，不若守于中。

仁：仁爱、博爱。

其：也许，大概。

橐：鼓风用的皮囊。

籥："籥"的本字。古代管乐器，像编管之形，似为排箫之前身。"品"表示乐器的管孔，"仑"是按顺序排列之义。

舆：通"欤"。助词。可以表示疑问、感叹、反诘等语气。文中表感叹语气。

天地不仁，以万物为刍狗；圣人不仁，以百姓为刍狗。

天地如果没有真正的爱心，就会把万物当作祭祀用的草狗一样看待。治国者如果没有爱心，也会把百姓当作"刍狗"，表面上很尊重，其实不当一回事。

天地之间，其犹橐籥舆？

天地之间的一切事物，大概都像风箱和排箫吧？

虚而不屈，动而愈出。

内部越空虚、越畅通，鼓动（吹动）的时候，吹出的风（声音）就越大。

多闻数穷，不若守于中。

所以，一个人过于追求外部的光环，过于闻名，他的气数和命运也就到头了，还不如像橐和龠一样，坚守内心的虚怀和中正。

> **屈**：同"曲"。本义是弯曲。如《送东阳马生序》：不可屈伸。
> **出**：发出。
>
> **闻**：闻名，出名。如《出师表》：闻达于诸侯。
> **数**：气数，命运。
> **穷**：穷尽，完结。如《桃花源记》：欲穷其林。
> **守中**：保持内心的虚无清静。

辨析

刍狗。"刍"，是动物吃的草，如"反刍"。"刍狗"，祭祀时用草扎的狗。在用不起猪、牛、羊（太牢、少牢）等大牲畜的时候，普通百姓会用狗来祭祀。后来拜祀的时候，越来越取巧，先是用猪头来代替猪，再后来又用面粉做的猪头来代替真的猪头，普通百姓就用草扎一只狗来充数。从前物质极度贫困的年代，我们老家天台的山区农村，节日供请祖宗时买不起鲜鱼，就用木头雕个木鱼放在碗里凑数，平时家里来客人了，桌子上也有"木鱼"这道菜。

《庄子·天运》："夫刍狗之未陈也，盛以箧衍，巾以文绣，尸祝齐戒以将之；及其已陈也，行者践其首脊，苏者取而爨之而已。"刍狗做好以后，在还没有用来祭祀之前，大家对它都很重视，碰都不敢随便碰；等到祭祀之后，就拿来烧火了。所以，所谓的刍狗，就是表面上很重视，其实根本得不到尊重的东西。"圣人"如果没有真正的"仁"，所谓"君为轻、民为贵"也只是一句口号而已。

虚而不屈。"橐"，其实不是风箱，而是用来鼓风的皮囊。春秋后期，开始用皮囊鼓风冶铁，作用是提高炉内的温度，冶出来的铁终于比青铜坚硬了。这种皮囊两端细、中间鼓起，外形和当时一种称为"橐"的盛物容器相类似，因此又称之为"橐"。"龠"，是"籥"的本字，这是一种乐器，相当于排箫。看到竹字头了吗？说明它是用竹子做的，再看中间并排的那三个口，就是手指按的管孔。

风箱有个"箱"，乐器有个"腔"，皮囊能鼓风，笛子能发声，是因为"腔体"的存在，也就是"虚"，拿根棍子来是吹不响的。笛子发出的声音要圆润有力，音腔内部要规整、畅通，不能弯里弯曲，绕来绕去，这就是"不屈"。古文"屈"和"曲"是相通的。

所以，人活天地间，既要谦虚，又要中正。

多闻数穷，不若守于中。 "多闻"，一般都认为是"多听"，"多闻数穷"，听得越多，也就是见识越多，路越走不通。看看，老子不是又在鼓吹"知识越多越反动"了吗？不止是鼓吹读书无用论，好像还在挑战基本的常识？"数"，有人认为是念 shǔ，动词，一个一个数（shǔ）过去。"数穷"就是数（shǔ）到尽头，只是不知道要是数（shǔ）的话，数（shǔ）到什么时候才算是尽头呢？听得越多，就能数（shǔ）到尽头，这是个什么鬼？

四大天王中有"广目"和"多闻"两位大侠，当然是眼睛雪亮、耳朵灵光的意思。但是这里的"闻"不是"听"，而是"闻名、出名"，"多闻"，就是名声在外；至于"数（shù）"，在《基础名词解释》里说过了，是指气数、命数；"穷"则是"穷尽、尽头"。"多闻数穷"，是指名声在外的那几位气数到头了。通俗一点说，就是"人怕出名猪怕壮"，越出名，死得越快，"不若守于中"，不要追求名声动天下，还是老老实实安于寂寞，守住内心那点中正不曲吧。

评述

为什么要把谦虚和中正放在一起？因为谦虚在某种程度上就意味着容忍、意味着忍让，最好是能容人所不能容。但是，谦虚也不是一味忍让和容忍，总不能明知人家说的是错的，为了显示谦虚，也全盘接受吧？所以，谦虚也是有底线的，这个底线就是中正。更重要的是，谦虚是要发自内心的，不能表面上装出谦虚的样子，心里又绕了一堆的小九九，这样最终吃亏的还是自己。

总之，以中正不曲为基础的谦虚，才是真正的谦虚。

第六章

阴阳平衡，不是阴阳平等

> 谷神不死，是谓玄牝，玄牝之门，是谓天地之根。绵绵呵若存，用之不勤。

谷神不死，是谓玄牝，玄牝之门，是谓天地之根。

在"阴阳"两性的发展过程中，以"谷"为代表的"阴性"将会持续存在，不会消失，这就是关于"阴"的高深理论。而这关于"阴"的高深理论，是理解天地之间事物发展的主要门径和窍门，更是天地万物发展的根本。

绵绵呵若存，用之不勤。

"阴性"保证这世界延绵不绝、有选择地存在，保证了世上的万物用之不竭。

谷：两山之间狭长而有出口的低地。如《送东阳马生序》：行深山巨谷中。

神：精神。如《庖丁解牛》：官知止而神欲行。

死：穷，尽。

牝：泛指阴性的事物。

门：门径、诀窍。

根：事物的本源，根由，依据。

若：选择。

勤：通"尽"，竭，完。

先抄一段人家的翻译：

山谷间的流水，永远流动而不断绝，就是幽深的溪谷。幽深的溪谷的门户（水流通道），就是天地的根脉。连绵不断啊，它好像永远不变的存在着，利用它而不必操劳。

看懂了人家在说什么吗？关于《道德经》的翻译，不知所云的居多，但是这一章更加是让人头大。

要明白这一章到底在讲什么，只要搞清楚两件事就行了：一是阴阳理论是在《道德经》成书之后，经过后人的不断补充，才趋于完善的；二是《道德经》中认为，阴阳两极尽管相生相克、相辅相成，但其地位不是平等的，"阴"的一面，占有主导地位，用现代哲学理论来阐述，就是阴和阳这一对矛盾的两个方面中，"阴"属于矛盾的主要方面，最直观的表述，也就是《德经》第四十一章"柔弱微细居上"。

谷神、牝与阴阳理论。阴阳理论似乎是道家乃至中国传统文化的代名词，道家的制服上，无论如何是要弄上个把太极图的。但是，"阴阳"两字，在《道德经》中，只出现了一次，即《德经》第五章有一句"万物负阴而抱阳"，只此一次而已。作为道家的理论基础，这是不是让人有点意外？而《道德经》全书之中，又无时不让人感受到"阴阳"变化的存在，这又是为什么？

因为《道德经》中，关于"阴阳"的理论，还没有完全成形，最突出的表现是，"阴"和"阳"这两个抽象的概念，并没有完全从具体的事物中概括出来，而是后人逐步完善之后，才成为道家的理论基础，这就是为什么"阴阳"两字只在《道德经》中出现一次的原因。

但《道德经》中，关于"阴阳"相生相克的思想，又是很清晰的，只不过"阴"和"阳"都是通过具体的事物来表现的，如牝牡、雌雄、虚实、盈亏、有无、生死、存亡、正奇、动静、善恶、美丑、进退乃至山水、营卫等等，正因为这些"矛盾"无处不在，才让人感觉到，似乎整本书都有"阴阳"的影子。

接下去最重要的来了。"牝"与"牡"相对，很清楚，那么"谷"是什么玩意？是不是和牝、牡一样，也是表示"阴阳"两面中的一面，如果是，相对应的一面又是什么？

北京大学朱谦之先生就认为"谷"

和"神"相对，理由是《德经》第二章就有一句"神得一以灵，谷得一以盈"。但是，朱先生好像只说了，这两句一起出现了，所以说明他们是相对，至于怎么个对法，分别表示什么，似乎没有明说。

我的意见是，"谷"就是山谷，两山之中凹陷的部分；与"谷"相对的是"梁"，就是山梁，隆起的部分，证据则是在《德经》第五章："强梁者不得死。"谷神不死、强梁者不得死，难道不是相对？关于这一点，在《德经》第五章已经说过了。

谷神不死。上面所说，还可以找到证据。查一下"谷牝"：

犹谷神。语本《老子》："谷神不死，是谓玄牝。"（清）张尚瑗《观音岩》诗："香华曼陀像，颎洞栖谷牝。"

说明"谷"和"牝"其实都是指"阴阳"中的"阴"。所以《大戴礼记·本命》中说：溪谷为牝。至于"谷神"，同样也是"犹谷牝"，也是指"阴性"，或者"阴性"的特征、"阴性"的精神。至于有人把"谷神"解释为腹内五藏之神，那是把"谷"当成了"穀"（稻谷的谷的繁体字），要知道，字简化之前，"穀"和"谷"可不是同一个字。

这里的"死"，《德经》第五章里也解释过了，不是死亡，是指"尽头"。谷神不死，是指在阴阳两性、两极中，阴的那一面，具有强大的生命力，不会有尽头；而阳的那一面，特别是"强梁"的东西，则"不能发展到尽头"，当然是相对而言，按照阴阳理论，两者最终还是要互相转换的。不过有一点还是要明白，《道德经》中强调的都是"阴阳平衡"，而不是"阴阳平等"，平衡和平等是两回事。

评述

其实，《道德经》全书，包括道家的总体思想，都是"尚阴抑阳"的。最典型的就是牙齿掉了舌头还在的例子。仔细想想也是对的，"阴性"之所以具备强大的生命力，原因有两条：一是"阴性"的事物，不会强出头，不会硬碰硬，所以在复杂的环境中存活下来的可能性比较大；二是"阴性"具备独特的繁殖功能，这可是最强大的武器。子子孙孙无穷匮也，还有什么比这更让人自豪，又更让对手恐惧的呢？

第七章

不记挂那点儿私利，反而能达成自己的追求

> 天长地久，天地之所以能长且久者，以其不自生也，故能长生。是以圣人退其身而身先，外其身而身存。不以其无私舆？故能成其私。

生：与"死"相对。生存，活。

天长地久，天地之所以能长且久者，以其不自生也，故能长生。

世上存在时间最长久的莫过于天与地，天地之所以能够长久存在，是因为它们从来没有顾及自身的生存，而是以给予万物生长空间为目标，所以反而能够长久存在。

退：谦让。
先：尊崇，重视。
外：抛弃。

是以圣人退其身而身先，外其身而身存。

所以"圣人"坚持谦让反而能够得到尊崇，放弃自身的欲望反而能够保证自身的存在。

不以其无私舆？故能成其私。

难道不是因为无私吗？因为大公无私，所以反而能够达成自己的追求。

私：与"公"相对。通"厶"。私人的，自己的。
舆：通"欤"，表疑问语气。
成：成全。

辨析

这一章没有什么麻烦的，基本能够直接看懂。所以简单分析一下即可。

以其不自生也，故能长生。"自生"，按现在的语序是"生自"，"生"是使动词，意为"使……生"；"自"是代词，前置表示强调。不想方设法"使自生"，所以能够长生。

圣人退其身而身先，外其身而身存。这是比喻说法。"退"不是"退却"，意为"谦让"；"先"也不是"先后"的"先"，而是指"得到尊崇"；"外"也不是简单的方位名词"外面"，而是动词"放弃"。彻底弄明白这三个字的意思，就不会将这一句翻译成诸如"圣人总把自身放在最后，反而被推到最前面；总把自身放在利益之外，反而保全了自身"这样望文生义且形而上的玩意儿。

评述

我一直认为，道家与儒家的最大不同，是儒家试图抑制人性，所以，要达到儒家的要求是困难的，基本上真正的儒家，都可以称之为"圣人"，几千年下来，为数也不多。相比之下，道家更讲究"以人为本"，对人性抱着更为宽容的态度。这一章，虽然是提倡大公无私，提倡谦让与放弃，但还是隐隐流露出追求"身先"和"身存"，希望"成其私"，这也无可厚非，因为从某种程度来说，人性中的欲望，恰恰是社会进步和发展的动力。道家对人性的宽容与推崇，也是其历经千年而不衰的根本。

第八章

上善若水，其实也是上"擅"若水

> 上善似水。水善利万物而有静，居众人之所恶（wù），故几于道矣。居善地，心善渊，予善天，言善信，政善治，事善能（nài），动善时。夫唯不争，故无尤。

善：文中有两个意思，一是善良、好心；二是善于、擅长，有做好或处理好某事的才能或技巧。

利：使有利。

静：恬淡，平和。

居：处在，处于。如《核舟记》：佛印居右，鲁直居左。

几：表示非常接近，相当于"几乎""差不多"。如《捕蛇者说》：几死者数矣。

上善似水。

上乘的"善（擅）"就像水。

水善利万物而有静，居众人之所恶，故几于道矣。

水之"善"，在于有利于万物生长，却能保持恬淡平和，甘心处于世人所厌恶的地方，所以水的特性，很接近于"道"。

这一句可以和《德经》第四十三章"受邦之诟，是谓社稷之主；受邦之不祥，是谓天下之王"互相印证。

居善地，心善渊，予善天，言善信，政善治，事善能，动善时。

人要学习水之"善（擅）"有哪些呢？日常生活中，要善于低调谦让，要像水往低处流；给予别人时，要像雨露滋润万物一样自然；内心要像潭水一样深沉，言语要像潮水一样守信用。治理国家不能急功近利，要讲究水到渠成；做事情要像滴水穿石一样有耐心；行动要像冲破围堵的山水一样擅长选择时机。

夫唯不争，故无尤。

而水之"善"，最重要的还是不与人争利，所以不会有各种忧虑。

居：平素家居。

地：像"地"一样处于低下的位置。

渊：深潭。

予：授予，给予。

天：天然的，天生的。如《庖丁解牛》：依乎天理，批大郤，导大窾。

能：通"耐"，忍受，受得住。如《淮南子·地形》：食水者善游能寒。

尤：过失，罪过。如《诗·小雅·四月》：废为残贼，莫知其尤。

> **辨析**

上善似水。一般的说法是"上善若水"，很多人把这话挂在墙上，又有很多人用作自己的网名。关于"上善若水"，各种论述已经很多，几成《道德经》的代名词。我想说的是，对于这个"善"字，要全面理解，一般都只将它理解为"善良"的"善"；其实，古代"善"和"擅"是相通的，所以它还包括"擅长"的"擅"。这一章的第一句，是讲水的"善良"；第二句是讲水的"擅长"。"上善（擅）若水"，不止是像水一样"善利万物"，

同样也要运用水的特性，"擅长"处理人际关系和实际事务。

水善利万物而有静。通行本中的表述是"水善利万物而不争"，估计是后人觉得这样容易理解，因而篡改了。但本章最后一句，已经很明确指出"（水）夫唯不争，故无尤"，这里好像用不着重复。至于"有静"，其实也不难理解，《道经》第六章我们说过了，山对水、动对静，水和静都是"阴性"的那一面，两者有共同之处，所谓"有静"，即是指水温柔的那一面，用到人的身上，即指内心恬静淡泊。《德经》第二十四章明确指出"牝

恒以静胜牡"，水之"有静"，恰恰是水的力量所在。

居善地……动善时。这一句是用水的若干特性来形容应该如何处世处事，有争议是的"居善地"与"予善天"。基本上都认为"居善地"是"让自己处在一个好的位置"，但是这个"居"绝对不是"处于"那么直观，而是和《侍坐》章"居则曰，不吾知也"的"居"同义，是指"平日里""日常生活中"。"居善地"与"予善天"虽然没有排列在一起，但还是相对而言的，是指看待自己像地一样低下，而给予别人则要像天一样大方、自然。这个"善地"，不是指住在好地方，而是与下面的"天"相对，表示要像水一样往低处流。另外还有"事善能"的"能"也不是"能干"，"能"古同"耐"，念nài，"事善能"是指做事要像水滴石穿一样有耐心，详细内容可以参见《德经》第四十三章。

评述

《道德经》中，对于水的论述有很多，这主要是由道家的"阴阳两性中，阴性占主导地位"的观点决定的。水是最阴柔的，最能体现"阴性"的特性，这是其一；其二，水有多种形态，变化多端，最能体现"道可道非恒道"的发展变化观点；其三，从自然科学的角度出发，水是一切生命的起源，用水来映照哲学思想，实在是贴切不过。

我想说的是，对于水的特性以及它所映照的哲学思想和处世原则，一定要有全面的认识。前面提到过了，大家希望柔能克刚，但是很少有人认识到，水滴石穿是因为专注，是因为"无以易之也"，即使认识到了，也做不到。就像这一章，"上善若水"，包含了许多处世原则甚至是技巧，但是许多人都只是拿它来做个网名而已。

第九章

杯中酒太满，别等洒了才想起放下

持而盈之，不若其已。揣而锐之，不可长葆之也。金玉盈室，莫之守也。贵富而骄，自遗（wèi）咎也。功遂身退，天之道也。

持而盈之，不若其已。

与其小心翼翼地捧着装满酒的杯子，时刻担心洒了，还不如早点放下。

揣而锐之，不可长葆之也。

即使怀揣着出众的才能，却不能保持低调，而时不时地展示出锐气，是不可能长久地保持自身的安宁的。

揣：放在衣服里。

锐：使动用法，使……锐利。

葆：通"保"，保持、保护、守卫。

守：坚持，保持，保守。

金玉盈室，莫之守也。

金玉满堂，没几个人能守得住这份富贵。

骄：傲慢，骄矜。
遗：给予，馈赠。如《信陵君窃符救赵》：欲厚遗之。
咎：灾祸，灾殃。《说文》：咎，灾也。
遂：顺利地完成，成功。
退：辞去官职，隐退。如《岳阳楼记》：是进亦忧退亦忧。

贵富而骄，自遗咎也。

位高财富而骄矜，那是给自己找祸害。

功遂身退，天之道也。

所以，功成身退，才是"天道"。

> 辨析

持而盈之，不若其已。 "已"是"停止"的意思。如《愚公移山》："操蛇之神闻之，惧其不已也，告之于帝。"怕这个倔老头不停地挖下去，真的把山挖空了，只好找玉皇大帝帮忙。"其"是句中的语气助词，就是为了凑足四个字。所以"不若其已"的意思就是"不如快点停下来"。有人将之解释为"不如保持现状"，是没有依据的。

在什么情况下要快点停下来呢？有人认为是在"控制得太多"的时候，这也很牵强，因为"持"固然可以作"控制"解，但"盈"准确的意思还是"满"（下句"金玉盈室"也是"满"），不是"多"，联想前面几章都提到了"酒

杯"，我想这里也还是形象一点，生活一点，把这句话理解为"与其小心翼翼地捧着装满酒的杯子，时刻担心洒了，还不如早点放下"比较贴切。

揣而锐之，不可长葆之。 "揣"，通行的解释是念 zhuī，"捶击"的意思，"捶击刀一类的东西，使（之）尖锐，但是不能长久保持锋利"，也说得通；但是联系上下文，特别是很明确的"贵富而骄"，都是指要收敛、低调，不要骄矜、锋芒毕露，我觉得还是取"揣"的本义，"怀揣着过人的才能而锋芒毕露"，更切合这一章的主题。而且，字典中关于"揣"念 zhuī，作"捶击"解，也只说是在这个地方用到，没有别的例证，这是不正常的，后人附会

的可能性很大。

自遗咎也。"遗"，念 wèi，意为"给予、馈赠"，课文中出现过几次，如《出师表》"是以先帝简拔以遗陛下"；《信陵君》"欲厚遗之"。"咎"，"难辞其咎"是指过失，"咎由自取"则是指灾祸。所谓"贵富而骄，自遗咎也"，最典型的例子莫过于"我爸是李刚"。

评述

前几天去体检，医生说脂肪肝很严重了，得减肥。我一直认为能把体重减下来的人是很可怕的：肥都减得了，还有什么事情做不到的？咨询了专业人士，答第一是不能吃饱，最多六分饱，七分饱都不行。好吧，这个"六分"是很科学的标准，因为"五分"只有一半，心有不甘；"七分"以上则有风险，别碰为妙。这个"六分标准"简直适用于任何情形，比如超过六分满的酒杯就不要去端了，一则不小心磕碰一下容易洒了衣服，二则喝了也容易醉……

第十章

少一点投机弄巧，幸福会增加许多

载营魄抱一，能毋离乎？抟（tuán）气至柔，能婴儿乎？涤除玄鉴，能毋疵乎？爱民治国，能毋以知乎？天门启阖，能为雌乎？明白四达，能毋以知乎？生之畜（xù）之，生而弗有，长而弗宰也，是谓玄德。

载：承载，负担。

营：与"卫气"相对。指中医所谓的营气。

魄：指依附于人的身体而存在的精神，但有别于可游离于人体之外的魂，魄为阴，魂为阳。如《梦游天姥吟留别》：忽魂悸以魄动。

抱：持守，奉。

一：专一。

载营魄抱一，能毋离乎？

身体承载着充沛的"营气"，精神才能持守专一，有多少人能做到肉体与精神的不分离（统一）呢？

抟气至柔，能婴儿乎？

调整呼吸到最柔和的状态，又有多少人能够达到像婴儿一样的自然完美状态呢？

涤除玄鉴，能毋疵乎？

擦洗因年代久远而黝黑深沉的铜镜，能够不留下一点瑕疵吗？

爱民治国，能毋以知乎？

治国者管理国家和人民，能不能不采用巧诈的手段呢？

天门启阖，能为雌乎？

谋略家们在大开大合地谋划策略、玩弄心机的时候，能不能在内心怀着一点温柔和慈悲呢？

明白四达，能毋以知乎？

聪明人明白事理、办事练达、四面讨好，能不能不依靠智巧，多点朴实呢？

生之畜之，生而弗有，长而弗宰也，是谓玄德。

生养、护佑民众和万物，是治国者的职责，创造了某一个事物，而不将之据为己有，成为一方官长却没有分疆裂土的要求。这就叫作"最高深的德行"（详见《德经》第十四章）。

离：跟"合"相对。分散，离散。如《过秦论》：约从离衡。

抟：把东西捏聚成团，集聚。

涤：洗，清除。

除：清除。

玄：赤黑色，黑中带红，又泛指黑色。

鉴：铜镜。

疵：小毛病。

知：同"智"，计谋，策略，巧诈。

天门：天机之门。指心。

阖：与"启"相对。关闭。如《项脊轩志》：以手阖门。

雌：此处与"雄心"相对。意为慈悲之心。

达：通达事理，通晓，见识高远。

生：生育，养育。如《兵车行》：信知生男恶，反是生女好。

畜：同"蓄"，养育。

长：辈分大，居高位者。

宰：分割疆土，主宰。如《过秦论》：因利乘便，宰割天下。

辨析

载营与为雌。"载营魄抱一，能毋离乎？"这一句在《道德经》中，属于出了名的纠结。李唐一朝，奉老子为祖先，虽然派出了唐僧师徒四人上西天取经弘扬佛法，但始终没有忘了李姓的本，不仅治国方略走的是道家一脉，对《道德经》的考证，那也是相当认真。据说唐玄宗曾专门下诏，论定"载营魄抱一"中的"载"字是"哉"字的笔误，并且应该归入上一章最后一句，"功遂身退，天之道哉"，号令天下遵照执行。

不过好像后人也不把这圣旨当回事，大家还是自行其事。唐朝的通行本是"功遂身退，天之道"，加个"哉"很顺溜，可是帛书本上是"功遂身退，天之道也"，再加个"哉"就变成了"天之道也哉"，虽然"也哉"连用的例子也不少，但用在这里，总显得画蛇添足。

要弄清楚这一句，关键不在"载"，而在于"营"。

南怀瑾先生认为，"营"就是中医所谓的"营气"，这个说法很有道理。中医有"营气"和"卫气"的说法。《黄帝内经·灵枢经·营卫生会篇》："人受气于谷，谷入于胃，以传于肺，五脏六腑，皆以受气，其清者为营，浊者为卫，营在脉中，卫在脉外，营周不休，五十而复大会。"大致意思是负责人体内部运行的叫"营气"，负责外部防御的叫"卫气"，我也没有怎么搞清楚。不过有一点是肯定的："营气"是和"卫气"相对的概念，是中医"阴阳"理论的组成部分，并且"营气"属阴，"卫气"属阳。不仅如此，据说"魄"也属阴，"魂"才属阳。

但是南怀瑾又认为："人身如一部车乘，当然也如一具机器，其中装载了'营'和'魄'两样重要东西。一个平凡的普通人，长年累月，随时随地，都在使用这两样东西，而且它们是各自为政，但又随时合作。"也就是说，他认为这一句的句读应该是"载营魄／抱一"。

我认为应该是"载营／魄抱一"，或者干脆就是"载营而魄抱一"。"载营"与下文的"为雌"，都是立足在道家"尚阴"基础之上的。

前面说过，道家认为"阴阳应该平衡"，但并不是"阴阳平等"，在阴阳两性之中，阴性是占据主导地位的。"营""魄"和"雌"都属于"阴"，相比与"卫气"和"雄心"，更起决定性作用。

所以，"载营／魄抱一"，指承载着充足"营气"的身体，能够保证精神的安定、专一。"天门启阖，能为雌乎"，是指在大开大合地谋划运用计谋的时候，能不能不要满怀"雄心"，而多一点温柔和慈悲呢？"天门"，即"天机之门"，就是"心"；"启阖"，即"大开大合"；"天门启阖"，形容策划计谋费尽心机，搞出来的动作眼花缭乱。

毋以智和毋以知。"毋",表示否定,就是"不";"以",介词,"凭借、依靠"。通行本的表述是"爱民治国毋以智,明白四达毋以知",上下两句好像是有区别的;帛书本就都是"知",实际上应该没什么区别。这两句粗略一看,好像又是在强调"愚民",其实还是"愚公与智伯"的问题。这里的"知"还是"智"的古字,都是"巧诈"的意思。

评述

这一章有点眼花缭乱。

仔细将一将,其实是个标准的"三段论":

第一层意思:因为在社会这个大染缸中混太久了,一个人的肉体和精神都很难调整到最自然的状态;就像一枚年代久远的铜镜,不管怎么擦洗,总会留下点印迹。

第二层意思:大到治国理民,小到处世办事,大家都推崇计谋策略,不搞点"心机"总是不甘心,这也正是上面所说的肉体和精神不能回到婴儿时那种自然和谐状态的原因。

第三层意思:那么,如何才能达到自然和谐的状态呢?答案早就告诉大家好多次了啊,说来说去还是那句话,万物的生长发展,都要顺其自然,不要有"占有"的心理。

第十一章

人生如画，要善于留出空白

> 卅（sà）辐同一毂（gǔ），当其无，有车之用也。埏（shān）埴（zhí）为器，当其无，有埴器之用也。凿户牖（yǒu），当其无，有室之用也。故有之以为利，无之以为用。

卅：三十。
辐：亦作"辐凑"，连结车辋和车毂的直条。如《伐檀》：坎坎伐辐兮。
毂：车轮中心的圆木。如《国殇》：车错毂兮短兵接。
当：介词。在。如《春夜喜雨》：当春乃发生。
无：跟"有"相对。没有。
用：功用，功能。
埏：用水和土。
埴：细腻的黄黏土。

卅辐同一毂，当其无，有车之用也。

三十根辐条连结在同一个轮毂上，在它留出空间的同时，也有了作为一辆车子的功用。

埏埴为器，当其无，有埴器之用也。

和土制陶，在它留出器皿内部空间的同时，才有了作为器具的功用。

凿户牖，当其无，有室之用也。

在屋墙上凿出若干门和窗，在留出这些空间的同时，才有了作为一所房子的功用。

故有之以为利，无之以为用。

所以，很多时候"有"只代表你取得了某种利益，而"无"才是真正发挥用途的关键。

辨析

车轮与制陶。 据说车轮是人类最古老、最重要的发明，它的重要性可以和火的使用相提并论。你看，世界的动物不管如何进化，没有一种动物能进化个轮子出来。但是车轮和制陶有什么关系呢？没想到吧？在陶艺作坊里，制作陶器的时候，有个玩意在转动，没有轮子，怎么转呢？轮子首先是在制陶时发明的，有了陶轮，就可以一面用脚旋转轮盘，一面用手塑捏成器，于是批量生产就开始了。后来轮子被用到了车上。车轮比陶轮复杂了许多，一开始，人们只是将一些圆形的板子和轴牢牢钉在一起，后来，人们将轴装到手推车上，轮子不直接与车身相连，再后来，出现了装有轮辐的车轮。

车轮进化出辐条，不再是一整块的木板，留出了弹性空间，车子终于能够轻快上路了，车子也才算真正被发明了。

同样，陶瓶要留出内部空间，房子要留出窗户和门，才真正有器皿和房子的功用，没门没窗的不叫房子，叫地牢。

评述

绘画中有一种技法，叫作"留白"。留白是指书画创作时，为使整个作品画面、章法更为协调精美，需要留下相应的空白。小孩子学绘画，最大问题就是不知道要"留白"，会把整张纸画得满满的，不留一点空隙。

大人最大的问题，则是不知道人

生也需要"留白"，总想着要把每一分钱都赚了，把每一点便宜都捡了，心总是惦念着如何名利双收。对待孩子也是如此，要才貌双全，要考第一名，不舍得给孩子留点自由的空间。

留白，最大的好处不是留下发展的空间，而是留下想象的空间，有时候，想象比真实的拥有更为难得。

第十二章

你有你的声色犬马，我和我的淡若天涯

> 五色使人目盲，驰骋田猎使人心发狂。难得之货，使人之行妨，五味使人之口爽，五音使人之耳聋。是以圣人之治也，为腹不为目，故去彼取此。

五色使人目盲，驰骋田猎使人心发狂。

五彩缤纷让人眼花缭乱，左牵黄、右擎苍，锦帽貂裘、千骑卷平岗的围猎让以身许国的老诗人也聊发少年狂。

难得之货，使人之行妨，五味使人之口爽，五音使人之耳聋。

垂涎难得的珍宝，会妨害人的正常行为，留连于美食和歌舞，不止伤害感官，更影响心智。

五色：青、赤、白、黑、黄五种颜色。古代以此五者为正色。这里泛指各种颜色。
驰骋：驰射。
田猎：打猎。
狂：狂放，任性放荡。
货：财物。金钱珠玉布帛的总称。
妨：损害，有害于。
爽：伤败，败坏，如"爽伤"。口爽不是指味道好，而是指伤败败口。如《淮南子·精神训》：五味乱口，使口爽伤。

是以圣人之治也，为腹不为目，故去彼取此。

所以"圣人"的治国理念是：发展物质生产，只要满足基本的生存需求，而不以骄奢淫逸为目标。所以要远离声色犬马，崇尚节俭朴实。

五色、五味与五音。有人可能会说，"五色"是指青、黄、赤、白、黑，"五味"是指酸、甜、苦、辣、咸，"五音"是指宫、商、角、徵、羽，正如有人正儿八经地考证出"五花八门"是哪五朵花、哪八个门。不否认当年关于这些个"五"可能确有实指，但是，在这里肯定不是"确数"，而是"概数"（参见语法链接部分），正如我们都知道"五彩缤纷"绝对不是指"五种颜色"，而是"各种颜色"。这里的"五色、五味、五音"，加上驰骋田猎什么的，用一个成语来形容最恰当，那就是：声色犬马。

为腹不为目。有人解释为：只求填饱肚子，不贪图耳目的享受；还有人认为是只为人民温饱，不为排场好看。大致意思都对，但是总感觉没有说到点子上。

小时候，不知道究竟是怎么回事，大家的生活都很艰难。在外婆家吃饭，飞快地扒完了碗里的，大声叫道："还要！"这时候外婆就会呵斥一句："肚饱眼没饱！"

腹者，肚也；目者，眼也。所以，"圣人"治国，只用管你肚子饱不饱；至于眼睛饱不饱，外婆都不管，"圣人"更犯不着忧心。因为尽管秀色也可餐，但相比于肚子里实实在在的饥饿，眼睛的需求着实可以缓一缓，更何况谁让眼睛动不动就"欲穷千里目"，好高骛远得不着边际，要是所有人的"千里目"都得满足，天下哪有此等物力经得起如此消耗？

还是那句话，"圣人"如何治国，不关我们的事，我们只管自己如何活着。人们有一句话，叫作你有你的声色犬马，我和我的淡若天涯。好多人

牵黄擎苍

在问，这两句话是什么意思？

声色犬马和淡若天涯，代表着两种不同的生活方式，两种截然不同的处世态度：声色犬马，自然是有钱有闲，K歌跳舞，养狗玩车（本来是应该养马的，换成车表示与时俱进），泛指奢侈享乐的生活方式。淡若天涯，则是指不管生活如何五味掺杂、世事怎样万般变化，也如同天涯客旅般淡然处之，不为所动。

语法链接

文言中的概数表示法

概数，也就是大概的数、大概准确的数字。概数不是正确值，它可以有少量的差异。在日常生活中，对于无法用精确数字加以确切描述的数量，一般都会用模糊的范围加以说明。

现代文中，使用"大约""左右""不下于""多……"来表示概数。文言文中表示概数的方法有以下几种：

1. 用"三、六、九、十二"等数字表示概数。

（1）卷我屋上三重茅。（杜甫《茅屋为秋风所破歌》）

（2）一篇之中三致志焉。（《史记·屈原贾生列传》）

（3）九设攻城之机变。（《墨子·公输》）

2. 用"百、千、万"等数词表示概数。

（1）将军百战死，壮士十年归。（《木兰辞》）

（2）千变万化，不可穷极。（《列子·周穆王》）

（3）有大石当中流，可坐百人。（《石钟山记》）

（4）诗三百，一言以蔽之，曰"思无邪"。（《论语·为政》）

"百人"不是具体数；《诗经》实际上有三百零五篇，这里说"三百"篇，是取其概数。

3. 用两个邻近的数字表示概数。

由山以上五六里，有穴窈然。（《游褒禅山记》）

4. 在基数词前加"且、将、约、几、盖、可、无虑"等表示概数。

北山愚公者，年且九十。（《愚公移山》）

5. 在基数词后加"所、许、余"等表示概数。

（1）一车炭，千余斤。（《卖炭翁》）

（2）其巫老女子也，已年七十，从弟子十人所。（《西门豹治邺》）

第十三章

宠辱偕忘，于是乎波澜不惊

宠辱若惊，贵大患若身。何谓宠辱若惊？宠之为下，得之若惊，失之若惊，是谓宠辱若惊。何谓贵大患若身？吾所以有大患者，为（wèi）吾有身也；及吾无身，有何患？故贵为（wèi）身于为（wèi）天下，若可以托天下矣；爱以身为（wèi）天下，女（rǔ）可以寄天下。

宠辱若惊，贵大患若身。

如果因为一时的荣宠或屈辱而惊悸、惊疑，那是把对各种各样外来祸患的担忧，抬高到了和身家性命一样重要的高度。

宠：荣耀。
辱：屈辱。如《岳阳楼记》：宠辱偕忘。
若：而，连词。
惊：惊动，震惊。
贵：抬高，崇尚，重视。
大：许多，规模大。
患：名词。祸患，祸害。如《自新》：为乡里所患。

若：同，相当。
身：生命，性命。
下：居人之下，谦让。如《师说》：其下圣人也亦远矣。

为：因为，由于。如《孟子·梁惠王上》：为其像人形而用之。
及：至，达到。
患：动词。担心，提心吊胆。

于：兼有动词与介词的作用，意为"从……到……"。
若：你（们），你（们）的。如《捕蛇者说》：若毒之乎？
爱：舍不得，吝惜。如《孟子·梁惠王上》：百姓皆以王为爱也。齐国虽褊小，吾何爱一牛。
女：通"汝"，你。如《硕鼠》：三岁贯女。

何谓宠辱若惊？宠之为下，得之若惊，失之若惊，是谓宠辱若惊。

什么叫作"宠辱若惊"？"受宠"无非是接受恩赐，所谓的"宠儿"都依附于强势者之下，所以得到了好处时要担惊受怕，怕有朝一日会失去；失去了既得利益时更要害怕，怕面临着更大的、未知的祸患，这就叫宠辱若惊。

何谓贵大患若身？吾所以有大患者，为吾有身也；及吾无身，有何患？

什么叫作"贵大患若身"呢？我们之所以会担忧各种各样的祸患，还不是因为有着身家性命的纠结；如果我们都达到了不顾虑身家性命的境界，还有什么可以担忧的呢？

故贵为身于为天下，若可以托天下矣；爱以身为天下，女可以寄天下。

所以，只有把人生的意义从看重"为自己"转移到"为天下"，吝惜自身可以，但目的还是"为天下"，你才可以承受托付天下的重任。

辨析

"若"的三种意思。 这一章中的许多个"若"字，有三种意思：

一是顺接连词"而"。受成语"受宠若惊"的影响，潜意识里都把"若惊"理解为"好像受到了惊吓"；其实这个"若"只是用来连接"宠辱""得失"和"惊"这几个动词的，相当于"而"。

二是动词"同、相当"。"贵大患若身"，意为"抬高各种各样的祸患的地位，直到等同于身家性命"。

三是第二人称代词"你"。"若可以托天下矣"，"女可以寄天下矣"，"若"和"女（汝）"都是人称代词"你"。

宠之为下。 有人说这句话是多出来的，理由是没有什么用。这也是解读《道德经》的惯用手法，碰到弄不清楚的，要么改动字词，要么干脆从肉体上消灭，一了百了，所以才会支离破碎。"之"，用在主谓之间取消句子独立性，所以这一句是作为一个句子成分出现的，怎么可以说不要就不要了？

"受宠的人，都是寄人篱下的"，不管是"得"还是"失"，都要担惊受怕，这就叫作"宠辱若惊"。这才是完整的句子、完整的意思。

想想也是，如果不是命运拿捏在别人手上，至少"得到"时可以沾沾自喜一番，至于两头害怕吗？

贵为身于为天下。"于"，做介词时可以是"从"，如"青出于蓝而胜于蓝"，做动词时是"往、去"，如"之子于归"。这里兼有介词与动词的意思，意为将人生的重心从"为身"转移到"为天下"

爱以身为天下。"以"通"于"，课文中出现过很多。"爱于身为天下"，是指"吝惜自身以为天下"，"爱"作"吝惜"解，课文《齐桓晋文之事》中也出现过，详见《德经》第七章。

评述

"受宠若惊"，是指受到意料之外"宠爱"后的惊喜、惊讶、震惊、惊动，

总之"惊"有很多涵义，很形象地描摹了"受宠者"的神情和心理。

这个成语据说出自《愚忠朱勔(miǎn)》：

朱勔所衣锦袍，云："徽宗尝以手抚之。"遂绣御手于肩上。又勔尝与内宴，徽宗亲握其臂。勔遂以黄帛缠之。与人揖，此臂竟不动。

朱勔为北宋"六贼"之一，著名的"花石纲"就是他弄出来的花样，方腊造反即以"诛杀朱勔"为口号，结局可想而知。

朱勔之前，北宋名臣范仲淹写下了千古名篇《岳阳楼记》。其中有"春和景明、波澜不惊"，又有"心旷神怡、宠辱偕忘，把酒临风，其喜洋洋者矣"；一般都会把"春和景明"这个景物描写和"心旷神怡"联系起来，很少会倒过来想想，因为"宠辱偕忘"，所以才会"波澜不惊"。

"宠辱若惊"是因为"宠之为下"，失去了思想上的独立和自由，就会很在意别人的看法和意见，不知不觉就处在"为下"的境地，于是就时不时地一惊一乍，痛苦就会如影随形。

思想自由、人格独立，一切都会波澜不惊。

第十四章

昨天的风，吹不动今天的树

视之而弗见，名之曰微。听之而弗闻，名之曰希。捪（mín）之而弗得，名之曰夷。三者不可致诘，故混而为一。一者，其上不皦（jiǎo），其下不忽，寻寻呵不可名也，复归于无物。是谓无状之状，无物之象，是谓忽恍。随而不见其后，迎而不见其首。执今之道，以御今之有，以知古始。是谓道纪。

捪：抚，摸。

视之而弗见，名之曰微。听之而弗闻，名之曰希。捪之而弗得，名之曰夷。

小到看不见的东西，叫作"微"；小到听不见的声音，叫作"希"；摸过去什么东西也没有，叫作"夷"。

三者不可致诘，故混而为一。

致诘：究问，推究。

"微""希""夷"这三者，按照现在的技术水平，还无法对他们进行深入研究，所以干脆将这些小东西混在一起，都叫作"一"。

一者，其上不皦，其下不忽，寻寻呵不可名也，复归于无物。

皦：同"皎"，清楚，清晰，分明。
忽：同"惚"，昏聩不明的样子。
名：用言语说出。
复：又，再；中断再开始。如《琵琶行》：轻拢慢捻抹复挑。

叫作"一"的这些小东西，围着它们上下左右仔细看来看去，好像看不清楚，又好像有点清楚，寻根究底吧，可就是说不清楚，事实上只能又回到和"无物"没有什么区别的状态。

是谓无状之状，无物之象，是谓忽恍。

这就叫作没有形状的形状，没有具体事物的形象，这就叫作恍恍惚惚。

随而不见其后，迎而不见其首。

跟在后面看不见它们的后背，迎面撞上又看不见脑袋。

执今之道，以御今之有，以知古始。是谓道纪。

今：与"古"相对。现代，当代。
御：统治，治理。如《过秦论》：振长策而御宇内。
有：存在。此处是动词作名词用，意为客观存在、客观事实。简单一点，就是现在的问题，现在发生的事情。
知：懂得，了解，理会。如《杂说》：食马者不知。
纪：要领。如《吕氏春秋》：义也者，万事之纪也。

拿着今天的"道"，来掌控当前的现实；可以用现在的"道"，来弄懂远古的世界起源、领会古人治国和处理各种问题的初衷，但是不能用古人的"道"来管理今天的事，这就是"道"的要领。

其上不皦，其下不忽。"皦"，就是"皎"，洁白、清楚；"忽"，就是"惚"，不清楚。这两句是互文，要贯穿在一起理解，是指上上下下，好像不清楚，又好像有点清楚。如果解释为"上面怎么样、下面又怎么样"，是错误的。

不可名状。这个成语出自这一章。是指无法用语言来描绘、无法用语言来形容。

执今之道……是谓道纪。通行本上是"执古之道，以御今之有"，意为拿着上古的"道"来调控今天的客观存在、客观现实，这与道家的发展观是不一致的。不用说道家是用发展的眼光看问题的，同时代的大多数哲学家都是这么认为的，比方说课文《察今》第一句就是：

上胡不法先王之法？非不贤也，为其不可得而法。先王之法，经乎上世而来者也，人或益之，人或损之，胡可得而法？虽人弗损益，犹若不可得而法。

不管怎么着，先王之法都是不能拿来作为今天的准则的，所以通行本的说法肯定是后人篡改的。能够掌控

当前客观现实的，还是当下的"道"。所以践行"道"的要领，就是要秉承发展的观点，用今天的"道"管理今天的事，最多再根据其结果，推断出昨天的事可能是怎样产生和发展的，为什么会有这样的结果；但是绝对不能用昨天的"道"来管理今天的事，也不能用今天的"道"去管理未来的事。也就是说，道家认为，"道"是有时效性的，是发展的，是与时俱进的，一切的"道"，都是"非恒道"。

关于道家所谓的"一"，有人理解为万物的根本或者世界的本源，不过从这一章的文字来看，应该还是指当时的科技水平无法探究的"微观世界"比较贴切。将这些小玩意儿看作原子、中子什么的，再将之引申为组成世界的基本元素，再得出世界的本源这个结论，是立足于今天的科技水平作出的阐述，那年头肯定不会有人想到这些东西。

其实，这一章，最主要的还是最后一句。前面那么多对"微观世界"的阐述，只是为了说明，在当时的现

实条件下，这个"微观世界"是"不可致诘"的，无法探究的，需要等待更为先进的理论和技术。所以，今天的"道"可以映照出昨天的世界，但不能作为未来的准则，正如昨天的"道"，不能作为今天的准则。

侯德建《龙的传人续篇》中有一句歌词叫"昨天的风，吹不动今天的树；今天的树，晒不到明天的阳光"，不止是时间一去不复返、机会一去不再有，真理也是有保质期的。我们这些后来人，埋头在故纸堆里，试图从古人的牙慧中寻找出解决所有问题的万能钥匙，不知会不会让老祖宗又怜又恨？

第十五章

再谨小慎微，也没有哪一个人生是完美的

古之善为道者，微妙玄达，深不可识。夫唯不可识，故强（qiǎng）为（wèi）之容。曰：豫呵其若冬涉水，犹呵其若畏四邻，严呵其若客，涣呵其若凌释，敦呵其若朴，混呵其若浊，旷呵其若谷。浊而静之徐清，安以动之徐生。保此道不欲盈，夫唯不欲盈，是以能（nài）敝而不成。

微：微小，轻微。
妙：巧妙，高明。如《口技》：众妙毕备。
达：畅通。如《狱中杂记》：屋极有窗以达气。

古之善为道者，微妙玄达，深不可识。

自古以来那些善于按照"道"的要求行事处世的人，他们的行为细致入微、巧妙高明、玄机莫名而又左右逢源，其中的奥妙那是深不可识。

夫唯不可识，故强为之容。

因为我们这些人都不懂，所以只能勉强给这些"善为道者"画个像。

唯：以，因为。
强：副词。勉强。
容：动词。画像。

曰：豫呵其若冬涉水，犹呵其若畏四邻，严呵其若客，涣呵其若凌释，敦呵其若朴，混呵其若浊，旷呵其若谷。

说他们这些人呢，需要作出决断和采取行动的时候，如履薄冰、如临深渊、如畏四邻，非常小心谨慎；日常与人相处，总把自己当作客人，关系再亲密也保持庄重严肃，不忘乎所以；原谅别人的过失时，可以用一个成语来形容，叫作涣然冰释；为人淳朴厚道，像未经加工的木头；混同不同意见、融合民众，就像泥土融化在水中一样自然；心胸宽广，也有一个成语，叫作虚怀若谷。

严：庄严、威严。如《廉颇蔺相如列传》：严大国之威。
涣：流散，离散。
凌：本义是冰。
释：融化、融解。
敦：厚道。
朴：未加工的木材。《说文》：朴，木素也。
混：混同，混合搀杂。
旷：心境开阔，开朗。如《岳阳楼记》：则有心旷神怡。

浊而静之徐清，安以动之徐生。保此道不欲盈，夫唯不欲盈，是以能敝而不成。

混浊的液体，让它安静下来，就会慢慢地变得澄清；而沉迷于安乐的人，就得让他运动起来，才能慢慢地恢复生机。保持这种"道"的关键，是不能把凡事圆满作为努力的方向，因为不把凡事圆满作为自身的欲望，所以能够接受许多事情因残缺而不成功。

浊：与"清"相对。液体浑浊。
徐：缓慢。如《卖油翁》：徐以杓酌油沥之。
安：安逸，安乐。如《琵琶行》：恬然自安。
欲：想要，希望。
盈：圆满，无残缺。
能：古同"耐"，忍耐，忍受。
敝：疲惫，困乏，衰败。如《赤壁之战》：曹操之众远来疲敝。

> 辨析

为道者与卫道士。卫道士原指为基督教作系统辩护的人，后来指顽固不化、思想迂腐，或采用极端手法坚持自己的观点或原则的人，是贬义词。"为道者"，则是指按照"道"的要求行事处世的人，褒义词。"为（wéi）"，动词，意思是从事，做，做事。

为之容。"女为悦己者容"中的"容"是名词作动词，打扮、妆饰的意思；这里的"容"，也是名词作动词，意为"形容、画像"。"为"则是介词，"替"。

犹豫。"犹豫"是双声字，以声取义，本无定字，所以也写作"犹移""犹与""由与""尤与""犹夷"等。有人说"犹"和"豫"是两种生性多疑的野兽的名称，对于这种说法，自古以来，就有人不以为然。这里就是形容因如履薄冰而迟疑不决的样子。

若畏四邻。邻居有什么好怕的？要知道，处理好与邻居的关系，是很重要的。要是和邻居的关系搞僵了，抬头不见低头见，十分地闹心；有一个好邻居，则不止方便，心情也舒畅。

有人将"畏四邻"理解为"提防四邻"；更有人推而广之，认为是在提醒治国者要提防四周的敌人。唉，邻居者，邻而居之，一天到晚在你边上，如何提防得了？这里的"畏"，不是"畏惧"，更不是提防，而是指"敬畏、尊重"。当然，推而广之也是可以的，不止是对邻居，对周围的人，都要抱着敬畏之心，互相有了敬畏之心，鸡毛蒜皮也就不在话下了。

涣然冰释。这个成语出自这一章。像冰遇热消融一般，形容疑虑、误会、隔阂等完全消除。"凌"，就是冰，如黄河上的"凌讯"，通行本上干脆就是"涣兮若冰之将释"。

虚怀若谷。意指胸怀像山谷那样深而且宽广，形容十分谦虚。这个成语也出自这一章。

能和耐。现在的"能耐"是指本领，偏义复词，主要的词义在"能"，"耐"是打酱油的，在许多时候用作贬义词；网络上有财富名人给这个词赋于了新的涵义：能耐，就是能够忍耐。其实这也不算什么创新，只不过把偏义复词拆成了字重新解读。有人说"能敝而不成"是"宁敝而不成"，单从语义上好像也说得通，但从语法上则没有依据，因为古汉语中"能""耐""奈"通用，"能"和"宁"好像就不能通了。"能"通"耐"，意为忍耐、忍受，前面第八章也出现过一次。

敝而不成。因有缺憾而不完美。"敝"一般用作谦称，指低下、破败，如"敝人、敝舍"，这里指缺憾、残缺。"成"，应该是指"完成、完美"。

这一章，通行本中多了两句："澹兮其若海；飂（liù）兮若无止。"意思是安静的时候像大海，飘起来就没有停止的时候。多出的这两句，估计是受了《孙子兵法》中"故其疾如风，其徐如林，侵掠如火，不动如山"的启发。但这两句看上去很是潇潇洒洒，仔细推敲一下，与前文并没有多大联系。

这一章的主旨，是"不欲盈"，凡事不以尽善尽美为目标。按前文的表述，"为道者"处事如履薄冰、小心谨慎，为人敦厚庄重、心胸宽广、个性宽容，并且凡事都抱有足够的耐心，按理说，这样的"完人"要是还有什么事情做不成，那么天理何在？但是最后两句告诉我们，"为道者"真正深不可识的"微妙玄达"，恰恰是能够在完美的努力之后接受不完美，接受缺憾和不成功。所以后人所加的看上去无比空灵的"澹兮其若海；飂兮若无止"，与这一章的主旨并无干系。

有一个故事是这么说的：在一个岛上发现了能够让女人喝了之后变得漂亮的泉水，于是全世界的女人都去喝了，除了最丑的那一个。而最后，审美疲劳的人们，反而认为最丑的那一个是最动人的。

人生，总是因为不完美而精彩。

第十六章

春去春会来，花谢花会再开，只要你愿意……

> 致虚，极也；守静，表也。万物并作，吾以观其复也。天物芸芸，各复归于其根，曰静。静，是谓复命。复命，常也；知常，明也；不知常，妄；妄作，凶。知常，容；容乃公，公乃王，王乃天，天乃道，道乃久，没身不殆。

致：求取，获得。如《送东阳马生序》：无从致书以观。
虚：无欲无为的思想境界。
极：最高准则、标准。
静：恬淡、平和。
表：外面（与"里"相对），外表，表象。如《左传·僖公二十八年》：表里山河。
并：一起，一齐，同时。如《陈涉世家》：并杀两尉。
作：生出，长出来。

致虚，极也；守静，表也。

清空内心的杂念和贪欲，获得内心的"虚逊"，这是人生的终极目标；至于坚守生活的清静恬淡，这是内心宁静平和的表现，表象而已。

万物并作，吾以观其复也。

天下万物一起欣欣向荣，我们要注意看它们是如何循环往复、生生不息的。

天物芸芸,各复归于其根,曰静。静,是谓复命。

春去春来，花谢花开，生命经历了繁华与喧闹之后，最终归于安静。天下众多的生灵，最终都会回到它们的初始状态，这就叫作"静"。"静"，这是生命的重新开始。

复命,常也;知常,明也;不知常,妄;妄作,凶。

生命的循环往复，这是最根本的常态。知晓这种常态，明白生命的法则，你就是一个明白人；不懂得生命的循环是一种常态，面对许多的不如意，内心就不再清静，就会乱了方寸。在乱纷纷的时候干的事情，大多是要惹祸的。

知常,容;容乃公,公乃王,王乃天,天乃道,道乃久,没身不殆。

知晓生生不息是一种常态，就会接受人生的花谢花开，就不那么计较私利，才会成为王者。王者之后，那就是"神一般的存在"。要成为王、成为天，那就得"修道"，只有按照"道"的要求行事处世，才会长久，才能"没身不殆"。

芸芸：众多貌。
谓：通"为"，相当于"是"。
命：性命，寿命。

常：恒久，长久不变，常态。
明：圣明，明察，明智。
妄：胡乱。如《出师表》：妄自菲薄。
凶：灾祸。

容：接受。
天：比人类品质更高尚和能力更强大的存在。

⬡ **辨析**

致虚,极也;守静,表也。通行本中是"致虚极、守静笃"，一般都解释为"致虚和守静都在用足功夫、达到顶点"。这个版本至少有三个问题：一是要求致虚守静都达到顶点，很容易被归结为什么都不干，成为道家"不作为"的又一有力证据；二是将内心的虚逊和行为的宁静混为一谈，忽视了"虚"与"静"的表里关系；三是将"静"简单理解为"安静、宁静"，其实，联系下文，我们可以知道，这里的"静"基本上可以等同为今天的哲学概念"静止"。

静,是谓复命。接上文，生命，不断地成长、开花结果，生命在于运动；当它"静止"下来的时候，生命也就结束了，但是新的生命正是在静止中重新萌芽。

不知常，妄；妄作，凶。"妄"的本义不是"狂妄"，而是"乱"。不懂得生命的循环往复是一种常态，看到花谢花开，就会如林黛玉一般地生出"一朝春尽红颜老，花落人亡两不知"的感慨，内心失去了"虚逊"，行为也就不再"宁静"。心中乱了方寸而乱作为，大多是要惹祸的。

知常……没身不殆。这几句比较绕，需要弄清楚每一个字的意思。首先是"容"，一般都认为是"宽容、包容"，懂得生生不息是常态，因而就学会了宽容，这也对，不过可能还是从"容"的本义"容纳"中引申出来的"接受"更贴切。"公"，一般都认为是"公正"，但"公"的小篆字形，上面是"八"，表示相背，下面是"厶"（"私"的本字），合起来表示"与私相背"，即"无私"；"公正"是从"无私"派生出来的词义。

一般还认为"王"和"天"的意思差不多，都是指"boss"，无非一个是指人间现实中的老大，一个是指飘在天上、存在于思想中的老大，还有人说这个"天"就是指自然。我认为有一个解释最到位：比人类品质更高尚和能力更强大的存在，也就是平常说的"神一般的存在"。而这"神一般的存在"，就是"道"，就是客观真理。

芸芸众生。之所以要解释一下出自这一章的这个成语，是因为很多时候都把"芸芸"解释为"草木茂盛"，而其实它只是指"众多"。如果因为"艹"，而一定要把它和草木联系起来，不好意思，这时候它念"yùn"，指"花草枯黄的样子"。不过也有可能正是因为这样，"芸芸众生"多指一群无知无识的人？

评述

从小就纠结于有一个女性化、大众化的名字，有一阵子故意把"静"写成"靖"，感觉很郭靖、很霸气，不再娘娘腔。没想到当年父母信心拈来的这个"静"字，居然如此高大上，如此哲学、如此哲理。

这一章的内容，其实用不着如此严密的推理，就用周华健《花心》中的一句歌词吧：

春去春会来，花谢花会再开，只要你愿意，只要你愿意……

只要你愿意，静下心来，等一朵花开。

第十七章

有许多幸福，我们本就该拥有

太上，下知有之。其次，亲誉之；其次，畏之；其下，侮之。信不足，案有不信。犹呵，其贵言也。成功遂事，而百姓谓我自然。

太上，下知有之。

最好的君主，是治下的百姓都知道有这么一个人，这样就够了。

其次，亲誉之；其次，畏之；其下，侮之。

稍微差一点的君主，是和治下的老百姓感情很好，并且老百姓也打心里称颂他；再差一点的君主，则是老百姓都怕他；再下面的，就是老百姓都骂他。

太：极大。古作"大"，也作"泰"。凡言大而以为形容未尽，则作太。

上：君主，皇帝。如《陈涉世家》：上使外将兵。

次：这里的其次，不是指第二，而是指"那些次一点的、差一点的"。如《谋攻》：上兵伐谋，其次伐交，其次伐兵，其下攻城。

亲：与"疏"相对。亲密。

誉：称赞，赞美。

侮：轻慢，不敬重。

信：说话讲信用。
案：通"安"，取本义安定、肯定。

犹：踌躇疑惧。

自：本是，本来。

信不足，案有不信。

信义不足的君主，肯定会有说话不算数的时候。

犹呵，其贵言也。

如果你看到一个君主，总是一副犹犹豫豫、迟迟疑疑、欲语还休的样子，那是因为他很看重自己说的每一句话，言出必行。

成功遂事，而百姓谓我自然。

最和谐的社会，是当所有伟大的事业顺利完成后，老百姓都说，"我们本来就应该这样"，这是我们应得的，不用成天念叨着谁是大救星。

辨析

太上。"太"，古代也叫"泰"，比"大"多一点，所以凡是觉得"大"还不足以形容的，都叫作"太"。翻译的时候，如果觉得用"最"还不过瘾，可以用"最最"，"太上"就是"最最好的君主"。

案。通"安"，"肯定"的意思。详见下一章。

犹呵。参见第十五章。"呵"和"兮"一样，都是描绘"……的样子"；"犹"，和第十五章一样，是指因谨慎小心而显出犹犹豫豫的样子。

信。这里的"信"，不是指"诚信"，而是"言必信、行必果"的"信"，也就是"信"的本义："信，言合于意也"。

其贵言也。"其"不是代词"他"，而是语气助词，相当于"那是"，这一章的主语"君主"只在开头出现了一下，接下来都是省略的。"贵"是形容词的意动用法，"以言为贵"，皇帝就该有皇帝的样，不好乱说话，说出来的都是圣旨，所以金口难开也是正常。

自然。参见第二十五章辨析。

最最好的君主，居然不是深受人民爱戴、和群众打成一片的贴心人，而只是作为一个符号般的存在，这是什么话？这个君主还当个什么劲。

这个观点，和道家一直强调的"无为"一脉相承。仔细想想，现在的英国女王可不就是混成了这个样子？法国的总统好像也没好到哪里去。千年前就已经预见到的，为什么我们总是感觉怪怪的呢？是不是因为，正如鲁迅所说，我们只习惯暂时做稳了奴隶和做奴隶而不得的时代？

1789年颁布的《人权宣言》，提出自由、财产、安全和反抗压迫都是"天赋人权"，有人说法国是抄了美国各州的权利法案，我倒认为不如说是抄了《道德经》，所谓的"天赋"，不就是"自然"吗？

道家之所以有这样的底气，是因为清醒地认识到，治国和教书、行医一样，只不过是一份工作，干得好是应该的，而不是什么恩赐；干不好，同样得炒鱿鱼。至于打不打感情牌，并不重要。

所以，有许多幸福，本就是我们应得的，用不着谁追在屁股后面问个不停吧。

第十八章

生命，总会找到出口

故大道废，案有仁义；智慧出，案有大伪；六亲不和，案有孝慈；邦家昏乱，案有贞臣。

废：废弃，废除。如《过秦论》：于是废先王之道。

案：通"安"，一定、肯定。

出：出现，显露。如《醉翁亭记》：风霜高洁，水落而石出。

伪：一是虚假，不真实。如《狱中杂记》：家藏伪章。二是非法，非正统。如《陈情表》：且臣少事伪朝。

慈：对父母孝敬奉养。

故大道废，案有仁义。

当一个国家大道废弛（偏离了本该遵循的道义、"无道"都可以），反过来有些人的仁义会高涨。

智慧出，案有大伪。

当聪明和智慧层出不穷的时候，社会上肯定会充斥着虚伪和狡诈。

六亲不和，案有孝慈。

一个家庭吵吵闹闹、鸡犬不宁，这个家里定会出个把的孝子。

邦家昏乱，案有贞臣。

国家政治昏暗、局势动荡，肯定会出一些忠臣。

贞：意志或操守坚定不移。如《出师表》：此悉贞良死节之臣。

辨析

案。"案"在这里通"安"，这是大家都认可的。问题在于这个"安"是什么意思。一般认为应该是"安有仁义"。"安"作疑问代词，意是"国家都无道了，哪里会有什么仁义、怎么可能会有仁义呢"？看上去很有道理啊。如果没有上一章的"信不足，案有不信"捣乱，还真是不能反驳。"信不足，案有不信"意思太明确了，"信义不足，肯定会有不讲信用的情况"，如果解释为"信义不足，哪里会有不讲信用的情况"，也太挑战常识了。所以，这个"案"都应该取"安"的本义，"定，肯定"。

如果这样，也还是有点挑战的。为什么大道废驰定有仁义，六亲不和定有孝慈，国家昏乱定有忠臣？好像也和常识有点不一样。

所谓的"时势造英雄"，是很有道理的。越是混乱的年代，越是英雄辈出；在国家危亡的关头，总会有人挺身而出，即使不能挽狂澜于既倒，也要明知不可为而为，留取丹心照汗青。又所谓"苦难是财富"，天将降大任于斯人，必先苦其心志，劳其筋骨，饿其体肤，空乏其身……为什么说民国多人才，不单单是教育和传承的问题，更是时势使然……为什么电视剧中的坏父母多能养出好儿子，原来也不全是瞎编……

这也就是所谓的"二律背反"。

智慧出，案有大伪。常说聪明反被聪明误，原因就一个字"伪"。"伪"有两层意思，一是不真实，把小聪明都用到弄虚作假上去了；二是非正统，企图用小聪明达成非正常的目的，如此，反误了卿卿性命。

六亲。不要告诉我"六亲"是哪六个亲人，六亲的说法历来不清楚。"六"，概数，六亲是指所有的亲人、各种各样的亲人。

这一章论述还是家国大事，但是，我首先想起的是电影《侏罗纪公园》中的一句台词：生命，总会找到出口。

作为一个父亲，我一直有一种隐约的担心，担心 Angela 这样细腻敏感的女孩子，有一天会纠结于情感之中。《道德经》讲的是家国大事，于感情则很少涉及，但这一章的"二律背反"，却很适用于看穿情感，所以抄袭林清玄的《生命的出口》，作为这一章的总结。

生命的出口
林清玄

坐在窗边喝茶看报纸，读到一则消息：一个高中女生为情跳楼自尽，第二天，她的男友从桥上跳入河心，也自杀了。

这时候一只小黄蜂从窗外飞进来，在室内绕了两圈，再回到原来的窗户，竟然就飞不出去了。可怜的小黄蜂不知道世上竟有"玻璃"这种东西，明明看见屋外的山，却飞不出去，在玻璃窗上撞得咚咚作响。

忙了一阵子，眼看无路可走了，它停在玻璃窗上踱步，好像在思考一样，想了半天，小黄蜂忽然飞起来，绕了一圈，从它闯进来的纱窗缝隙飞了出去，消失在空中。小黄蜂的举动使我感到惊异，原来黄蜂是会思考的，在无路可出之际，它会往后回旋，寻找出路。对照起来，人的痴迷使我感到迷茫了。

对于陷入情感里的男女，是不是正像闯入一个房子的小黄蜂，等到要飞出时已找不到进入的路口？是不是隔在人与生活中的情感玻璃使我们陷入绝境呢？隔着玻璃看见的山水和没有玻璃隔着的山水是一样的，但为什么就走不出去呢？

在这样的绝境，为什么人不会像小黄蜂退回原来的位置，绕室内一圈来寻找生命的出口呢？是不是人在情感上比小黄蜂还要冲动？

是不是由于人的结构更精密，所以失去像小黄蜂一样单纯的思维？

是不是一只小黄蜂也比人更加珍惜生命呢？

对这一层层涌起的问题，我也无力回答，我只知道人在身陷绝境时，更应该懂得静心，懂得冷静思维。在生命找不到出路时，更要退后一步，关照全局。或者就在静心与关照时，生命的出路就显现出来了。

昨日当我们年轻时，在情感挫折的时候，都会想过了结生命，以解决一切的苦痛与纠葛。但今日回观，并没有必死之理，那是因为情感的发展，只是一个过程接一个过程，乃是姻缘的幻灭，如果情爱受挫就要自尽，这世上的人类早就灭绝了。

何况，活着或者死去，世界并不会有什么改变，情感也不会变得更深刻，反而失去再创造再发展的生机，岂不可惜复可怜？

正如一只山上飞来的黄蜂，如果刚刚撞玻璃而死，山林又有什么改变呢？现在它飞走了，整个山林都是它的，它可以飞或者不飞，它可以跳舞或者不跳舞……它可以有生命的许多选择，它的每一个选择都比死亡更生动有趣啊！

第一次情感失败没有死的人，可能找到更深刻的情感。

第二次情感受挫而没有死的人，可能找到更幸福的人生。

许多次在情感里困苦受难的人，如果有体验，一定更触及灵性的深度。

我这样想着，但是我并不谴责那些殉情的人，而在于感到遗憾，他们自己斩断了一切幸福的可能。我的心里有深深的祝福，祝福真有来生，可以了却他们的爱恋痴心。

可叹的是，幸福的可能是今生随时可以创造的，而来生，谁知道呢？

第十九章

不畏将来，不念过往

> 绝圣弃智，民利百倍。绝仁弃义，民复孝慈。绝巧弃利，盗贼无有。此三言也，以为文未足，故令之有所属：见素抱朴、少私而寡欲；绝学；无忧。

绝：杜绝、摒弃。
圣：圣人。道德智能极高超的理想人物。

绝圣弃智，民利百倍。绝仁弃义，民复孝慈。绝巧弃利，盗贼无有。

树立正确的人生观、政绩观，放弃"造神、造圣"，抛弃巧诈，民众就能够获得百倍的利益。放弃虚伪的"仁义"说教，让民众回归到"孝慈"的本性中来。放弃投机取巧、市门逐利，世上就不会有强盗和小偷。

此三言也，以为文未足，故令之有所属：见素抱朴、少私而寡欲；绝学；无忧。

这三句话，仅仅写在纸上是不够的，所以要让它"有所归属"。也就是说要明白，要做到这三句话，其实是要解决三个思想意识上的问题：一是治国者怀抱一颗朴素的心，少一点私欲，老百姓才能"民利百倍"；二是放弃虚伪的"仁义"说教，而要致力于让老百姓回复善良的本性；三是治国者要有充足的自信，不惧未来，也就不会时刻想着玩弄机巧、与民争利，社会就会安定许多。

> **言**：话。如《琵琶行》：感斯人言。
> **文**：文字。"文"，在先秦时期就有"文字"的意思，"字"，到了秦朝才有此意。"文"指独体字，"字"指合体字。笼统地说，都泛指文字。如《游褒禅山记》：有碑仆道，其文漫灭。
> **足**：充实，完备，足够。如《出师表》：兵甲已足。
> **属**：归属，隶属。
> **素**：质朴，不加装饰。如《陋室铭》：可以调素琴，阅金经。
> **抱**：怀藏，心里存有。
> **朴**：质朴。

辨析

绝学；无忧。这一句比较尴尬。首先是它被踢来踢去：通行本中将它归到第二十章的首句，经过许多大家考证之后，决定还是让它留在这一章。其实很简单，这一章这么多的"绝"字辈的挤在一起，怎么好意思让这个小兄弟单独跑到下一章去？那里可是一个"绝"字都没有啊。

其次，它是"读书无用论"和"知识越多越反动"的罪魁。你看，"绝学无忧"，不就是"人生识字糊涂始"，不就是"不学习就没有烦恼"？老子

的"愚民"，简直是铁证如山啊。

所以，我做的第一件事，就是把"绝学"和"无忧"断开来，为了表示强调，甚至用了分号。这样断句的理由有三点：

一是见素抱朴、少私而寡欲，都是并列短语。"见素抱朴"中的"见素"和"抱朴"，是并列关系，并且是互文，意思是"见抱朴素"，"见"是显现，"抱"是"怀抱、秉持"，内心秉持着"朴素"这一理念，并且在日常的行为中做到"朴素"，所以它是并列词组。"少私而寡欲"，同样是互文，意思是"少寡私欲"，"少"就是"寡"，这个"而"

只是表示顺接的连词，没有转折或者因果的关系。

"绝学无忧"紧接着上面两句而来，以古人说话的习惯和文言文用词的讲究，"绝学无忧"多半同样应该是并列关系的短语，不能搞成因果或转折关系，"不学习就没有烦恼"，很明显成了因果关系。其实中间是用不着标点的，只要明白它是并列词组就行了。

二是上面的三句"绝弃"要求，下面要有三个对应的理由支持。文中说得很明确，要求治国者做到的三个"绝弃"要求，"此三言也，以为文未足，故令之有所属"，"有所属"就是"给我一个理由先"。"三言"最好是给三个相应的理由，而"见素抱朴、少私而寡欲"，虽然句子很长，但意思一样，只能算是一个理由，另外两个理由得分别由"绝学"和"无忧"来承担。

三是这一章的主题还是治国，不是个人修养。"不学习就没有烦恼"说的是个人修养，但这一章讲的是治国。这一章中的"绝"都与"弃"同义，不是"不要"而是"放弃"。"绝学"不是"不要学习"，而是指"放弃教化这种治国的手段"。"无忧"也不单是"没有烦恼"，还包括"无畏"的意思。

综上，搞清楚"绝学无忧"的涵义之后，这一章的意思就很明确了：治国者要明白，少一点私欲，少一点"名望、政绩"的渴求，民众就会获得百倍的利益；不要企图用"仁义"说教来约束民众的行为，而是要善于让民众回到婴儿般纯真善良的"初始化"状态（从这一点来看，道家是真正的"性本善"论者）；治国者要怀着坚定的自信，以"不惧未来"的勇气，放弃与民争利。

这一章是和儒家吵架，详细的争吵过程我们下一章再说。

道家不愧为坚定的入世者，随时都在讨论治国应该如何如何。其实不只是治国的"圣人"，不管是谁，烦恼也好，恐惧也罢，都是出于对未来的不可知，如果能够预见未来，还有多少事情需要烦恼？

因为未来的不可知，所以要通过"蓄积"来应对，积不了钱的，就会想起"养儿防老"。这样看来，对不确定的未来的恐慌，是每一个人"市门逐利"的根本原因。我们平常都把逐利的原因归结为贪欲，很少更客观、更深入地想到，至少对于穷怕了的中国人，拼命追逐金钱的动力，来自于对未来的恐惧。

不要过分责怪国人的浮躁和贪婪，我们不只对自己的未来很不确定，民族的传统还让我们把后代的未来也扛在肩上，许多的打拼都是"我想要为你赢得一个未来，却一不小心输了现在"。为什么北欧的生活如此淡定？是因为良好的福利体系，对明天，对未来有着明确的良性预期，今天就少了一份逐利的迫切。

丰子恺说，不乱于心，不困于情，不畏将来，不念过往，如此，安好。

第二十章

别人笑我太疯癫，我笑他人看不穿

唯与诃，其相去几何？美与恶，其相去何若？人之所畏，亦不可以不畏人。恍呵，其未央哉？众人熙熙，若飨于大牢，而春登台；我泊焉未兆，若婴儿未咳（hái）。累（léi）呵，如无所归？众人皆有余，我独匮，我愚人之心也。沌沌呵，俗人昭昭，我独若昏呵；俗人察察，我独闷闷呵。忽呵，其若海；恍呵，其若无所止。众人皆有以，我独顽以俚。吾欲独异于人，而贵食（sì）母。

唯：急声回答声。如：唯唯诺诺。

诃：同"呵"。大声地回答或斥责。如《韩非子·内储说下》：王出而诃之。

唯与诃，其相去几何？美与恶，其相去何若？人之所畏，亦不可以不畏人。

唯唯（下级、百姓）与诺诺（上级、君主），它们的差距有多少？应该可以用美与丑的差别来比方吧？前面（第二章）说过了，它们可是很有可能互相转换的，所以，老百姓所畏惧的君主，也不可以不畏惧老百姓，因为说不定哪一天就会调个个。

《道德经》本来是不分章节的，之所以搞成八十一章，纯粹是后人为了"九九八十一"硬凑的，我以为这一句，大可以单独成为一章，甚至放到上一章也比归在这一章好。因为这一句还是在论治国，接下来说的就是个人修养了。

恍呵，其未央哉？众人熙熙，若飨于大牢，而春登台；我泊焉未兆，若婴儿未咳。

众人内心的昏暗，难道真的如同黑夜一样无边无际？看他们那快乐的样子，好像盛宴之后，在明媚的春光中登上高楼；而我淡定的表情中，却没有一点的不寻常迹象，像没有变成小孩的初生婴儿一样纯洁自然。

累呵，如无所归？众人皆有余，我独匮，我愚人之心也。

不得意的样子，一定要像那无家可归的丧家犬吗？众人都很富余，就我很匮乏，我有一颗傻傻的心，有什么好伤感呢？

沌沌呵，俗人昭昭，我独若昏呵；俗人察察，我独闷闷呵。

我一副愚昧无知的样子，所有人都清醒，唯独我好像很糊涂；所有人都很明白，唯独我浑浑噩噩。

忽呵，其若海；恍呵，其若无所止。

我的心思，恍恍惚惚、看不清楚，好像大海一样没有边际、没有止境。

相去：相距，相差。
几何：犹若干，多少。
何若：像什么，详见辨析部分。

恍：昏暗不明的样子。
其：表示诘问。通"岂"，难道。
未央：无边无际。如：其乐未央。
熙熙：和悦。
飨：设盛宴待宾客。
大牢：即太牢，古代祭祀，牛、羊、豕三牲具备谓之太牢。
泊：淡泊，恬静。
兆：迹象、征兆、预兆。
咳：通"孩"。小儿，此指长成小孩。
累：不得志貌。如《史记·孔子世家》：累累若丧家之狗。
有余：有剩馀，超过足够的程度。
匮：缺乏，空乏。
沌：愚昧无知。
昭：本义是明亮，引申为清醒。
昏：昏聩，糊涂。如《涉江》：重昏而终身。
察：明察，知晓。
闷：这里指思维混乱，不清醒。
忽：同"惚"，惚又同"恍"。模糊不清的样子。

众人皆有以，我独顽以俚。吾欲独异于人，而贵食母。

众人都对这个社会有用，唯独我愚蠢而粗鄙。我就想一个人与众不同，而致力于修养我的"本性"。

辨析

唯唯诺诺。这个成语的涵义是发生了变化的，现在主要是指恭顺听从的样子，是个贬义词，最能用来形容高官见皇帝的样子。但是"唯"和"诺"在古代汉语中，都是拟声词，都是"应答之声"。"唯"是地位低、辈分低的人对地位或者辈分高的人的应答；"诺"则是地位、辈分高的人对下级或者晚辈的应答。也就说是，今天的"唯唯诺诺"中只有"唯"没有"诺"了。文中的"诃"，意为"大怒而言"，基本与"诺"的意思相同。所以，"唯"与"诃"，是用两个"相对立"的拟声词来表明上下、君民两种"相对立"的身份。"唯"，是指地位低微；"诃"，则是指地位崇高。

这一章之所以尤其显得晦涩难懂，是因为用了许多描述性的语言，如恍惚、熙熙、昭昭、察察、闷闷，这些在当年很形象、很生动的词语，到今天就变成了达芬奇密码。

何若。与前面的"几何"不是同一个意思。"若"，像；"何"，什么，疑问代词前置；"何若"，即"若何"。美与丑的差距像什么？像唯与诃的差距吗？还是唯与诃的差距像美与丑呢？还是两者互相像呢？既然都像了还用分谁像谁吗？而且，这两句本来就是互文。所以，结合上下文的意思，应该是用"美和丑"经常相互转换来比喻"唯与诃"、上级与下级的相互转换是很容易发生的。

恍恍惚惚。"忽"同"惚"，"惚"和"恍"又是同一个意思，是指昏暗不明，看不清楚。

春登台。《论语·侍坐》里，曾皙（曾

暮春登台

点，字皙，宗圣曾参的父亲，孔子的早期弟子）认为人生最高的理想是：

莫春者，春服既成，冠者五六人，童子六七人，浴乎沂，风乎舞雩，咏而归。

"舞雩"是一个土台的名称，是鲁国求雨的坛，曾皙这一段话说的就是"春登台"，并且得到孔子的赞赏，因为孔子也认为，这才是"和谐社会"的标志。

我泊焉未兆，若婴儿未咳。 相比于儒家难得的浪漫，道家就要现实得多：众人不是因为"春登台"而"熙熙"吗？我就淡定得多，甚至于像初生婴儿一样不动一点声色，甚至像孩童一样笑一声都已不够淡定；并且忍不住要问一声，你们真的这样看不清现实和人生吗？儒家不是也有"不以物喜、不以己悲"的领悟吗？

累呵，如无所归？ 文中有"累呵""恍呵""忽呵""昏呵"，"呵"是语气词，延长语气，表示一种持续的状态，和叠词的作用一样，相当于"累累""恍恍""惚惚""昏昏"，应该是"熙熙、昭昭、察察、闷闷"这些叠词用得太多了，所以用"呵"这个语气词来改变一下。如果是这样，那就麻烦了。

"累累"是"不得志貌"。《史记·孔子世家》记载，郑人曾讥笑因"道不得行"而游离于诸国的孔子，"累累若丧家之狗"。后人的注解是："丧家之狗，主人哀荒，不见饮食，故累然而不得意。""如无所归"无非没有明说是"狗"，但也点明了是"丧家"的。这样，岂不是在骂孔子了？

如果你认为是我想多了，那么再来看下一句：

沌沌呵，俗人昭昭，我独若昏呵。 这句话的意思前面说过了，问题在于孟子在《孟子·尽心下》里曾经曰过："贤者以其昭昭使人昭昭，今以其昏昏使人昭昭。"因为这一句在《尽心下》这一部分，相当于语录，没有上下文的语境，不知道孟亚圣具体是在骂谁自己昏昏却想让别人昭昭，但是道家很可能就对号入座了，并且很牛气地说：你昭昭归你昭昭，我偏要一个人昏昏，你能拿我怎么办？这样岂不是又和孟子较上了劲？

这两句，加上前面的"春登台"，不得不让人怀疑，这一章根本是在恶心儒家：继上一章的"绝圣"后，又讥笑了一把孔圣人，顺带恶心了一下孟子。

鉴于孔子曾向老子问道，老子讥笑一下孔子还有可能，笑孟子则没老子什么事。这样看来，《道德经》应该不是老子一个人写的，最大的可能是许多人不断补充的。那么，如果真的是老子一个人写的《道德经》，想必他会暗笑一声：一切尽在老子的掌握之中，至少管尔等五百年啊。

如果翻回前面《德经》第三十章，你会发现，其实道家描述的和谐社会与儒家如出一辙。这可能也能证明，《道德经》本不是一个人写的？

众人皆有以，我独顽以俚。第一个"以"，是"以"的本义"用"；第二个"以"则是顺接连词，相当"和、而、并且"。就是大家都有用，唯独我一个人愚蠢并且鄙俗。为什么要用"以"充当连词？仔细读一下：众人皆有以，我独顽以俚，应该是出于音韵上的考虑，两个"以"很明显在唱对台戏，这是一出道与儒的对台戏。

贵食母。"贵"，还是意动用法，以……为贵；"食"则是动词，和孟子所谓的"吾善养吾浩然之气"的"养"同义。三个字的意思则是：相比于儒家的说教，我更注重养我的"本性"，按照我的"本性"率性而为。

至于"母"为什么是"本性"，详见下一章关于"父和母"的辨析，《基础名词解释》里也说过了。

这一章总体上是对上一章儒家"仁义"教化批评的继续。

一直以来奇怪于一个问题，为什么许多的正统儒家大师，如苏家三大文豪这样的级别，都在很认真的注解《道德经》，而道家则时不时要讥一下儒家的迂腐。对于儒家而言，正所谓"道家虐我千百遍，我对道家如初恋"。

主要还是因为儒家太高尚、太理想，相比之下，道家则要随和、自如得多，最重要的一点，儒家主张"性本恶"，主张约束人性；而道家信奉的是"性本善"，因而十分尊重人性。儒家的大师们正襟危坐太久了，自然也要率性一下。

这一章，听完这些吵吵嚷嚷之后，想到的是唐伯虎的《桃花庵歌》，"别人笑我太疯癫，我笑他人看不穿"，笑他人看不穿是因为"不见五陵豪杰墓，无花无酒锄作田"，众人之"不见"不正是由于"恍恍惚惚"？

话说唐伯虎也是儒家吧？

第二十一章

理解"道"的法门，不是"玄"，而是真情

孔德之容，唯道是从。道之物，唯恍唯忽。忽呵恍呵，中有象呵。恍呵忽呵，中有物呵。幽呵冥呵，中有情呵，其情甚真，其中有信。自今及古，其名不去，以顺众父。吾何以知众父之然也？以此。

孔：嘉，美。
容：标志。

孔德之容，唯道是从。

美德的标志，是只要是"道"的要求就听从。

道之物，唯恍唯忽。忽呵恍呵，中有象呵。恍呵忽呵，中有物呵。

"道"这个东西，一直是模模糊糊，让人看不清楚。但你要是说看不清楚吧，恍惚之间，又有迹象可循，又有东西可据。

幽呵冥呵，中有情呵，其情甚真，其中有信。

"道"是很深奥的，深奥之中，有真情，很真的真情；深奥之中，又屡试不爽，毫无例外的得到应验。

自今及古，其名不去，以顺众父。

从现在推及过去，"道"这个名字一直没有离开我们，我们可以用"道"来解释万事万物产生、发展的原因。

吾何以知众父之然也？以此。

我凭什么知道万事万物的产生和演变是这个样子的呢？凭这个"道"呗。

幽：退隐，潜藏。
冥：深远，幽深。如《阿房宫赋》：高低冥迷，不知西东。
信：证实、应验。

顺：通"训"，解释、说明。
父：指万物化生之本。

辨析

孔德之容，唯道是从。"孔德"，有极端分子解释为"孔子的品德"，结合前面两章，这种说法很滑稽。一般解释为"大德"，看上去也行，但是"孔"并没有"大"的义项，"小"倒是有的。《说文解字》中说："故古人名嘉，字子孔。"意思是许多名叫"嘉"的古人，字都叫子孔，因为"嘉"和"孔"本来就是同义词。所以这里的"孔"是"嘉、美"的意思。"容"本指容貌，引申为"表现、标志"。"唯……是……"是一个固定句式，前面解释过了，意为"只要是……就……"，如"唯利是图"。

幽冥。《淮南子·说山训》："视之无形，听之无声，谓之幽冥。幽冥者，所以喻道而非道也。""幽冥"有"昏暗"的意思，也有"深奥"的意思，前面用了三个"看不清楚"的"恍惚"，这里没有继续用下去，应该不再是"昏暗、看不清楚的"，结合文意来看，这里应该是指"深奥"。至于有人将之解释为"天空一样的清澈"，那是想多了。

自今及古还是自古及今？通行本中是"自古及今"，从过去到现在，这不单是掉个顺序的问题。这一句的意思是"可以根据客观规律（道），从现在推及过去那些事物，都是怎样开始演变的"，而不是"从过去延续到现在"的意思，所以通行本中属于想当然的篡改。

以顺众父。这是本章中最难理解的一句，联系上一章的"贵食母"，我觉得有必要把《基础名词解释》中的"父和母"再抄一遍：

父和母。当然不是指父母。但都是从"生身父母"引申出"开始""本源"的意思，不过侧重点有所不同。举个例子，比方你扔下一粒花籽，就会发出一颗幼芽，那么这颗种子就是"父"，而促使种子发芽的土壤、气候、水分等外部条件则是"母"，这是具体的事物；如果是一件事，那么引发这件事情的看得见、摸得着的直接原因就是"父"，而看不见摸不着，但又确实发挥影响作用的间接原因，就是"母"。这样说来，就有点类似于现代哲学的"内因"与"外因"，但与内因外因又不完全一致。因为前面说过了，《道德经》还不是完善的哲学思想，如果道家思想也能发展成为严格意义上的现代哲学，也许"父与母"也能成为严格意义上的"内因"与"外因"。但是在《道德经》中，这两个概念还是有点模糊的，它们有

几层意思：一是可以用来指"开始、开端"；二是可以用来指"本性"；三是可以用来指"本源、成因"，这时候"父"指内因，"母"指外因。又因为外因多指客观规律，所以"母"很多时候就是指"客观规律"，属于"道"的一个组成部分，因而也有人说，"母"就是"道"，这种说法虽也有道理，因为把"本性"与"外因"合起来，也就基本上等同于"道"了。但是关键要看用在什么地方，上下文是什么样的语境，不能一概用"道"来代替。

这样"父"和"母"意思明确了。"以顺众父"，就是"以道顺众父"，"道"承前文的"道之物"省略。"顺"通"训"，意为解释、说明，指用"道"（客观规律）的哲理来解释众多事物产生和发展的原因。

何以知。即"以何知"，与前一章的"何若"一样，"何"是前置的疑问代词，表强调。

然。这个样子。与第十七章"而百姓谓我自然"同义。

评述

我在《道经》第一章最后一句"玄

理解"道"的法门，不是"玄"，而是真情

之又玄，众妙之门"的辨析中说，这一句是指"玄而又玄的'道'，是众妙之门"，并非"玄是'道'的众妙之门"。那么理解"道"的法门是什么呢？我认为是"情"，是"甚真的情"。

我给"道"下的定义是"客观规律＋基本人性"，规律是冷冰冰的，但道家的人性是火热的。道家认同"性本善"，基本的人性如婴儿般纯真。因此，按照"道"的要求行事处世，自然不能只想着冷冰冰的客观规律，也要顾及人性。顾及人性，这就是情，所以说，深奥的"道"中，也有真情，而且是"很真的真情"。

这样看来，就有点麻烦，当客观规律与主观感情发生冲突的时候，该怎么办呢？儒家的答案肯定很高尚，舍生而取义也，但道家似乎让人们也要兼顾一下人性和真情。我想，这才是理解"道"的法门吧。

第二十二章

有些东西，最贪心的人也不会要

企者不立，自是者不彰，自见（xiàn）者不明，自伐者无功，自矜者不长。其在道，曰馀食赘（zhuì）行，物或（yù）恶（wù）之，故有欲者弗居。

企：踮起脚跟。
是：赞同，认为正确，肯定。如《问说》：是己而非人。
彰：明显，显著。
伐：自吹自擂，夸耀自己。
矜：自夸，自恃。如《卖油翁》：公亦以此自矜。
长：长久，永远。

馀食：吃剩的食物。
赘：多余，无用。

企者不立，自是者不彰，自见者不明，自伐者无功，自矜者不长。

踮起脚尖的人，站不长久；自认为很了不起的人，反而不能让自己突现出来；热衷于自我表现的人不睿智，喜欢自吹自擂的人，多半没有什么了不起的成就；自视清高而又刚愎自用的人，多半是兔子尾巴长不了。

其在道，曰馀食赘行，物或恶之，故有欲者弗居。

所以，"自恋"这个东西，在"道"的角度看来，就是吃剩的饭菜、多余的肉瘤。而有些东西本来就是惹人讨厌的，即使是物欲膨胀的人也不会想到要积聚、收藏一点。那么，你确定你要抱着"自恋"这点残羹冷炙不放吗？

行：通"形"，与"赘"一起形容丑陋的形貌，指赘瘤、肉瘤。
居：积储。

辨析

企者不立。帛书本从字形上看，是"炊者不立"，所以有人直译为"烧饭的人不能站起来"。想不明白烧个饭为什么一定要蹲着，不惜累死个人也坚决不站起来？要不就是烧火的和炒菜的一定得两个人，一个吹箫一个按孔？

根据高明先生的考证，古时"炊"与"企"互通，因此通行本都说是"企者不立"，这是很有道理的。"企者"，就是踮起脚尖的人，这是一个比喻句，用踮起脚尖增加一点高度，比喻凡事都要努力争取一下的人，但是这个姿势是站不长久的。

赘行。"赘"，多余的。"行"通"形"。"赘行"指多余的形态，这个没有什么争议，都认为是指"赘瘤"。

有欲者弗居。许多人都把"有欲者"解释为"有道的人"，那么，到底"有道的人"应该"无欲"呢，还是"有欲"呢？说不清楚了。这主要是对前一句"物或恶之"没有正确理解，如有人认为是"万物或许都厌恶这一点"，这是把"万物"当成了主语，事实上这一句的主语"人们"是省略的，"或（其实这里应该读 yù）"也不是"或许"，而是"有的、有些"。这句话的意思是，有些东西，人们都是厌恶的，即使是"有欲"之人，也不想拥有。

评述

有一句话叫"没啥也不能没钱，有啥也不能有病"，有些东西，是最贪心的人也不会要的，比如"病"，比如"余食赘行"。那么，这一章把什么比成了"余食赘行"呢？是上文的自以为是、自我表现、自吹自擂、自视清高、刚愎自用。这些个以"自我"为中心的"自恋"，是要不得的。

但是，Angela 曾经说过："老爸，上帝造你的时候，一定是加了双份的自恋，而且手一抖，还倒多了。"

刘开《问说》：是己而非人，俗之同病。没办法，自恋这玩意儿，是人就有，既然危害这么大，还是尽量克制吧。

第二十三章

妥协之后，得到的恰恰是完美

曲则全，枉则正，洼则盈，敝则新，少则得，多则惑。是以圣人执一，以为天下牧。不自是故彰，不自见故明，不自伐故有功，弗矜故能长。夫唯不争，故莫能与之争。古之所谓曲全者，岂语哉！诚全归之。

全：完整、完美。
正：纠正，改正，匡正。
敝：破败。
惑：疑惑，迷惑，分辨不清。

曲则全，枉则正，洼则盈，敝则新，少则得，多则惑。

妥协迁就才能完美，迂回辗转之后才能达成正确的目标；低洼之处才有注满水的可能，破败之后才有维新的机会；选择的空间少了，得到的机会反而大，选择的余地多了，挑花了眼，反而什么都得不到。

是以圣人执一，以为天下牧。

所以"圣人"坚持目标"专一"，把"目标专一"当作管理天下的"正道"，而不是成天想着不切实际的"高大全"。

不自是故彰，不自见故明，不自伐故有功，弗矜故能长。

这几句和上一章的"企者不立，自是者不彰，自见者不明，自伐者无功，自矜者不长"意思相同，但行文方式相反。

夫唯不争，故莫能与之争。

因为你不启争端，所以才没有人能够和你争。

古之所谓曲全者，岂语哉！诚全归之。

古人所说的委曲求全，难道只是说说而已！所谓的"完美"，最后确实是归他们（委曲求全的人）所有啊。

执：固执，坚持。
牧：本义是放牧，引申为统治，主管。

争：竞争，较量。
岂：相当于难道、怎么。如《捕蛇者说》：岂若吾乡邻之旦旦有是哉。
语：动词。交谈，说话。
诚：确实，的确。如《国殇》：诚既勇兮又以武。
归：趋向，归向。如《论积贮疏》：今殴民而归之农，皆著于本。

辨析

曲则全，枉则正。"曲"和"枉"同义，都是"弯曲、曲折"的意思，这两句也是互文，意为达到完美或者实现某一正确的目标，都需要妥协和曲折的过程。

执一。第十章有一个"抱一"，和这里的"执一"是一码事，就是指坚持内心、目标等等的"专一"。

以为天下牧。省略句、宾语前置句，完整的意思和语序是"以之为牧天下之道"，即以"执一"为管理天下的"正道"。

岂语哉！这一句可以是反问句，也可以是感叹句，因为反问句和感叹句都可以表示强调。指"不是说说而已，是真的如此"，我觉得还是感叹句更合适一点。

"机会均等"有时候不是表现为选择的空间相等，而是表现为结果的相等：选择空间少的，成功的机率大；选择空间大的，成功的机率小，最终表现为"上帝是公平的"。

"盈"与"缺"是阴阳的两面，按道家的理论，当然是"缺"为阴、"盈"为阳，"缺"是常态，"盈"只不过是过客。所以，人生不能追求事事完美。

要达成一个目标，基本上都不会有笔直的路可以走，总得有点曲折迂回，所以干任何事情之前，都得有"委曲求全"的心理准备，迂回妥协之后，得到的恰恰可能是最好的结果。

中国人最不愿意的、最不会的，就是妥协，几乎一上来就陷入"囚徒困境"，所以动不动就"宁为玉碎、不为瓦全"，同样的还有"宁为鸡口、勿为牛后"，极端的就是"宁我负天下人，不可天下人负我"。自己不想妥协，人家要是主动妥协了，立刻视其为软弱可欺，马上想着得寸进尺，所以，其结果多是两败俱伤。

第二十四章

世上的千姿百态，很多都是我们的无用功

> 希言自然，飘风不终朝（zhāo），暴雨不终日。孰为此？天地而弗能久，又况于人乎？故从事而道者同于道，德者同于德，失者同于失。同于德者，道亦德之。同于失者，道亦失之。

希言自然，飘风不终朝，暴雨不终日。孰为此？天地而弗能久，又况于人乎？

轻声轻语（理解为少说话也可以）才是一个人"本来应该有的样子"，你试试大喊大叫、唠唠叨叨能维持多久？就像强风吹不了一早晨，暴雨下不了一整天。谁做了这些（指限制强力事件无限扩展）呢？当然是"道"，是客观规律。"天地"这样的强者，也不能任性长久，

希：小声。详见辨析部分。
飘：本义是轻风。引申义是回旋周转的强风，使物体腾空而起，掠过来掠过去地周转回旋。
朝：早晨。
况：连词。表示递进关系，相当于何况、况且。如《廉颇蔺相如列传》:况大国乎？

又何况人呢?

这几句,就是"强梁者不得死"的注解,从内容来说,与上一章的"曲则全"意思相同,行文方式相反,且与下面的内容没有多少关系,归为上一章更合适。坏就坏在下面的第一个字"故",让上下文似乎成了因果关系,而事实上下面的这个"故",与"夫"相同,仅仅是一个发语词而已。

从:听从,取法。
事:奉行。

故从事而道者同于道,德者同于德,失者同于失。

那听从"道"的指引,并奉行"道"、实践"道"的人,在"道"的方面是相同的。同样,"从而事德"的人,他们在"德"的方面也是相同的。而"失道"和"失德"的人,他们丢失的东西也是相同的。

德(第二个):动词。给予好处、恩惠。如《硕鼠》:三岁贯汝,莫我肯德。

同于德者,道亦德之。同于失者,道亦失之。

所有同样听从并奉行"德"的人,"道"也会给他们以恩惠,而那些同样"失道""失德"的人,"道"也抛弃他们。

> **辨析**

希言自然。第十四章"听之而弗闻,名之曰希",所以"希"应该是"小声"的意思;"言"作动词,与上一章"岂语哉"的"语"同义。"希言"应该是指"小声说话"。"自然"出现过好几次,即"本来的样子",详见下一章的辨析。

有人把"希言"解释为"少说话",再引申为"少施政令",以符合"自然",看上去似乎好像也有道理,但与下面的"飘风不终朝,暴雨不终日"就没有任何的关系了。所以"希言自然",还是应该解释为:小声说话才是一个人本来应该有的样子。这也是一个比喻句,与下面的两句合在一起,说明"强梁者不得死",强硬的、刚强的东西是坚持不到尽头的。

孰为此？"为"是动词"做"；"此"是代词"这"；字面上的意思就是"谁做了这些"？做了哪些呢？是指限制了"飘风、暴雨"无休止地肆虐下去。那么到底是谁呢？当然是"道"。

从事而道者同于道。按现在的语序应该是"从而事道者于道同"，所以"从事"并不是今天所谓的"做"，而是"从而事"，是指"听从并奉行"。"于道同"，则是"在'道'方面相同"，指对"道"的认识以及所奉行的"道"的内容都是相同的。要注意，这里"同"的双方，是"从而事道者"，是这些人相同；相同内容是"道"，而不是如许多人所理解的那样，人与"道"相同。

德者同于德。同于德者，道亦德之。"德者同于德"，承上一句省略了"从而事"。听从并奉行"德"的人，在"德"的方面是相同的，而这些人，"道"是会让他们得到好处的。最后一个"德"，与前面几个不同，是名词作动词，意为"给予恩惠"。

失者同于失。同于失者，道亦失之。这几个"失"都是"丢失、抛弃"的意思；"失者同于失"，省略的就不是"从而事"了，而是"道和德"。

这样就明确了：抛弃"道"和"德"的人，他们丢失的东西都是一样的，那么对于这些人，"道"也抛弃了他们，因此，麻烦大了。

评述

道者同于道、德者同于德，"道者"和"德者"的认知和行为都是差不多的。失者同于失，失道与失德之人丢失了同样的东西，丢掉之后会出现什么情况呢？文中只说"道"也抛弃了他们，没有具体描述。

有一句是这么说的：干一件事，智者只有一种方法，傻瓜则千姿百态，世界因此丰富多彩。

按照客观规律办事的智者，能一眼看出事情的本质和解决的方法，所以他们会用同一种方法来解决类似的问题；而像我们这样愚蠢或者自以为是的傻瓜们，总会想出匪夷所思的独特办法来解决同一个问题，于是世界就让人眼花缭乱了。

没有了"道"的引导，不遵循客观规律，大家都想当然，一锅粥翻滚不已。

第二十五章

昨天只会越来越远，但明天肯定会到来

有物混（hún）成，先天地生。寂呵寥呵，独立而不改，可以为天地母。吾未知其名，字之曰道。吾强（qiǎng）为之名曰大，大曰逝，逝曰远，远曰返。道大，天大，地大，王亦大。国中有四大，而王居一焉。人法地，地法天，天法道，道法自然。

混：同"浑"。有两个意思：一是天然，一是整体。
成：事物生长到一定的状态，长成。

寂：静悄悄，没有声音。
寥：冷清，冷落，寂寞。如《小石潭记》：四面竹树环合，寂寥无人。

有物混成，先天地生。

有一个东西天然、完整地成为一个整体，在天地出现之前就已经产生。

寂呵寥呵，独立而不改，可以为天地母。

这个东西很寂寞、很孤单，不依靠任何人而存在，也不为任何人而改变，可以把这个东西当作世界的本源。

吾未知其名，字之曰道。

我不知道这个东西叫什么，给它起了个名叫作"道"。

吾强为之名曰大，大曰逝，逝曰远，远曰返。

为了更好地说明"道"的特征，我又不恰当地为它在"道"这个"字"之前加了个"名"，叫作"大"。为什么要加这个"大"呢？因为"大"意味着，"道"作用的范围很广，我们根本无法掌控，只能看着它从我们身边过去，越行越远。但是，可以肯定的是，它还会回来，下一次遇到同样的事情，"道"还是会发挥它的作用的。

道大，天大，地大，王亦大。国中有四大，而王居一焉。

所以"道"很大，天很大，地很大，作为君主的王，也很大。但是，现实生活中的这四个"大"，王只是其中之一。

人法地，地法天，天法道，道法自然。

并且，人生活在这个世界上，要以"大地"的法则作为人类生存的法则，大地则是以"上天"的法则为自己的法则，天又是以"道"的法则为法则，"道"是以万事万物"本来的样子"为法则。那么，最终的法则是什么呢？是"万物本来的样子"，也就是客观规律。至于"王"的法则，又算得了什么呢？

独立：不依靠其他事物而存在；不依靠他人而自立。
改：改变。
字：取名，取表字。如《离骚》：名余曰正则兮，字余曰灵均。

大：达到很广范围或很高程度，如：大肆。
逝：去，往。如《祭妹文》：如影历历，逼取便逝。

法：效法。如《察今》：法其所以为法。

混成。"混"通"浑",意为"天然的,淳朴的",如"浑古、浑朴、浑厚";也有"整体"的意思,如"浑然一体"。"混成"应该有这两方面的意思,指"天然地成为一个整体"。

寂呵寥呵。寂静并且孤单。"呵"延长语气,表感叹。

名和字。现在"名"和"字"是一样的,但古人名是名,字是字,各有用途,出生就起名,成人后才有字,自称用名,称人以字。"字"往往是"名"的解释和补充,是和"名"相表里的,所以又叫"表字"。但是这里是把"名"作为"字"的补充。

吾强为之名曰大,大曰逝,逝曰远,远曰返。"强"是"勉强",意为"不恰当、不准确",但是为了说明"道"的重要性,不得不加上。所以"大"不是"大小",而是指"重要"。"道"的重要性表现在"不可控""不以人的意志为转移",它在我们的身边,你不经意之间它就溜走了,并且越走越远,但是在它该来的时候,它肯定会回来。就像时间,你无法阻止它的流逝,无法阻止昨天越走越远,但明天肯定会到来。所以这是一个比喻句,

用来说明"道"的重要性正是由它的"客观性""不可控"决定的。

理解这一句,关键是不能形而上地把几个"曰"都解释为"说、叫作",人家只是因为"为之名曰大"用了一个"曰"字,后面为了保持句式整齐,都用了"曰",其实后面的三个都相当于"而",表示顺接的连词。

道法自然。"法",是名词的意动用法,指"以……为法",如《察今》中的"上胡不法先王之法",意为"君王为什么不以先王的法律作为法律";"道法自然",就是"道以自然为法","道"以"自然"为法则、规律。那剩下的问题就是"自然"是什么?

汉语的演变历史中,有两次大规模吸收外来词的时期。第一次是汉唐盛世,首先是张骞通西域,引进了一批西域的物品名称,如葡萄、苜蓿、石榴、菠菜、胭脂、玛瑙、胡桐、胡椒等等;其次是玄奘求佛,引进了一大批佛教词汇,如一刹那、安居、必定、因果、真谛、世界、境界、天花乱坠、五体投地、心心相印、昙花一现等等。第二次是晚清维新,这一时期主要是引进经日本人用汉字翻译的大量西方词汇,如哲学、科学、物理学、化学、历史、企业、地图、物质、意识、观念、自觉、积极、消极、

人道、人格、人权、文明、支持、人生观、自由、自治、作品、定义等等。这一现象，称为"日语词汇逆输入"。

今天所说的"自然界"的"自然"，是很难得的一个没有从日本"逆输入"的词汇，据说它是严复在翻译《天演论》时，从《道德经》"道法自然"这一句中"自创"出来的。所以这个"自然"，肯定不是今天的"自然"，直接翻译为"自然"那是不行的。

只能根据古汉语的特点来解释。现代汉语以双音节词为主，而古汉语以单音节词为主，很少有双音节词。这个"自然"，它也不是词，而是两个字组成的"词组"，甚至可以说是"短语"。

"自"是"本来的"；"然"作代词时可以是"这样、那样"，在句末作语气时意为"……的样子"，如"欣欣然"。那么这个"自然"，直白一点，就是"本来的样子"。拍照片的时候，别人会叫你"自然一点"，什么叫作"自然一点"？就是本来怎么样，现在还是怎么样，不要做作。还有所谓的"自然而然"，就是指"自由发展，必然这样；指非人力干预而自然如此"。

"道法自然"，字面上的意思就是："道"以万物本来应该有的样子为规则。有点拗口，仔细体会一下，然后

用现代哲学的概念来表述："道"就是顺应万物发展的客观规律。

至于"人法地，地法天，天法道，道法自然"，原来的推理大致应该是这样的：人生活在大地上，以大地上的出产为生存的依靠，所以要遵循大地的规则；而大地上生长的万物要靠阳光雨露这些"天时"的关照，所以大地要遵循上天的规则；而上天遵循的又是"道"，"道"又要顺应万物本来的样子。从"万物"回到了"万物"，这样岂不成了逻辑上的"死循环"？问题出在哪里呢？按现代的科学的概念，就容易了："天"和"地"都是"自然"，用不着"法"来"法"去，人和万物都只要"法道"，遵守客观规律就行了。

评述

凡是能够被人所掌控的，不管是被什么样的人掌控、有多少人能够掌控，都是不重要的。重要的是那些不被人所掌控的东西，如时间，如客观规律。

在客观规律的作用下，该逝去的终会逝去，该来的也迟早会来，不可侥幸，也没必要纠结，放下心绪，看昨天远去，静候明天到来。

第二十六章

独处时的衣冠楚楚，就不再是脸面问题

重为轻根,静为躁君,是以君子终日行,不离其辎(zī)重;虽有环观（guàn）,燕处则昭若。若何万乘（shèng）之王,而以身轻于天下? 轻则失本、躁则失君。

重：厚重。

轻：轻率、不稳重,轻视,不重视。

根：事物的本源,根由,依据。

静：跟"动、躁"相反。静止,物体不运动。

躁：运动、迅捷。

君：主体。

辎重：外出时携载的物资。

虽：即使……也,纵使。

环：环绕,围绕。

重为轻根，静为躁君，是以君子终日行，不离其辎重。

装载着粮食器械的"重车"，是冲锋陷阵的"轻车"的依靠；静止是占据主导地位的，是迅捷的基础。所以"君子"成天在路上行走，总是注意不离载着辎重的车子太远。

虽有环观，燕处则昭若。

即使身处四面高墙的私宅之内，一个人闲居的时候，行止同样稳重、光明磊落。

若何万乘之王，而以身轻于天下？轻则失本、躁则失君。

为什么"万乘之国"的君主，却因为自身的轻浮而为天下人所轻视？还不是因为举止轻率最终会失去根本；只想着急躁冒进，没有了安然恬静作为基础，迟早会失去统治地位。

观：台榭。如《廉颇蔺相如列传》：大王见臣列观。
燕处：退朝而处；闲居。
昭：行事光明磊落。
若：同，相当。
若何：怎么，为什么。
乘：用以计算实力和财富的车子。如《战国策·赵策》：于是为长安君约车百乘。
于：在被动句中，引进动作、行为的主动者，相当于"被"。如《师说》：不拘于时。
君：指君主的统治地位。

辨析

轻与重。《说文》："轻，轻车也。"段玉裁注："轻本车名，故字从车。引申为凡轻重之轻。"也就是说，"轻"本来是指"轻锐"的战车。如《周礼·车仆》："轻车之萃，谓驰敌致师之车也。"《战国策·齐策》："使轻车锐骑冲雍门。"同样，"重"是指军中载运粮食、器物的车子。如《左传·宣公十二年》："楚重至于邲。"也可以干脆指辎重。所以这里的"重为轻根"，首先是指下文的"终日行不离辎重"，其次再引申出"厚重是轻巧的根本"这个意思。

如果仅按字面的解释，"重为轻根"就是指"重是轻的根本"，好像也没什么问题。因为稳重的东西似乎都是下面根部的地方重一点，上面的脑袋要轻一点，否则就是"头重脚轻"，很不牢靠。但联系下面这句"君子终日行，不离其辎重"，这里的"轻"和"重"都应该取它们的本义。

这一章中"轻"含义很多，首先是"轻车"的轻，然后是轻率、轻浮、轻视，至于"轻重"的轻，其实可以忽略；"重"则要在"重车"和"辎重"的基础上，引申为"厚重、稳重"。

静为躁君。《德经》第三十五章说过了，"君"有"主体"之意，静止是主体，"躁（迅捷地运动）"要以"静"为基础；或者就说，从迅捷的"轻车"

与相对静止的"重车"之间的相互关系引申出了"动"与"静"的辩证关系。

环观。基本上都认为这个"观"就是宫殿的"宫",应该说也可以,但是要是深究起来也不对,因为古代"宫"是高规格、高等级的正式场合,"观"则是普通的、平时居住的房子。

《廉颇蔺相如列传》中,蔺相如责备秦王不够意思,因为赵王送出和氏璧的时候,"斋戒五日",很是隆重,但是"大王见臣列观"("列"是普通的意思,如"列兵"),责备秦王随随便便找了个农家乐就来接收和氏璧,"礼节甚倨",所以蔺叔叔很生气,后果很严重,不给了。真的想要,必须按同等的礼节来!

"环",本义是圆形而中间有孔的玉,后引申为环绕;"环观"就是指被高墙围绕的私宅。

通行本是"荣观",所以许多人认为这里是用"高大的房子"喻指"华丽的生活"。还有人认为这个"环"是指顶篷,有顶篷的房子,然后"像燕子一样居住而自然得到光亮",不明白到底是在说什么。

燕处。又称"燕居""宴处",是指"退朝而处、闲居","环观燕处而昭若",是指即使不在"宫"这样的正式场合,而是处在高墙环绕的私宅里,没有人看得见,并且是独自一人闲处,还是得像在众人之前、像在太阳底下一样光明磊落,举止稳重,不能忘乎所以。

那么这和"轻重、静躁"又有什么关系呢?当然是要求君子们不管人前人后,举止、办事都要稳重,不能轻率;宁愿安静一点,也不要躁动、轻进,否则会失去"根本",会被赶下台来(轻则失本,躁则失君,互文)。

以身轻于天下。通行本中是"以身轻天下",没有这个"于"字,就从被动句变成了主动句,完全是两个意思(详见语法链接部分)。"以身轻天下",是指因为自己、个人而轻视天下;"以身轻于天下",是指因为自己轻浮的行为而为天下人所轻。前面"万乘之王"这么崇高的地位,应该是为这里的"为天下所轻"作铺垫,通过强烈的反差来说明坚守"静"和"重"的重要性。

┌─────┐
│ 评述 │
└─────┘

燕处则昭若,就是儒家说的"慎独"。

有些时候，我们在人前会衣冠楚楚，会伪装得很堂皇，但是一个人的时候就露出了本性；不只一个人独处如此，有时候一群人在一个陌生的地方也会忘乎所以。有一年我和一群同学在杭州函授，陌生的环境中似乎就少了许多约束，大家都变得有点"轻脚摇胯臀"（天台方言，最后两字反切，音如"坤"，意为举止不稳重）。

昭梿《啸亭杂录·不改常度》中记载："仁皇临御六十馀年，凡一切起居饮食，自有常度，未尝更改。虽酷暑燕处，从未免冠。"

需要怎样严苛的自律，才能让一个帝皇，在六十多年里，哪怕是独自一人、哪怕是在酷暑之中，也坚持衣冠楚楚？

是为康熙大帝。

语法链接

文言被动句式

这一章中的"以身轻于天下"，是典型的文言被动句式。

在古汉语中，主语是谓语所表示行为的受动者的句式叫做被动句。

常见的被动句有以下几种形式：

1. 用介词"于"引进行为的施动者，表示被动，即"谓语＋于……"的形式。

如前面所说的"以身轻于天下"，又如《廉颇蔺相如列传》："夫赵强而燕弱，而君幸于赵王，故燕王欲结于君。"

2. 在动词前边用"见"表示被动，构成"见＋谓语"的形式。如：

《渔父》：众人皆醉我独醒，是以见放。

有时需要把动作行为的施动者引出来，可在动词后加介词"于"，构成"见＋谓语＋于"的形式。如：

《廉颇蔺相如列传》：臣诚恐见欺于王而负赵。

3. 在动词前用"受"字来表示被动，构成"受＋谓语"的形式。如：

《报任安书》：其次毁肌肤断肢体受辱。

这种句式中的"受"字，含有"被"的意思，后面省略了介词"于"，施动者也能引出。如果需引进施动者，就构成了"受＋谓语＋于"的形式。如：

《赤壁之战》：吾不能举全吴之地，十万之众，受制于人。

4. 在动词前边加介词"为"，构成"为＋动词"的形式。

这种句式中的"为"和"见"不同，"见"是助词，不能带宾语，所以它总是紧挨着动词，"为"是介词，它可以紧挨着动词（省略了宾语），也可以引出动作行为的施动者。如：

《屈原列传》：身客死于秦，为天下笑。

5. 用"为"引进施动者，谓语前再加"所"，表示被动，构成"为……所……"式。如：

《六国论》：悲夫！有如此之势，而为秦人积威之所劫。

"为……所……"是古汉语最常见的一种被动句形式，并且一直沿用到现代汉语里。但是，在古汉语里，"为"的行为施动者有时可以不出现，或被承前省略了，变为"为……所……"的形式。如：

《鸿门宴》：不者，若属皆且为所虏。

6. 用"介词"引出施动者，构成"被+动词"的形式，这种形式和现代汉语的被动句一样。如：

《屈原列传》：信而见疑，忠而被谤，能无怨乎？

7. 无任何标志的被动句。这种被动句中没有出现任何被动词，但可以根据上下文的意思补出，所以又被称为意念被动句。如：

《屈原列传》：兵挫地削，亡其六郡。

独处时的衣冠楚楚，就不再是脸面问题

第二十七章

聪明能干，最体现在帮助别人的时候

善行者无辙迹，善言者无瑕谪（zhé）；善数（shǔ）者不以筹策，善闭者无关钥（yuè）而不可启也；善结者无绳约而不可解也。是以圣人恒善救人，而无弃人，物无弃财，是谓袭明。故善人，善人之师；不善人，善人之资也。不贵其师，不爱其资，虽智乎大迷。是谓妙要。

善行者无辙迹，善言者无瑕谪；善数者不以筹策，善闭者无关钥而不可启也；善结者无绳约而不可解也。

善于行军的人，不会留下车辙的印记；善于说话的人，不会因为话语中的瑕疵而被人责备；善于数数的人，不依靠"筹策"；善于关门的人，不用锁匙，人家也开不了；

行：这里是乘车行。
迹：物体遗留下的印痕。
瑕：本义是玉上的斑点。比喻人或事物显露出来的缺陷、缺点或小毛病。
谪：谴责，责备。
数：点数，计算。
以：凭借，仗恃。

筹：计数的用具，木或象牙等制成的小棍儿或小片儿。

策：同"筹"，用以计算的筹码。

关钥：锁匙。

结：用线、绳、草等条状物将兵器束或编织起来。

绳约：绳索。亦比喻拘束、约束。

救：帮助、援救别人。如《卖柑者言》:民困而不知救。

弃人：被遗弃的人，废人。

弃财：多余的钱财。

袭：因袭，照旧搬用。

明：圣明，明察，明智。

贵：崇尚，重视。

资：救助，帮助。如《隆中对》:此殆天所以资将军。

迷：分辨不清。

妙：精妙，精微。

要：要点，要领。

善于捆绑的人，不用绳索，人家也解不开。

是以圣人恒善救人，而无弃人，物无弃财，是谓袭明。

所以"圣人"永远善于帮助别人，在"圣人"的眼里，人和物一样，没有任何一个人是毫无用处的，没有任何一样东西是多余的，这才叫作真正的明智。

故善人，善人之师；不善人，善人之资也。

所以能干的人，是能干人的老师，不能干的人，是能干的人帮助的对象。

不贵其师，不爱其资，虽智乎大迷。是谓妙要。

不尊重老师，不关爱需要帮助的人，即使头脑很聪明，也叫作非常糊涂，这就是关于"能干"的要义。

辨析

善。这一章的主题是"善"，但这个"善"，不是"善良"，而是"擅长"。古代"善"与"擅"相通，这里"善"，也就是"能干"。

而无弃人，物无弃财。"弃"不是"放弃"，可以理解为"废弃"，"弃人"与"弃物"是指没用的人、没用的物。

袭明。"袭"是"因袭、沿袭"，"明"是"英明、睿智"；"袭明"按照字面的意，是"沿袭、按照明智的要求"，意译就是"真正的睿智"。

善人之资。这一章的主旨就在于这个"资"字。有人认为是"借鉴"，估计是受了《资治通鉴》的影响，但是仔细想一想"资治通鉴"这四个字，"资"就是"资助、帮助"，"鉴"才是"借鉴"，把"资"当作了"鉴"，把"帮助不能干的人"理解为"借鉴不能干的人的经验教训"，离老子的原意，何止十万八千里。

是谓妙要。一般都翻译为"这就是玄妙的要领"，这是把"玄妙"当成了主语，而这一句的主语应该是被承前省略掉的"善"，是指"善之妙要"、"善"的精妙要领，"妙"只不过是做定语的形容词而已。

微信鸡汤里流传过一段话：

当孩子不麻烦你的时候，可能已长大成人远离你了；当父母不麻烦你的时候，可能已不在人世了；当爱人不麻烦你的时候，可能已去麻烦别人了；当朋友不麻烦你的时候，可能已经有隔阂了！人其实就是生活在相互麻烦之中，在麻烦之中解决事情，在事情之中化解麻烦，在麻烦与被麻烦中加深感情，体现价值，这就是生活。所以说要珍惜身边麻烦你的人！也感谢我曾经麻烦过的你！

向周围能干的人学习如何解决麻烦，在帮助别人解决麻烦中体现价值，这就是"能干"的要领。

第二十八章

作出旁人都认为错误的选择之后，世界从此清静了

> 知其雄，守其雌，为天下溪；为天下溪，恒德不离；恒德不离，复归于婴儿。知其白，守其辱，为天下谷；为天下谷，恒德乃足；德乃足，复归于朴。知其白，守其黑，为天下式；为天下式，恒德不忒（tè）；恒德不忒，复归于无极。朴散则为器，圣人用则为官长。夫大制无割。

其：句中助词，无义，只增加一个音节。
雄：强有力，杰出。
守：坚持，保持，保守。
雌：柔弱。
溪：同"谷"。

知其雄，守其雌，为天下溪。

知道、了解自己的强大和长处，却坚持把自己当作柔弱的、有许多不足的，这样的"圣人"谦逊、低调得像汇集了天下河流的溪谷。

为天下溪，恒德不离；恒德不离，复归于婴儿。

到达了这样的境界之后，"德"就会成为一个人永恒不变的品格，如影随形，人就不会脱离"德"的轨道，也就可以回复到婴儿般纯真的状态。

知其白，守其辱，为天下谷；为天下谷，恒德乃足；德乃足，复归于朴。

知道什么是纯洁的品行，但是也坚定地忍受屈辱（"白"与"辱"的解释详见《德经》第三章）；这样的"圣人"，也像是汇集了天下河流的溪谷。到达了这样的境界之后，外力无法改变的"恒德"，足够让一个人回归到纯朴的状态。

白：纯洁，代表清流贤正。

知其白，守其黑，为天下式。

知道什么是正确的、可以做的，但是很坚决地做了错误的事；或者也可以说，知道怎么做算是清醒的，但是很坚决地做了糊涂的事。这样的人，反而是天下人的楷模。

白：清楚，明白，象征清醒、正确。
黑：昏暗无光，象征糊涂、错误。
式：榜样，楷模。如《书·微子之命》：世世享德，百邦作式。

为天下式，恒德不忒；恒德不忒，复归于无极。

之所以能够成为天下人的榜样，是因为从恒定的、不动摇的"德"出发，他做得没错，只要从"德"的角度考虑没有过错，不单是一个人回归到纯朴的状态，还会更进一步，整个世界都回归到本来该有的那种简单状态，套用《大话西游》中的一句台词，叫作"世界从此清静了"。

忒：差误。《广雅》：忒，差也。
无极：古代哲学中认为形成宇宙万物的本原。以其无形无象，无声无色，无始无终，无可指名，故曰无极。

朴散则为器，圣人用则为官长。夫大制无割。

这一句归为这一章，很大程度上是因为前文有个"朴"，这句又是"朴"开头，但是从内容上来说，归为下一章更合理。先翻译如下：

散：散发，使分散。
用：见用于世，为世所用。
制：裁断，制作。

大木头锯成一块一块后，就可以做成有实际用途的器具；而"圣人"们如果放弃归隐，出来"为世所用"，也就当个什么官、什么长罢了。要知道那真正的大师傅，在裁制高规格大礼服的时候，是不会把布割成一小块一小块的。

是不是觉得和前面的内容没什么关系？有点没头没脑的意思？但如果放到下一章感觉就不一样了。

辨析

知其……守其…… "知"是"知道、了解、懂得"；"其"是句中的语气助词，只起补充音节的作用，没有实际意义。关键在于"守"字。

"守"，字面上的意思就是"坚守"，但在具体的语境中需要略有变通，以使语义更准确。"知其雄，守其雌"，是指知道自己的雄厚实力，但坚守"柔弱"，不去争强好胜；"知其白，守其辱"，是指知道什么是高洁的品行，但坚守"屈辱"，愿意忍受屈辱；"知其白、守其黑"，当然不是指白色和黑色，应该是指知道什么是对的、什么是可以做的，但坚守"错误"；为了"恒德"，宁愿选择大家都认为错误的决定。

这个"知其……守其……"，纯粹是为了句式工整，在意思上还是需要结合上下文来理解，不能就字论字。

恒德。 字面上意思就是永恒的品德。仔细想一想，相当于"恒牙"，跟随你一辈子的、从来不需要想起、永远也不会忘记的、深入到血液和骨髓里的品德。当然，这个"德"不单是"品德"，还有"行为规范"的意思。

朴、婴儿、无极。 "朴"，没有加工过的大木头；"无极"就是太极，指宇宙万物的本原，"以其无形无象，无声无色，无始无终，无可指名，故曰无极"。理解这个需要一点想象力，我们很容易想象确实存在的东西，但是要让我们想象什么都没有也是存在的一种状态，确实有点麻烦。不过还是可以用简单一点的例子来解释一下的，如"0"也是一个自然数；宇宙是无边无际的，那么这个无边无际是

作出旁人都认为错误的选择之后，世界从此清静了

胯下之辱

一种什么样的状态呢？

如果感觉有点烧脑，可以去看一下克里斯托弗·诺兰的《星际穿越》什么的，那个更烧脑。其实这里不用这么麻烦，"无极"与"朴""婴儿"一样，都是指纯真、纯朴、纯洁、简单的状态。

在《德经》第三章，为了说明"大白如辱"，我举了蔺相如的例子，而"知其雄、守其雌，知其白、守其辱，知其白、守其黑"，最典型的例子就是韩信。

《史记·淮阴侯列传》：淮阴屠中少年有侮信者，曰："若虽长大，好带刀剑，中情怯耳。"众辱之曰："信能死，刺我；不能死，出我胯下。"于是信孰视之，俯出袴下，匍匐。一市人皆笑信，以为怯。

当第一个古惑仔挑衅的时候，韩信用一个军事家的精明，迅速计算了一下双方的战斗力，马上得出了结论，凭自己的"长大"和多年的武功修为，即使不用剑，也能三拳两脚将他打翻在地，但他忍住了没有动手，因为如果动手了，势必是一场群殴，输赢就难说了。当众人都跟着起哄的时候，像韩信这样的世家子弟，当然知道什么叫作尊严，而"胯下之辱"又是多么严重的一件事，但是韩信孰（熟）视之，很认真地看了这些人之后，作出了天下人都认为是错误的选择：俯出袴下，匍匐。

来看一下相同情形下的另外一个选择：

杨志挣开身子，顺手一推，把牛二推了一跤。牛二爬起来，嘴里说着，"来呀，是好汉就砍我一刀呀。"一边就来硬夺杨志手里的刀。杨志气极了，牛二却又拳打脚踢。杨志便对众人叫道："大家都看见的，我杨志没办法才在这里卖刀，这流氓不讲道理要抢我的刀，还打我！"牛二说："打死你又怎么样？"说着又是一拳。打得杨志"火从心上起，怒向胆边生"，只见寒光一闪，流氓牛二倒在杨家的祖传宝刀下——刀刃上果然滴血不沾。

韩信夹着尾巴离开了淮阴，踏上了横扫天下的征途；杨志进了监狱，拉开了落草梁山的序幕。

有好多人在问，韩信得志以后，找漂母报恩，有没有找那屠户报仇？

有传说韩信确实找了，但不是报仇，而是让这人在自己手下当了一个小跟班。于是大家都说韩信既知恩报恩，又以德报怨，真是宽宏大量。其实还是韩信自己说得对：苦难是财富，没有当年的胯下之辱，何来今天的韩信？

我只是好奇，那个小跟班，成天跟在这样一个手握千军万马并且以谋略名震天下的仇人后面，会是一种什么样的心情？

太史公对韩信并不认可，他说：

韩信、卢绾非素积德累善之世，徼一时权变，以诈力成功。

韩信的"狡诈"，是因为"兵者，诡道也"，何况是面对项羽这样的"霸王"，不搞阴谋诡计，正儿八经的拉开阵势较量，与在淮阴街头与无赖少年们火并有什么区别？

太史公认为韩信之流没有"积德累善"，导致了日后的败亡；但是韩信以"兵家"的专业技术处理"胯下事件"，包括他对待仇人的态度，恰恰是最符合"德"的原则的。

兵家的清醒与道家的睿智在这里不谋而合，而韩信的冷静却是天下人无法企及的。

抛开韩信日后的所作所为，也不深究他当时内心的真实想法，同时也不讨论他的行为是不是真正的"道"或者"德"，只要明白，在面对"垃圾人"的时候，最正确的选择还是：甘守柔弱，作出旁人都认为错误的选择，你的世界从此清静了。

第二十九章

职场上的价值，就是被锯成一块一块

将欲取天下而为之，吾见其弗得已。夫天下，神器也，非可为者也。为者败之，执者失之。物或行，或随，或嘘，或吹，或强，或羸（léi），或培，或堕（huī）。是以圣人去甚，去泰，去奢。

先把上一章没讲清楚的那一句抄回来：

（朴散则为器，圣人用则为官长。夫大制无割。）将欲取天下而为之，吾见其弗得已。

大木头锯成一块一块后，就可以做成有实际用途的器具；而"圣人"们如果放弃归隐，出来"为世所用"，也就当个什么官、什么长罢了。要知道那真正的大师傅，在裁制高规格大礼服的时候，是不会把布割成一小块一小块的；想要得到天下，而不停地做这做那，我看他这辈子是不会有停手这一天的了。

夫天下，神器也，非可为者也。

神：神奇，神异。

天下，是很神异的东西，不是靠努力经营就可以得到的。

为者败之，执者失之。

败：毁坏，搞坏。

就像不停去做同一件事，最终会把这件给毁了，很在意地紧握着某一样东西，最终会把这东西给丢了。这一句《德经》第二十七章出现过。

物或行，或随，或嘘，或吹，或强，或羸，或培，或堕。

随：跟从。
嘘：慢慢地吐气，呵气。
羸：瘦弱。如《李愬雪夜入蔡州》：皆羸老之卒。
培：本义是给植物或墙堤等的根基垒土，引申为培育。
堕：古通"隳"，毁坏。

有些东西，就应该走在前面，而有些东西就应该跟在后面；有些东西凉了，需要呵口气保暖；有些东西太热了，需要吹口气凉一下；有些时候需要强硬，有时却需要软弱；有些东西需要培育，有些东西却要直接毁掉。

是以圣人去甚，去泰，去奢。

去：相距，远离。
甚：异常安乐。《说文》:甚，尤安乐也。
泰：安定平和。

所以"圣人"们都远离过分的安乐、安宁、奢侈，因为没有任何一样东西是没有对立面的、永远不会改变的。

辨析

朴散则为器。"淳朴发散开来，就成为了可用的器"，看得懂是什么意思吗？

"朴"，《说文》中说得很清楚："朴，木素也。""朴"就是未加工的木材，"素"则是没有染色的丝绸，

同时，木器等器具上没有雕刻花纹也叫作"素"，明白"朴素"是怎么回事了吧？

整块的木头，如果要利用起来，当然得锯成一小块一小块，再做成相应的"器"，那么人呢？

用世。用世，指"见用于世"，与"避世"相对。儒家提倡"修齐治

平"，而后"积极用世"，这是一种热情的人生态度，强调对世界有所担当。

大制无割。在这里"制"写作"製"更易于理解，因为"制"并不是"製"的简化字那么简单。实际上"製"和"制"是两个字，"製"用于具体的制造，如"裁製"；"制"用于抽象的制作，如"制定"，汉字简化后，"製"没有了。只要看一下"製"字下面那个"衣"，就应该知道"大制无割"是什么意思了吧？谁见过晚礼服是用一块块布头拼凑的呢？

吹嘘。《说文》说，"吹"就是"嘘"，"嘘"就是"吹"。现在说的"吹嘘"是指吹牛，但"吹嘘"还可以用来比喻寒暖变化。如卢照邻《双槿树赋》序："故知柔条朽干，吹嘘变其死生；落叶凋花，剪拂成其光价。"秋瑾《春草》诗："吹嘘须着意，莫使感荣枯。"

去甚，去泰，去奢。"甚"有"很、极"的意思，《道德经》中确实也有好多个"甚"字都是"很、极"的意思，所以"去甚"很容易被理解为"不要走极端"。但是联系下面的"泰（平安，也有奢侈的意思）"和"奢"可以知道，这里的"甚"也应该取本义。"甚"的上面其实是个"甘"，也是"安乐"的意思。《说文》："甚，尤安乐也。"

徐灏注："甚，古今字，女部，'乐'也，通作耽、湛。"

去甚，去泰，去奢，用儒家的话来说，就是"生于忧患、死于安乐"。

> 评述

这样看来，儒道本是同根所生，但是这里偏偏又和儒家杠上了：

木头想要成为有用的器具，首先得被锯成一块一块，你们的圣人，要想出来"用世"，也得被锯成一块块的，当个小官罢了，哪有那么多的"天下"让你去平呢？成天"为（wéi）"这"为（wéi）"那又有多少意义呢？

再说了，这天下，自有它发展的规律，又岂会因你们拼命经营就改变多少？天下的事物，都有两面性，好好坏坏的，又岂是你们说得清楚的？你们的"圣人"，不要老是想着享受好不好？

你敢说你们出来"用世"，真的不是为了个人的享受？

不去管他们两家的事，有一点要知道，在职场上，态度要端正，要想"有用"，就不怕被锯成一块一块，不过我们一般都自认为是栋梁之才，不肯去垫桌脚。

第三十章

巅峰之处，必有深渊

> 以道佐人主，不以兵强于天下，其事好（hào）还。师之所居，楚棘生之。善者果而已矣，毋以取强焉。果而毋骄，果而勿矜，果而勿伐，果而毋得已居，是谓果而不强。物壮而老，是谓之不道，不道蚤已。

以道佐人主，不以兵强于天下，其事好还。

善于治国的人，用"道"去辅佐君主，不依靠武力称霸天下，因为用兵争斗这事情，很喜欢"以其人之道，还治其人之身"，今天你打别人，明天别人就打你。

佐：辅助，帮助。

师之所居，楚棘生之。

再说军队所驻扎、停留的地方，荆棘众生，"千里

居：停留。如《小石潭记》：不可久居。
楚棘：即荆棘。

无鸡鸣，白骨露于野"，"君不见，青海头，古人白骨无人收"？

善者果而已矣，毋以取强焉。

所以善于用兵者，要的是达成明确的战略目标而已，不依靠武力搏取威名，不用武力证明自己的强大。

果而毋骄，果而勿矜，果而勿伐，果而毋得已居，是谓果而不强。

战略目标达成之后，不可骄纵，不可矜功自伐。达成战略目标之后，只有在万不得已的情况下，为了万不得已的战略目标，才让军队停留、占领某一个地方。也就是说，劳师动众是为了达成一定的战略目标，而不是为了证明自己的威名、强大。

物壮而老，是谓之不道，不道蚤已。

任何一个事物，当它最强大的时候，就意味着拐点已经出现，接下去要开始衰退了。所以当你天下无敌的时候，还要去欺负人，这就叫作"不道"，而不按照"道"的要求来，很快就会玩完。这句话在《德经》第十八章出现过。

果：结果，这是指达成既定目标。

矜：自夸，自恃。
伐：自吹自擂，夸耀自己。如《史记·淮阴侯列传》：不伐己功，不矜己能。

壮：壮大、强大。
老：衰老，衰颓。
蚤：通"早"。

辨析

其事好还。"其"，代词，"这"，指用兵这件事；"好"，喜欢；"还"，就是"出来混，迟早是要还的"的"还"。用兵这件事，本来就喜欢在哪里输了，就在哪里找回来，夫差打了勾践，勾践卧薪尝胆也要讨回来；《天龙八部》中，姑苏慕容最拿手的就是"以彼之道，还施彼身"，在"血仇"思维的指导下，大家都会"以牙还牙、以血还血"，最终就是"冤冤相报何时了"。

果。一种解释认为是"果断"，这种解释，不管是"果而不得已（通行本）"还是"果而毋得已居（帛书甲本）"，在这个地方都绕不圆。还有一种解释是"结果"，意思没错，但是不够明确，要想清楚明白，还是直接说"达成一定的战略目标"比较好。

矜功自伐。成语，相当于居功自傲。"矜"，骄傲，自夸；"伐"，自夸。第二十二、二十三两章中出现过这两个字。又如《卖油翁》："公亦以此自矜。"《三国志·魏书·邓艾传》："艾深自矜伐。谓蜀士大夫曰：'……如遇吴汉之徒，已殄灭矣。'"

果而毋得已居。通行本中是"果而不得已"，少了一个"居"字，并且前面的"师之所居"也被改成了"师之所处"。由于帛书乙本这句话残缺，不知道是"师之所居"先变成了"师之所处"，还是"果而毋得已居"先变成了"果而不得已"，但有一点是肯定的，拿掉"居"是习惯性的做法，对于无法解释的字，直接从肉体上消灭。

"师之所居"，大军所停留的地方，"居"是驻扎、占领、停留的意思，所以"果而毋得已居"，就是在"结果已经达成的"的情况下，只有万不得已才让军队"居"下来。这是很有道理的，攻防战拼的是实力，一鼓作气就行了；一旦打赢了，要想站住脚，拼的就是消耗，占领军在当地得不到支持和补充，时间一长就会被拖死，也就是"陷入人民战争的汪洋大海"，狼狈不堪。

之所以把"居"字搞没了，还是因为对"果"的解释不明确，在"结果"和"果断"之间徘徊不定，绕得晕乎乎了，就干脆吃掉算了。

> **评述**

有一种观点认为，《道德经》就是一本兵书，从头到尾都很隐晦地谈"用兵"；另一种观点则认为，《道德经》正经谈用兵的就三章：本章、下一章以及《德经》中的第三十四章。不过既然全书都在隐晦地谈用兵，这三章又直白地出现了"用兵"，而且《德经》第二十章还很明确地提出"以正之（治）邦，以奇用兵"这样的指导思想，好像有点说不大通。之所以觉得《道德经》跟兵法搭得上边，恐怕和中医师傅让人背《道德经》是一个道理："哲学"，本来就是"科学的科学"，与什么学科都能扯得上关系，对任何学科都有指导意义。

不去管兵法，离我们太远了。这一章给我们的启示还是"果而毋骄，果而勿矜，果而勿伐"，以及"果而毋得已居"，达成既定的目标之后，不可忘乎所以，被胜利冲昏了头脑，更不可死盯着既得的利益不放，要知道"物壮而老"，巅峰之处，下面往往就是深渊。

第三十一章

有些技能，不值得赞美与羡慕

夫兵者，不祥之器也。物或恶之，故有欲者弗居。君子居则贵左，用兵则贵右，故兵者非君子之器也。兵者不祥之器也，不得已而用之，铦（xiān）袭为上。勿美也，若美之，是乐杀人也。夫乐杀人，不可以得志于天下矣。是以吉事上左，丧事上右；是以偏将军居左，上将军居右；言以丧礼居之也。杀人众，以悲哀莅（lì）之；战胜，而以丧礼处之。

夫兵者，不祥之器也。

战争，不是解决问题的好的方法。也可理解为，善于用兵，是一种不吉祥的才能。

居：积储。如《促织》：居之以为利。

居：平素家居。如《子路曾皙冉有公西华侍坐》：居则曰："不吾知也。"

贵：形容词意动用法，以……为贵。相当于崇尚、重视。

铦：一种农具。引申义为利器。作形容词时意为锋利。

袭：袭击，乘其不备，偷偷地进攻。

美：形容词意动用法，认为……美。

乐：形容词意动用法，以……为乐，相当于"乐于、安于"。

得志：实现其志愿。

居：前面两个是处在，位于，介词；第三个是处置，对待，动词。

言：说明。

莅：管理、处置。如《捕蛇者说》：余将告于莅事者。

处：处置，办理。

物或恶之，故有欲者弗居。

有些东西，每个人都厌恶，所以即使是最贪心的人也不会想去占有。这一句在第二十二章出现过了，详细解释可参见那一章的内容。

君子居则贵左，用兵则贵右，故兵者非君子之器也。

君子平素家居时以左为尊，用兵时则以右为尊，所以善于用兵不是君子应该具有的才能。

兵者不祥之器也，不得已而用之，铦袭为上。

战争是非正常的手段，不得已的时候才用，而且要以出其不意时一招制敌为上策，要绝对避免进入拉锯战。

勿美也，若美之，是乐杀人也。夫乐杀人，不可以得志于天下矣。

不要赞美英勇善战，如果认为善战是一种值得赞美的技能，那是以杀人为乐。以杀人为乐，是不可能凭借武力实现其"平天下"的志愿的。

是以吉事上左，丧事上右；是以偏将军居左，上将军居右；言以丧礼居之也。

所以喜事以左为尊，丧事以右为尊。所以军队中助手排在左边，主将位列右边，说明是用丧事的礼节来安排他们的座次。

杀人众，以悲哀莅之；战胜，而以丧礼处之。

杀人盈野，要以悲伤哀痛的心情来处置这件事，所以庆贺战斗胜利，也是以丧事的礼节来对待。

不祥之器。"不祥"即"不吉利";"器"既有从器具、工具引申出"办法"的意思,又可以指才能,如刘基《卖柑者言》中的"庙堂之器"。所以"兵者,不祥之器",既是指战争是"不吉利的办法""非正常的手段",又指善于用兵其实是"不吉利"的才能。

上(尚)左与上(尚)右。"贵左、贵右","上左、上右",都是指以左为尊或者是以右为尊,"上"就是"尚"。《德经》第四十四章已经讨论过"尚左"与"尚右"。夏商周时,朝官尊左;宴饮、凶事、兵事尊右。这里强调兵事尚右是与丧事等同,是因为战事杀人众,乃不祥之器,不可擅用。

恬淡为上与铦袭为上。帛书本上的表述是"兵者不祥之器也,不得已而用之,铦袭为上",但通行本上则是"恬淡为上"。《汉典》中认为"铦袭"就是"恬淡",理由就是帛书本上是"铦袭"、通行本上是"恬淡"。这个理由有点搞。

"铦",本义是一种农具,用于铲草,很锋利,现在天台方言中仍旧称之为"草铦"。张居正《答两广刘凝斋言贼情军情民情书》:"譬彼艻草,铦锄既过,根芽再萌,惟旋生旋除之

耳。""铦"的引申义是"锋利"。如贾谊《过秦论》:"非铦于钩戟长铩也。""铦袭",是指作战要像用"铦"除草一样,迅速地既斩草又除根,不能陷入僵持状态。

这句话论述的是战术方法,与上一章的"师之所居,楚棘生之"和"果而毋得已居"是同一个意思。

如果一定要按通行本中的"恬淡为上",只能这样解释:战争是不吉祥的方法,对军功的迷恋要以"恬淡"为上。

居。这一章中的四个"居",都有不同的意思,详见注释部分。

从1982年的《少林寺》开始,中国影坛和电视里打打杀杀,各路英雄豪杰纷纷登场,"Chinese功夫"横扫天下。虽然拼命地标榜要"以德服人",但依然是尸横遍野,满眼血腥。32年后,《一个人的武林》终于承认"功夫是杀人技"。

功夫是杀人技,正如兵者是不祥之器,越精通,祸害越大,江湖高手们都逃不脱冤冤相报的死结。

所以,有些技能,本不值得去赞美与羡慕,更不值得去拥有。

第三十二章

任何人都不能左右你的人生，哪怕是以爱的名义

> 道恒无名，朴，唯，小，而天下弗敢臣。侯王若能守之，万物将自宾。天地相合，以雨（yù）甘露，民莫之令而自均焉。始制有名，名亦既有，夫亦将知止，知止所以不殆。譬道之在天下也，犹小谷之与江海也。

名：以私人名义占有。如《论衡》：不名一钱。
唯：这里是用拟声词来形容地位低下。
臣：名词使动用法，使……臣服。相当于役使。

宾：服从，归服。

道恒无名，朴，唯，小，而天下弗敢臣。

"道"永远不会被某一个人占有，不会因为任何一个人而改变，它虽然是简单纯朴的，低微的，甚至是弱小的，但是天下人都不敢让它臣服。

侯王若能守之，万物将自宾。

王公诸侯也不可能去左右、改变"道"，只能遵守"道"，如果能坚守"道"，天下万物将自动归从、宾服。

天地相合，以雨甘露，民莫之令而自均焉。

天地相融、和谐，下的雨水有如甘露，风调雨顺、收成丰足之后，老百姓即使没有人命令，财富也自然会趋向均匀，不会出现贫穷难捱、举步维艰的现象。

合：和睦，和谐，融洽。
以：助词。加在句中表示语气的舒缓或调整节奏。
雨：动词。下雨。
均：均匀、公平。如《出师表》：性行淑均。

始制有名，名亦既有，夫亦将知止，知止所以不殆。

初始创制某一事物的，对这个事物会有一个名分，似乎可以凭这个名分去占有这个事物。但事实上，这个"名分"也仅仅只是一个名分而已，在你拥有这个名分的同时，这个事物就已经是一种客观存在，你对它的所有者身份就已经完毕了。接下来，它会按照"道"，也就是客观规律来发展。那么，你下一步要做的就是，要懂得适可而止，不要总是把自己当作这个事物的所有者，不断地去索取；懂得适可而止，就不会有危险。"知止不殆"在《德经》第七章出现过。

制：样式、规模、规则、规矩等。如《岳阳楼记》：乃重修岳阳楼，增其旧制。
既：完毕，完了。《醉翁亭记》中"既而夕阳在山"的"既"就是"完了"的意思。
有：指客观存在。参见《基础名词解释》。

譬道之在天下也，犹小谷之与江海也。

如果要用什么东西来比喻"道"在天下的作用，那么"道"就像是江海，天下万物就像是小河，小河最终归向江海。

譬：譬如，比喻。
犹：如同、好比。

辨析

唯。先说一下这个字。帛书甲本与乙本都很清楚，这是个"唯"字，但是几乎是所有的注家，都根据通行本把它改成了"雖"（虽的繁体字）；然后将"朴虽小"解释为"质朴的东西虽然很微小，但是天下没有人能使它臣服"。

这种解释，根本的原因是没有理解，"唯"是一个很重要的概念，是"道"的一个很重要的特征。前面第二十章，我们解释过了，"唯"与"诃"相对，是用拟声词来代指地位低下，所以"唯"不是一个关联词语，而是一个名词。

当它作为"道"的特征时，就是指"低微、不高大、不明显"，意为"道"是依靠个人的理解和实践，不是用强制力来保证实施的。

道恒无名与始制有名。"无名"与"有名"，不是"有没有名称"，也不是"有没有威名"。认为"道恒无名"是指"道没有名称"的，是受了第二十五章"有物混成……吾未知其名"的影响，但是这一章接下来很明确地说"字之曰道"，已经将它命名为"道"了，怎么还能说没有名字？至少不能说"道恒无名"。"始制有名"，也不是给"始制"的东西起个名字这么简单，否则下面的"名亦既有，夫亦将知止"就无法理解，为什么起了个名字，就要"知止"？不起名就可以不知止了吗？

翻到前面的《基础名词解释》看一下，这里的"名"，相当于"一文不名"的"名"，意思是"以私人的名义占有"。

这样就好理解了：

"道恒无名"，"道"永远不会被哪个人以私人的名义占有，尽管它是简单的，低微的，甚至是弱小的，但是没有人能够让它臣服，即使是侯王们也只能遵守，不遵守"道"，那吃亏的是你自己。

"始制有名"，参与初始创制某一样事物的，确实有理由去占有这个事物，但是，"名亦既有"，这个所有者的名分也应该终止在这个事物出现的同时，"既"是"完毕"的意思。因为接下去它会按照"道"的要求去发展，而不是按照创始者的意愿去发展，如果一味以"创造者"自居，横加干涉，不懂得"适可而止"，那是一件很危险的事。

民莫之令而自均焉。"风调雨顺、收成丰足之后，老百姓即使没有人命令"，到这个地方为止，意思都是明确的，问题就在于"自均"是什么意思。

"均"，形声字。从土，匀声，"匀"亦兼表字义，合起来指土地分配均平，本义是均匀、公平，所以"自均"是指"自然会均匀"。

这个观点，同样是冲着儒家来的：

《论语·季氏》：丘也闻有国有家者，不患寡而患不均，不患贫而患不安。盖均无贫，和无寡，安无倾。夫如是，故远人不服，则修文德以来之。既来之，则安之。

任何人都不能左右你的人生，哪怕是以爱的名义按儒家的说法，少一点无所谓，关键是要公平、均匀；道家则认为，"均无贫"是个伪命题：大家都一穷二白，所有人的财富都基本等于"0"，这样是不是平均得不能再平均了？难道还不是个"贫"字？所以首先得"天地相合，以雨甘露"，按照"道"的要求来，给老百姓点阳光雨露，让大家都有钱，也用不着担心有钱了就会"为富不仁"，因为人性本质上还是善的，最终自然会变得均匀，不会饿死人。而不按照"道"的要求，破坏生产力，不管你是怎样地标榜"均贫富"，也不管你怎样地引导乃至命令，饿死人还是必然的。

譬道之在天下也，犹小谷之与江海也。这一句要注意弄清楚，"譬"的本体和喻体是什么？"小谷"比喻什么？"江海"又比喻什么？

"江海"比喻"道"，这个没有异议，但有些人认为，"小谷"是比喻"天下"，这就有问题了，且不说"天下"那么大，"小谷"是不是比喻得了，单就字面来看，"天下"前面有个"在"字，说明这个"天下"是充当地点状语的，不是比喻句的本体。那么本体是什么呢？是承前省略的、"万物将自宾"的"万物"。

"万物"与"道"的关系，犹如"小谷之与江海"，小谷最终归于江海，万物最终归于"道"的约束。

这样，这一章的主旨可以说是十分明确了："道"，就是客观真理，不臣服于任何人，不以任何人的意志为转移，侯王与万物一样，都要遵守"道"的规则。

评述

这一章，是一篇很规范的议论文。首先，结构上起承转合很严谨。第一句叫作"开门见山"，一开始就提出，"道"是客观的、不因为任何人而改变。这个叫作"破题"。从论证的方法上，叫作"理论论证"。接下来的第二句指出"侯王也不能例外"，这个叫作"承题"，这句才是论证的真正主题，所以也叫作"文眼"。第三句是举例论证，顺便攻击了一下儒家的错误观点，不过没有明说，如果明说了，又可以是"反面论证"，但是那个意思已经在了。第四句同样是举例论证，并且举出大家认为最应该、最名正言顺可以干预的情形，即因创立而拥有某一事物，但同样不能横加干涉，而要让"道"

来左右。最后一句,则是"比喻论证",同时也属于"呼号式"的结尾。

其次,用词也很讲究,如"犹小谷之与江海也",注意这里出现了"江",以前的章节好像都没有"江",直接说"海",看来已经考虑到有些"小谷"不是直奔大海,只流到了"江","江"再到"海"。

有了这一章这么规范有力的论述,个人认为,后面的第三十七章几乎没有存在的必要。

我们习惯于指手划脚甚至是指点江山,主要还是因为潜意识里都认为自己很聪明,而旁人总是傻不拉叽的,非拉他一把不可。一旦坏事了,总是用"好心办坏事"来遮掩,实在没人可以指点了,就拿孩子下手:我生的,我总可以管吧? 打一两下,难道不是"名分"(天台方言,意为名正言顺)的吗?

任何人的人生都是自由的,只受客观规律的约束;任何人都不能左右别人的人生,哪怕是因爱之名。

第三十三章

不失其所的坚持，才有现实意义

> 知人者，智也；自知者，明也。胜人者，有力也；自胜者，强也。知足者，富也；强行者，有志也；不失其所者，久也；死而不忘者，寿也。

知人者，智也；自知者，明也。

了解别人的人，算得上是聪明的；了解自己的人，才是真正的睿智。

胜人者，有力也；自胜者，强也。

能够战胜别人的人，算得上是有力量的人，但是能够战胜自己的人，才是真正的强者。

知足者，富也；强行者，有志也。

富：多的，丰盛的。
强：刚强，坚决。

懂得满足的人，生存的空间、出路也多；不管干什么事情都持之以恒、竭尽全力，明知不可为而为的，说明这个人是有志向并且有意志力的。但是这样的人，真的能达成目标吗？

不失其所者，久也；死而不忘者，寿也。

有自知之明且不忘本的人，才能长久；死活都不忘本的人，会更长久。

失：失掉，丢失。
其：句中助词，无义，只增加一个音节。
所：处所，地方。如《促织》：成反复自念，得无教我猎虫所耶？
死：固守，抱着不放。
忘：舍弃。如《出师表》：忠志之士忘身于外者。
寿：长久。

辨析

智与明。再一次解释一下这两个字。

《道德经》中的"智"，似乎不是个褒义词，更多是用来指"智巧"，基本上就和"狡猾"是同义词了；最多也就是指"机智"，客气一点可以说是"聪明"，但绝对和"明智"搭不上边。《道德经》中的"明智、睿智"，都是用"明"来表示的。"自知"叫作"明"，在前面第十六章、二十二章、二十三章都强调过；同时"见小"也叫作"明"，"知和""知常"也都叫作"明"；后面第三十六章还指出"欲弱故强、欲夺故予"是"小聪明（微

明）"。

知足者，富也。知道满足的人，才是真的富有，这个解释好像也通，并且我们现在都是这样劝自己，也这样劝别人。问题是这样解释，与下文的"强行者，有志也"，特别是"久不久"就没有关系了，所以要和下面的一句联系起来分析。

强行者，有志也。基本上都把"强行"解释为"持之以恒"，既然"持之以恒"了，那么"有志"，就不仅是"有志向"，更是"有意志力"。但还是那个问题，有志向并且又有意志力了，"久"还是不"久"呢？那就再和下面的一句联系起来看。

不失其所与死得其所。成语"死得其所",是指死在了合适的地方、合适的时候,意为死得有价值。"不失其所"同样是指"不能丢失合适的地方、合适的时候",那么什么是"合适的时间和地点"呢?根据上文的"自知",应该是指"自己本来的情况"?又或者是指"事物的本源"?如果是这样,"不失其所",就是指"不忘本",因为"忘本"本来的意思是指"忘掉自己本来的情况或事物的本源",而不是我们今天认为的"忘了祖宗和出身"。

好吧,我承认我绕远了,还是直接一点吧。这一章的重点是到底"久不久"、怎样才能"久"。"知足者,富也",不是指"富有",而是指"丰富、富余"。"自知",最主要的是要"知足","知足"不代表真的富有了,不管是精神还是物质,但是"知足"就不会强求,生存的空间反而富余;不强求也就是"不强行","强行者",尽管目标明确、意志坚定,但是一定遂愿吗?只有从"自知、自足"出发,不脱离自己的本来情况、事物的本来样子,也就是不忘本,才能实现自己的目标,才能长久,永远都不忘本的,才能更长久。

通行的解释是"知足的人,才是真的富有;死了还不被人忘记的人,才是真的长寿"。让我说什么好呢?既然已经死了,还怎么长寿?那应该叫作不朽吧。

评述

这一章看上去很简单,但仔细推敲一下,望文生义还真是要不得。

Angela 上幼儿园时,有一回开家长会,老师说要鼓励孩子坚持,我就唱了对台戏,主张"有限的坚持",回来后很是惴惴,大家都担心输在起跑线上的时候,你竟敢让孩子不要坚持?

《德经》第四十三章:"天下莫柔弱于水,而攻坚强者莫之能胜也,以其无以易之也。"

"无以易之",意为"没有什么能够改变它",即为"坚持不懈",那么到底要不要坚持?

答案其实很清楚,立足于"自知","不失其所"的坚持,才有意义,"不失其所"的目标,不仅要坚持,还要"无以易之"。

这就叫作辩证法。

第三十四章

只在乎曾经拥有，所以没有了天长地久

> 道氾（sì）呵，其可左右也。成功遂事而弗名有也，万物归焉而弗为主，则恒无欲也，可名于小；万物归焉而弗为主，可名于大。是以圣人之能成大也，以其不为大也，故能成大。

氾：由干流分出又汇合到干流的水。

道氾呵，其可左右也。

"道"像"氾"啊，它可以从主流中向左或向右分出支流，但最后还会回到主流中。意为"道"在实际的运行中，可以有许多的变化，但是最根本的原则是不会变的。

归：趋向，归向。
焉：用在句中表示停顿，相当于"啊"。
小：细，微。

成功遂事而弗名有也，万物归焉而弗为主，则恒无欲也，可名于小。

那么，"道"的根本原则是什么呢？是指"道"是

不以个人的意志为转移的。那么你在成功之后、顺利地完成一件事后，不能占有那些已经成为客观存在的事物，而应让这些事物按照客观规律的要求自行发展。万物纷纷归附而不把自己当作主宰，那就说明确实是没有贪欲、占有欲，从欲望的角度来说，可以叫作"微小"了。

是不是感觉很熟悉？没错，这其实是第三十二章内容的继续。

万物归焉而弗为主，可名于大。

万物纷纷归附而不把自己当作主宰，从修养的角度来说，可以叫作"伟大"了。

大：重要，重大。

是以圣人之能成大也，以其不为大也，故能成大。

所以"圣人"之所以能够成为"伟大"的人，是因为他们从来不认为自己很重要，从不把自己当作世界的主宰，所以能够成为伟大的人物。

辨析

道氾呵，其可左右也。通行本基本上都把"氾"理解为"泛"，即"广泛"，然后据此把"左右"理解为"上下左右"，得出"'道'的作用是全方位的"结论。这种解释有三个问题，一是"氾"本身没有"泛"的意思，二是没有明确"可"是什么意思，三是与下文的逻辑关系没有说清楚。

按，《说文》："氾，水别复入水也。从水，已声。"说明"氾"是水流出了又流回来。再如《诗经·召南·江有氾》："江有氾，之子归，不我以。不我以，其后也悔。"江水流出去了又回来，你回来了，为什么却不回我这里？你不回我这里，迟早会后悔的！

按这个意思，就容易理解了：

"道"就像"氾"啊，它可以向左或向右流出去，但是最后还会流回来。意思就是"道"会有这样那样的变化，但总的原则是不变的，这个总的原则，就是指"道"是客观的，任何人都不能改变，即使你费尽力气让它向左或向右偏一下，很快它又回到原来的轨道上了。

万物归焉而弗为主……可名于大。这一句，通行本作"衣养万物而弗为主，可名于小；万物归焉而弗为主，可名于大"。这样就烧脑了："衣养万物不为主"叫作"小"，"万物归附不为主"叫作"大"。衣养万物和万物归附有什么区别？是不是一个是原因一个是结果？那为什么原因就是"小"，结果就是"大"？逻辑上确实烧得厉害。所以有些注家就说是"叫作小、叫作大"，至于到底怎么个"小"、又怎么个"大"，则不作说明。

帛书本中多了"则恒无欲也"，增加了一个前提条件，这样就容易理解了：从欲望的角度，叫作"小"，从修养的角度，叫作"大"。

评述

这一章似乎应该在第三十二章之后才对。因为从内容上看，是紧接在"始制有名，名亦既有，夫亦将知止"之后，继续阐述要摒弃占有欲、尊重客观规律。但是其中莫名地就插进了阐述"自知之明者才能长久"的第三十三章。

第三十二章和这一章，都在强调同一个道理：即使是你"始制"了一个事物，即使是天下万物都归附于你了，你还是不能把这些事物当成你的私有财产，企图去左右它们的历史；你要做的是摒弃你的占有欲，让他们回到自己的轨道上，按客观规律的要求自行发展。

上帝的归上帝，凯撒的归凯撒。

既然第三十三章插进来了，那就干脆揉在一起吧：

朱家鼎为铁达时手表打造了一句经典的广告词：不在乎天长地久，只在乎曾经拥有。而道家则说，如果你不停地念叨着曾经的拥有，就不可能天长地久。真正的天长地久，是顺其自然。

只在乎曾经拥有，所以没有了天长地久

第三十五章

幽幽暗暗反反覆覆之后，
才知道平平淡淡从从容容才是真

执大（tài）象，天下往；往而不害，安平太。乐与饵，过客止。故道之出言也，曰淡呵，其无味也。视之不足见也，听之不足闻也，用之不可既也。

执大象，天下往；往而不害，安平太。乐与饵，过客止。

手握着泱泱大国、国泰民安的盛世气象，天下人就都向往之；真的去往之后，要能够不妨害他们自主的生活，让他们安享和平与安宁，这才是真正的乐土。要知道，表面上的快乐生活和虚幻的引诱，都只能让民众如过客般停留一下，最终还是要离去的。

大：通"泰"。
象：景象。
往：去，到……去。
饵：引诱。

之：用于主谓结构之间，取消句子独立性。

言：话，言语，口语。

故道之出言也，曰淡呵，其无味也。

所以，"道"说出来的话（也就是"道"的理论），都是很平淡、很无味的，并不华丽。

既：完毕，完了。

视之不足见也，听之不足闻也，用之不可既也。

看一下，好像也没看到什么不得了的东西，听一下，也好像没有什么大不了，但是真的运用起来，就没有穷尽了。

辨析

执大象。基本上都把"象"解释为"道"，"执大象"就是"执守大道"。这也是前面我们所说的注解《道德经》的惯常手法，碰到解不开的字，要么直接按下删除键，要么就都扔进"道"这个大箩筐里。

要理解这个"执大象"，主要还是在于这个"大"。《康熙字典》中说得很明确，"大"可以"徒盖切"，即可以用"徒"的声母和"盖"的韵母去拼读，念 tài，同"泰"，"大象"就是"泰象"。因为有了"泰象"，国泰民安的景象，所以天下人都向往，这样就清楚了。至于"象"的解释，《基础名词解释》中讨论过了。

往而不害，安平太。天下人向往之，然后去往之，来了之后，不能够妨害他们的热情、希望以及生活。这个"害"，不是"危害"，"不危害"的要求有点低，"不妨害"比较合适。这其实也就是儒家所谓的"既来之；则安之"。

乐与饵，过客止。用今天的话说，要能够让人真实地感受到幸福，虚幻的景象与承诺，最终留不住人。孟子教训梁惠王，不要以为在饥荒的时候把人民和粮食搬来搬去，就是了不起的"仁政"了，只不过是"五十步"与"百步"的区别罢了，"则无望民之多于邻国"。

幽幽暗暗反反覆覆之后，才知道平平淡淡从从容容才是真又是治国。

"故道之出言也，曰淡呵，其无味也。"注解到这里，还是很有触动的。《德经》第三十五章，同样有一句："吾言甚易知也，甚易行也；而人莫之能知也，而莫之能行也。"《道德经》从头到尾，确实好像也没有什么高深到不可理解的东西，但是我们就是做不到。

姜育恒在《再回首》中唱道：

曾经在幽幽暗暗反反覆覆中追问，

才知道平平淡淡从从容容才是真。

不管是做人还是做事，最难的是每天都保持一颗平常心；

不管明天要面对多少的伤痛和迷惑，

都能够不慌不忙、不急不躁，不求完美，只求圆满，不要等到：

再回首恍然如梦。

第三十六章

氓之蚩蚩，笑容也有后背

将欲翕（xī）之，必古（gù）张之；将欲弱之，必古强之；将欲去之，必古与之；将欲夺之，必古予之；是谓微明，柔弱胜强。鱼不可脱于渊，邦利器不可以示人。

翕：闭合，收拢。如《促织》：唇吻翕辟，不知何词。
去：离开。
与：亲近。

将欲翕之，必古张之；将欲弱之，必古强之；将欲去之，必古与之；将欲夺之，必古予之。

正如想要收拢一把雨伞，肯定是先有意识地打开了这把雨伞（当然别的东西也是一样）。有些人是这样做的：想要削弱一方势力，一定要先故意让它强大；想要离开一个人，一定会先和这个人表现得很融洽；想要从人家手里取得好处，肯定会先给他一点好处。

是谓微明，柔弱胜强。

上面说的这些事，都叫作"小聪明"，而它所依据的恰恰是"柔弱的最终会胜过强大的"这个道理。一些弱小者，想要战胜比自己强大的敌人，基本都会采用这些阴招。不仅如此，有时候强者也会故意示弱，让对方自我膨胀，然后将他们的失败归结为"自作孽、不可活"，以取得道德上的制高点。

这里的"微明"，仅仅是"小聪明"，或者说是"权谋"，不是真正的睿智。详见辨析。

鱼不可脱于渊，邦利器不可以示人。

所以，作为治国者，要注意，就像鱼儿不能够脱离深渊，治国者也不能让人忽悠得脱离了实际国情。将国家的军队、综合实力一字排开，到处去宣示武力和威风，尽管这样看上去很强大，但离毁灭之时也不远了。

微：微小、轻微。

利器：精良的工具。
示：指示，让人看，把事物摆出来或指出来让人知道。如《赤壁之战》：权以示群下，莫不响震失色。

> **辨析**

古，固，姑，故。 帛书甲本与乙本，都很清楚，这是个"古"字，但通行本中就成了"固"。马叙伦先生则认为这是"姑且"的"姑"，因为《韩非子·说林上》中引《周书》："将欲败之，必姑辅之；将欲取之，必姑予之。"

看来这句话并不是道家的原创。《说文》中同样也写得很清楚："古，故也。"当然，它的意思是"古代"的"古"与"故事"的"故"是同一个意思。那么"古"可不可同"故意"的"故"？统一文字，那是秦始皇的功绩；在文字尚不规范的年代，同一个字会有许多写法，把"故"写成"古"也是有可能的。

"故"的义项中，还有一个是同"固"，意为"本来"。课文中也出现过，即《促织》："此物故非西产。"蟋蟀这东西本来不是陕西的特产。

这样看来，很纠结，"固""姑""故"好像都有可能。

其实，要弄清楚这个问题，关键还在于，这么些个"将欲……必……"到底是不是故意的？

我认为是故意的。

首先，从主观上来说，干这些活，就是存心的，有意的，目的很明确，难道这还不叫故意？那叫什么？一不小心？

其次，这些活，并不是道家要求大家干的，只是举了些例子，让大家警惕这些行为。道家毕竟不是兵家，这些个阴损的招数，不会冠冕堂皇地让人学着干。之所以要把"故"说成是"固、姑"，都是把道家的"举例说明"当成了"处事方法"，总不好说道家故意出这么阴险招数吧？所以往"固"上靠，是试图将这些不厚道的事说成是"本来就应该这样"，往"姑"上靠，则是试图说这只是"权宜之计"。

弄清楚人家只是举例说明，目的是为后面的"邦利器不可示"张目，大可承认这就是故意的。

與（与）与舉（举）。通行本中是"将欲去之，必古舉之"，帛书甲本与乙本都是"将欲去之，必古與之"，按理应该以帛书为准，但就是有人硬说应该为"舉之"，理由是帛书属抄

写错误。一本抄错了可能，两本都抄错？

之所以硬要说是"举"，是先把"去"当成了"除去、夺掉"，再认为"与"的意思是"给与"，这样就和后面的"将欲夺之，必古予之"重复，那肯定不行，改了。但是，"将欲去之，必古举之"好像也没人说明白到底是怎么回事。

"与"，是指"相与"，要好的意思，想要离开一个人，却故意表现得和人家很融洽。

微明。不要想多了，这就是"小聪明"的意思。

有人说，这是"洞察细微的明智"，根据前面的分析，我们可以知道，道家根本就不赞同前面列举的那些阴损之事，何来的赞誉之词？人家说的是，这些阴损的事情，都是权谋乃至技术上的"小聪明"，是与"大道"完全背离的。

从语法上看，"微明"是偏正结构，"微"是形容词，修饰限制"明"这个名词，如果解释为"洞察细微的明智"，缺少了一个动词，并且前面这么些个例子，好像也与"细微"没有一点关系。

邦利器不可示人。基本都认为是"国家利害的玩意儿不能给人看"，比如说法律、军队什么的，这是典型的

上屋抽梯

黑幕政府思维。

勾践入吴之后，充分展示了自己的"智"和"明"，怂恿夫差去伐齐。于是夫差就拿着所有家底——"邦利器"去齐国宣示吴国的强大，后来——就没有后来了。

这个"人"，不是指"民众"，而是"别人""别的国家"。

评述

《三十六计》当中，有一计叫作"上屋抽梯"，仅从名称来看，就是很阴险的招术：忽悠人上了房顶，再拿掉梯子，这个梯子自然是故意放在那里的。具体的表述则是"假之以便，唆之使前，断其援应，陷之死地"，这是用小利诱人陷于死地的阴招。

相比之下，同属《三十六计》的"欲擒故纵"要厚道得多：人家只是说"紧随勿迫，累其气力，消其斗志，散而后擒，兵不血刃"，采用尾随盯人战术，等你自行溃散了捡便宜，算不上阴险。所以我们今天对"欲擒故纵"是有误解的，准确地说，是把"上屋抽梯"当成了"欲擒故纵"。

历史上"上屋抽梯"的典范之作，

都以阴险出名，如"唇亡齿寒"中晋献公欲袭虞，先送美玉宝马；勾践要报仇，就撺掇夫差去攻打齐国。智伯荀瑶想攻打仇由国，嫌道路不通畅，就铸了口大钟（一说是大车）送给仇由国君，忽悠人家造了条"高速公路"，十九天后就长驱直入，简直是中国版的木马计。

最阴损的"上屋抽梯"，当属郑庄公设计并故意纵容弟弟共叔段和母亲武姜不断坐大，发动意料之中的造反，给了自己一个冠冕堂皇的讨伐理由。在自己的母亲与弟弟身上下这样的阴招，难怪会入选《古文观止》第一篇。

上述的故事中，每一个昏了头的国君旁边都站着一个清醒的人，如仇由国的大夫赤章曼枝就说得很清楚：自古只有小国给大国送礼，哪有大国给小国送礼？明摆着就是个套！但是，伍子胥的话，夫差都听不进去，这个叫什么赤章曼枝的，又是哪路神仙？

《诗经·氓》中是这样描述的："氓之蚩蚩，抱布贸丝。匪来贸丝，来即我谋。""蚩蚩"，是指笑嘻嘻的样子。所以，如果有人笑嘻嘻地搬了把梯子过来，记住千万不要爬上去。

第三十七章

春风化雨，天地自正

> 道恒无名，侯王若守之，万物将自化。化而欲作，吾将阗（tián）之以无名之朴。阗之以无名之朴，夫将不辱。不辱以静，天地将自正。

道恒无名，侯王若守之，万物将自化。

"道"永远不会被某一个人占有，不会因为任何人而改变，王公诸侯若能守"道"，天下万物将自然进化，天下万民将自然感化。

"自化"是与"催化""教化"相对的一个概念，详见辨析。

名：以私人名义占有。
化：感化，转变人心。

化而欲作，吾将阗之以无名之朴。

万物进化、万民感化之后，在出现兴盛强大的迹象

阗：充满，填塞。

和机会时，我将用"不要有占有欲"这样纯朴简单的思想来填满、充实治国者与民众的空虚、浮躁的内心。

辱：污浊，混浊。

阗之以无名之朴，夫将不辱。

用纯朴的思想充实内心之后，思想与行为就不会污浊混乱。

不辱以静，天地将自正。

思想、行为不会污浊混乱，是因为内心的清静与淡泊，所有人都能坚守内心的恬静，都能践行"道"的要义，天地之间，万物众民，一切都将会自然地走向正大和谐。

辨析

自化与教化。"化"，简单的说，就是"生长"，如"春风化雨"。儒家强调"教化"，即"上行而化成以下"，通俗地说，就是通过"上行下效"，让民众变得知书达礼、生机勃勃。"教化"的方式又有"文化"与"武化"，这里不展开了。道家则强调"自化"，即大家都守"道"，自然会"有文化""讲风化"。科学家的任务，则是"催化"。

化而欲作。"作"，意为"兴起"，不管是"教化"还是"自化"，目的都是"兴起"，创造走向兴盛的机会。

阗与镇。帛书甲本残缺，乙本是"阗"，通行本则是"镇"，一般都按"镇"解释。"阗"，基本等同于"填"；"镇"则无非是"镇压、镇守"，一个是自下而上、由内而外，一个是从上往下、自外而内，一个希望主动，一个企图压制。从语气与语义两个方面，切合道家的风格，都是"阗"比较合适。

不辱。"辱"字出现比较多。"大白如辱"，意为"真正高洁的品行，往往以屈辱的形式来证明"；"知足不辱"则是指"知足不会招至屈辱"；"宠辱若惊"的"辱"是指"遭受屈辱"。这里的"不辱"似乎可以比照"知足不辱"，按"不会招致屈辱"解，但我觉得结合上下文，还是取"辱"的另一个义项，"污浊、混浊"可能更为贴切（其实"知足不辱"也可以作

"知足不会导致行为混乱"解)。

第三十二、三十四和最后这一章，内容比较一致，基本上是属于对"道"的总结陈词，总体上就是强调"道"的客观性，中间插进来的几章，后人夹塞的可能性比较大。如果不是后人另加，只能说当年老子确实是在卞喜的强求之下，匆忙而为，没有考虑结构上的问题。

这也不奇怪，推崇"教化"的儒家，当然要致力于身体力行且"诲尔谆谆，听我藐藐"，而推崇"自化"的老子，肯定讨厌喋喋不休，五千字已经很够意思了。

可是，谁又能说《道德经》没有喋喋不休？

儒家的"春风化雨"，道家的"天地自正"，很难说是谁对谁错。人生是一堂课、一场学习，更是一种体验、一场修行，且以李宗盛的《山丘》作为评述的结语：

想说却还没说的还很多
攒着是因为想写成歌
让人轻轻地唱着淡淡地记着
就算终于忘了也值了
说不定我一生涓滴意念
侥幸汇成河
……
越过山丘虽然已白了头
喋喋不休时不我予的哀愁
还未如愿见着不朽
就把自己先搞丢
越过山丘才发现无人等候
喋喋不休再也唤不回了温柔
为何记不得上一次是谁给的拥抱
在什么时候

儒家在左，佛教在右，中间是道

（后记）

我出生于号称"佛宗道源"的天台山，但是不管是佛还是道，所知都甚少。Angela 曾问我：儒、道、佛的区别是什么？我是瞬间迷乱了的：

儒、道、佛，哪一家是我懂一点的？

现在我可以这么回答：

儒家在左，佛教在右，中间是道。

佛是"教"，从进口的那一天起，就是宗教；儒是"家"，虽然也有人称之为"儒教"，但它一直只是"家"，不是宗教；而道既是"家"，又是"教"。"家"与"教"的区别，基本上可以看作哲学与宗教的区别。

哲学是预见，宗教是幻想。有医家信奉《道德经》，据说还把它作为抵御病气的盾牌，这更多的是宗教范畴。我们不讨论"道教"，只说"道家"。

道家是入世的

很多时候，我们这些凡夫俗子处于佛、道不分的状态，把许多佛教的东西记到了道家的名下，同时也把许多"道教"的东西记到了"道家"的名下。其实在儒、道、佛三者之中，真正出世的是佛家，道家与儒家一样是入世的。一本《道德经》，处处教人如何治国，你能说他出世？至于"道教"是不是出世，我不知道。

道家是尊重人性的

道家确实强调"无欲"，但事实上，儒家和佛教对欲望的压制，比道家严厉得多。儒家强调修身齐家，把自身的欲望都控制了，这个人就成为了一个纯粹的人、脱离了低级趣味的人,这种人叫作圣人。几千年下来,也就那么几个人做得到。佛教更绝,要求大家"四大皆空",彻底消灭欲望。相比之下,道家首先是正确对待欲望,认为自私、自利、自尊、自爱都是基本的人性。人在社会之中,所要做的就是找到自身欲望与外部规律的平衡点。而这个平衡点,简单一点说,就是"简单做人"。

相比于儒家的高要求,道家更为现实,于是就出现了很好玩的事,许多儒家都在解读《道德经》,希望如道家一般生活。

道家十分强调客观规律

道家认为所有事物都是按照客观规律的要求发展变化的,没有任何人能够左右任何事物的发展。即使这种事物是你创造的,但是从它出现的那一刻开始,也按照固有的规律前行,和你的主观愿望可能会渐行渐远。道家强调这一点的主要目的,还是希望治国者能自然、无为。

道家并不是什么都不干

什么都不要干,什么都不想做,这是对"无为"的误解。其实道家想说的是,外部世界的发展规律是客观存在的,是无法改变的,人们要做的是,在尊重客观规律的基础上,顺势而为,做该做的事,并不是说什么事都不要干就天下大吉了。

道家时刻准备适应变化

"祸福相倚",是道家最为大家接受的观点。不接受不行,因为事实如此,这个世界变化太快。所谓的十年河西、十年河东,那是在"慢生活"的时代,现在更准确的说法是"瞬息万变",东边刚刚日出,西边就开始下雨,不做好随时应对变化的准备不行啊。

道家认为柔弱与不完美才是常态

阴阳学说的主要内容,一是互相转变,这个大家都认同;二是"谷神不死、强梁者不得死",阴性占主导地位,柔弱是常态,这个一般都不愿意接受。道家强调的还不只是"坚守柔弱",更强调强大与强势只能维系一时，因而要学会善于妥协，妥协之后的不完美，恰恰是最圆满。

按规范的说法，读书，是要先把书读"厚"，再把书读"薄"。我用了二十多万字注解五千字的《道德经》，应该算是读"厚"了，上面的内容则属于读"薄"。

如果想再"薄"一点，套用一下我习惯了的公文格式，整本《道德经》，可以用这么几句话来概括：遵循规律，尊重人性；无为治国，简单做人；顺应变化，不求完美。如果还要再"薄"一点，也行，三个字就可以：辩证法。

《道德经》之所以几千年不衰，很大程度上是因为它是一个开放的平台，没有固定的解释，谁都可以根据自己的理解加以阐释，再回过头来指导自己的生活，也就是说它其实并不高大上，反而是"宜乎众矣"。尽管有些可能不是原文的本义，但也是个人的真实感悟，因而具备了相当的生命力。Angela，我的解读，可能也不是老子的原意，但是，我保证能让你看得懂，能够知道我在说什么，能够让你把整部电影的情节给贯穿起来，不至于看了一半，因为不知所云就扔了。所以我一边写，一边给人家看，就问一个问题：看懂我在说什么没？人家说懂了，好，那么你肯定也能看懂了。

好了，我已经写完了，接下去该你来读了。当然，你现在还只能一知半解，但终有一天，你会明白所有。

说明两点：一，不要希求顿悟，慢慢领悟吧；二，如果你不认可其中的某些观点，那也不用纠结，听从自己的内心吧，这才是《道德经》的精髓。

2016 年 7 月

图书在版编目(CIP)数据

轻松读懂《道德经》/ 陈静著. —杭州:浙江古籍出版社,2016.5(2020.7重印)

ISBN 978-7-5540-0832-4

Ⅰ.①轻… Ⅱ.①陈… Ⅲ.①道家②《道德经》-通俗读物 Ⅳ.①B223.1-49

中国版本图书馆CIP数据核字(2016)第119363号

轻松读懂《道德经》

陈 静 著

出版发行	浙江古籍出版社
	(杭州市体育场路347号)
责任编辑	关俊红
责任校对	余 宏
美术设计	刘 欣
责任印务	楼浩凯
照 排	杭州兴邦电子印务有限公司
印 刷	三河市兴国印务有限公司
开 本	880mm×1230mm 1/32
印 张	11
字 数	370千
版 次	2016年7月第1版
印 次	2020年7月第2次印刷
书 号	978-7-5540-0832-4
定 价	35.80元
网 址	www.zjguji.com

如发现印装质量问题,影响阅读,请与印刷厂联系调换。